2022年版

司法書士 合格ゾーン

択一式 過去問題集

1 民法【上】総則

はしがき

急増するニーズ・拡がる活躍フィールド

司法書士の業務分野は，高齢化社会や不況を反映し，従来の登記業務に加えて格段に幅が拡がりました。例えば，①高齢者・知的障害者等の意思を補完するための後見人となる業務（成年後見制度），②クレジット会社・サラ金等へ借金を返済できなくなってしまった方への相談業務（クレサラ問題），③調停・仲裁など訴訟手続以外の紛争処理手続（ADR）での業務があります。

更に，2003年4月には改正司法書士法が施行され，これまで弁護士にだけ認められていた訴訟代理権が付与（簡易裁判所に限る）されました。法務大臣の認定を受けた司法書士は紛争性のある事件について法律相談を受け，本人の代理人として法廷に出廷したり，弁論や証拠調べを行うなど様々な法廷活動を行ったり，相手方との和解に応じたりすることも可能となり，そのビジネスフィールドはますます大きくなります。

日本のホームロイヤーとして

司法書士は，司法サービスの規制緩和により弁護士と並ぶ法律家としての地位を築きつつあり，今後最も身近な法律家として国民に認識される日も近いことでしょう。確かに，法律家としての業務は重い責任を背負うことになります。しかし，自らの考え・判断で報酬を得られる喜びを考えますと，一生の仕事とするにふさわしい職業といえるでしょう。

弊社では，30年以上にわたり，司法試験をはじめとした法律系資格を目指される方を支援してまいりました。これは知識社会といわれる21世紀の日本を支える人材育成のためです。中でも司法書士は活躍の場が広範で，最も魅力的な資格の一つと言えます。

私どもは，皆さまが早期に合格を果たされご活躍されることを心より祈念致します。

過去問分析の意義

試験合格の勉強方法が，学問研究と根本において異なるのは，クリアすべき目標が明確になっていることです。学問の真理発見への途は永遠ですが，合格への途は出口のはっきりした，期限つきの道程にすぎません。そして，その出口＝ゴールは，過去問に示されているのです。過去問攻略が試験合格のための最も有効な手段であることは言うまでもありません。

本書の特長

本書は，司法書士試験における過去問分析の重要性に着目し，その徹底的な分析の上に作成されました。以下を特長とします。

☆　平成元年以降令和３年までの過去33年分の過去問を掲載しました。

☆　令和４年４月１日時点で施行が確実な法令に合わせて解説の改訂を行い，最新の解説となっています。

☆　個々の問題肢の内容にとどまらず，関連事項を含め合理的に学習ができるよう，随所に図表を掲載するなど，解説を充実させています。

☆　学習の便宜を考え，本試験問題を体系別に編集しました。

☆　体系番号だけではなく，出題番号も明記することで出題年度順に問題を解くことができるようにしました。

☆　切り離して使用できるよう問題と解説を表裏一体とし，解説も可能な限りコンパクトにまとめました。

本書利用の効果

☆　本書で出題の範囲，出題の深さの程度が判明するので，効率的な学習が可能となり，短期で合格を勝ち取ることができます。

☆　本書の利用とともに，実践的な演習講座として，「精撰答練」を併用すれば，より一層の効果が期待できます。

司法書士試験合格を目指す多くの方が本書を有効活用することにより，短期合格を果たされることを期待します。

2021年８月吉日

株式会社東京リーガルマインド
LEC総合研究所　司法書士試験部

目　次

第1編　民法総則 ―― 1

第1章　権利の主体 …… 3
1　権利能力　〈体系問題 1〉
2　自然人　〈体系問題 2〉…… 3
3　法　人　〈体系問題 3〉…… 45

第2章　権利の客体
1　物　〈体系問題 4〉

第3章　権利の変動 …… 67
1　意思表示及び法律行為　〈体系問題 5〉…… 67
2　代理一般　〈体系問題 6〉…… 105
3　無権代理及び表見代理　〈体系問題 7〉…… 129
4　無効及び取消し　〈体系問題 8〉…… 167
5　条件及び期限　〈体系問題 9〉…… 175

第4章　時　効　〈体系問題 10〉…… 195

※平成元年以降出題実績のない項目についても，目次には体系として掲載しています。

〈中　巻〉

第２編　物　権

第１章　物権総論
第２章　占有権
第３章　所有権
第４章　用益物権

第３編　担保物権

第１章　担保物権総論
第２章　留置権
第３章　先取特権
第４章　質　権
第５章　抵当権
第６章　根抵当権
第７章　非典型担保

〈下　巻〉

第４編　債　権

第１章　債権の目的
第２章　債権の効力
第３章　多数当事者の債権関係
第４章　債権譲渡
第５章　債権の消滅
第６章　契約総論
第７章　契約各論
第８章　不法行為

第５編　身分法

第１章　親　族
第２章　相　続

第６編　民法総合

☆本書の効果的活用法☆

20−18(24−9)　　**共　有**

Ａ及びＢが甲土地を共有している場合に関する次の(ア)から(オ)までの記述のうち，判例の趣旨に照ら

20−18（24−9）
①　②　③

①20は，〈体系問題20〉，共有に属する問題であることを示す（目次参照）。
②18は，〈体系問題20〉の中の第18問の意味である。
③24−9は，平成24年度本試験の第9問の意味である。

(ア)　甲土地
をＣに
(イ)　Ａが
ればなら

(ウ)　甲土地のＡの持分が３分の２である場合において，Ａ及びＢが甲土地をＣに賃貸したところ，Ｃが甲土地を無断で転貸し，背信的行為と認めるに足りない特段の事情もないときは，Ａは，単独で，甲土地の賃貸借契約を解除する

問題・解説は表裏一体となっているので切り離して使用することもできる。
（セルフファイリング方式）

(エ)　していた甲土地の持分は，
国庫

(オ)　甲土地の管理費用のうちＢが負担すべき費用をＡが立て替えた後に，Ｂが甲土地の持分をＣに売却した場合には，Ｂ又はＣのいずれに対し替えた費用の償還を請求す

日付と正誤を書いたり……
かかった時間を書いたり……
5肢中何肢正解したかを書いたり……

(1)　1個　(2)　2個　(3)　3個　(4)　4個　(5)　5個

学習記録	3/9	3/21	/	3/9	/	3/9	/	2/5	5/5
	×	○		ア、エ		2分		H26 3/9	H26 3/21

間違えた肢を書いたり……

自分なりの使い方で効率のよい学習！

解答解説ページの表示は以下のとおりである。

重要度　A　**知識型**　**要 *Check!***　　**正解　(1)**

2022年本試験において出題されそうな論点であることを示す。（LEC見解による）
知識型の問題と推論型の問題に大別している。
過去の出題頻度に基づき，重要度をＡ，Ｂ，Ｃの3ランクに分けて表示している。

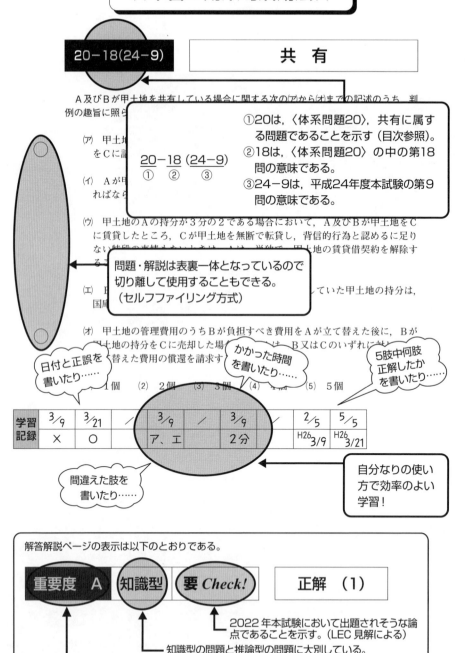

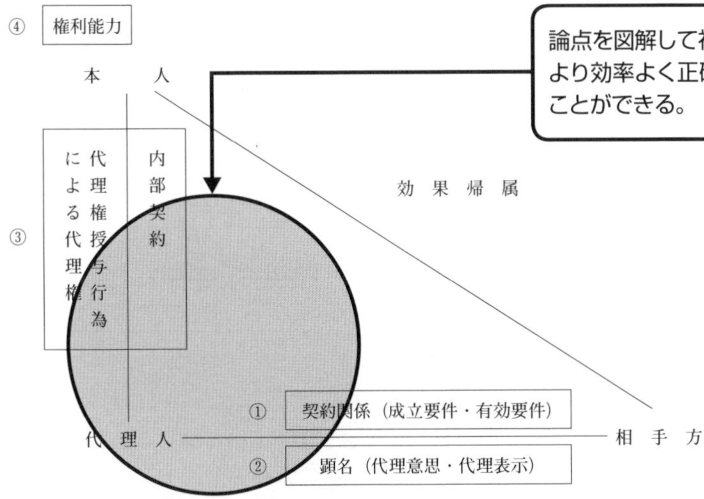

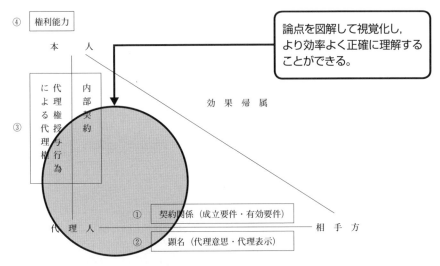

論点を図解して視覚化し，より効率よく正確に理解することができる。

(1) 誤　他人物売買（560）の給付が履行不能となった場合に，買主が売主に追及できる責任には，担保責任（561）と，債務不履行責任（415）とがある。そして，買主が悪意の場合に認められないのは担保責任のみであって（561 後段），債務不履行責任は悪意の場合でも認められる。また，て締結された場合には，善意悪意の判断は原則として代理になる（101 Ⅰ）。以上から，代理人乙が当該建物が丙の所ていた場合でも，相手方丙の責めに帰すべき事由によってとなっているので，債務不履行責任の追及として損害賠償を請求することができる。

要点を押さえた詳細な解説により，効率よい学習が可能となる。

〈添付（付合・混和・加工）の全体図〉

	結合する物	意　義　・　要　件	所有権取得者
	不動産＋動産	不動産から動産を分離・復旧することが不動産の社会経済価値を損なうとき	不動産所有者（242 本文）
	＋動産	①損傷しなければ分離することができなくなったとき ②分離のため過分の費用を要するとき	①　付合動産間に主従の区別のあるときは，主たる動産の所有者（243・245） ②　主従の区別ないときは，価格の割合で共有（244・245）
	＋動産	異なる所有者に属する物が混じりあって識別ができなくなったとき	
加工	動産＋労力	他人の動産に工作を加え新たな物を製作したとき	①　原則として，材料の所有者（246 Ⅰ本文） ②　例外的に加工者（246 Ⅰ但書・Ⅱ）

関連事項を網羅した図表により，出題可能性のある周辺論点をも一挙に修得することができる。

本書は表が問題，裏が解答解説という形式です。
裏面の正誤等が透けて見えてしまわないよう，巻末の黒の用紙をミシン目から切り取り，下敷きとして利用されることをおすすめいたします。

民法索引

問＼年度	H元	H2	H3	H4	H5	H6	H7	H8	H9
1	3-6	3-7	7-4	67-3	3-9	37-3	45-3	3-12	2-9
2	10-2	12-9	17-4	6-5	3-10	44-7	2-8	10-4	6-7
3	18-4	34-3	25-5	44-5	10-3	3-11	48-4	7-7	7-8
4	19-8	16-2	3-8	37-2	6-6	7-5	7-6	11-6	※
5	13-3	36-3	55-5	39-4	38-6	※	46-2	42-4	39-7
6	17-3	59-4	49-2	42-3	41-3	67-5	38-7	39-6	※
7	20-6	43-3	11-3	67-4	48-3	2-7	39-5	38-8	43-4
8	19-4	27-5	5-3	※	8-1	36-5	36-6	42-5	67-6
9	24-2	52-2	51-6	24-4	18-5	12-12	20-9	12-15	11-7
10	27-4	36-4	24-3	11-4	20-8	29-6	17-7	20-10	20-11
11	30-6	※	21-4	20-7	44-6	24-5	11-5	30-13	17-8
12	32-10	54-4	51-7	22-3	28-6	32-14	31-3	27-9	30-15
13	34-2	32-11	※	28-5	25-6	30-11	22-4	31-4	25-7
14	37-1	2-6	39-2	12-10	27-7	19-10	24-6	32-15	30-16
15	42-2	29-4	61-6	12-11	32-13	30-12	13-5	30-14	18-6
16	44-4	9-2	32-12	51-9	19-9	13-4	12-14	14-2	12-16
17	46-1	21-3	27-6	15-2	17-6	47-3	27-8	19-11	29-7
18	51-5	58-4	39-3	64-10	51-10	12-13	57-1	53-9	53-10
19	66-2	16-3	62-2	30-10	53-7	64-12	64-13	54-7	63-4
20	53-5	30-7	26-2	17-5	64-11	54-5	54-6	64-14	54-8
21	54-3	65-2	5-4	53-6	60-2	55-6	62-4	59-5	60-3
22	61-5	29-5	16-4	62-3	66-4	53-8	55-7	64-15	58-5
23	64-8	64-9	51-8	66-3	—	—	—	—	—
24	—	—	—	—	—	—	—	—	—

＊　上巻に収録している問題には，（　　）を付しています。

＊　※の問題は，法改正により成立しなくなり，削除した問題です。

問＼年度	H10	H11	H12	H13	H14	H15	H16	H17	H18
1	(3-13)	(3-14)	※	(5-9)	(2-10)	—	—	—	—
2	(7-9)	(10-7)	※	※	(7-11)	—	—	—	—
3	(10-6)	(5-7)	(6-9)	(7-10)	(9-3)	—	—	—	—
4	(5-6)	※	(5-8)	※	(6-10)	(2-11)	(3-15)	(5-12)	(6-12)
5	40-5	39-8	※	12-21	28-8	(5-11)	(6-11)	(7-13)	(2-12)
6	67-7	45-4	49-3	12-22	12-23	(7-12)	(8-3)	(9-4)	(5-13)
7	37-5	36-7	36-8	18-8	27-11	(10-10)	(10-11)	(10-12)	(10-13)
8	46-3	※	46-4	16-5	11-10	11-11	16-6	12-25	11-12
9	20-12	33-1	12-20	25-9	29-9	17-12	28-10	18-9	11-13
10	21-5	22-5	20-13	29-8	24-7	19-12	22-6	20-15	12-26
11	25-8	30-18	17-9	30-21	17-10	20-14	12-24	26-5	11-14
12	26-3	21-6	18-7	30-22	17-11	33-3	25-11	25-12	19-13
13	62-5	12-18	15-3	31-5	25-10	24-8	17-13	27-12	21-7
14	12-17	27-10	28-7	49-4	46-5	24-9	26-4	28-11	24-11
15	13-6	※	※	38-9	48-5	28-9	32-17	30-25	24-12
16	30-17	11-8	30-20	44-9	36-9	30-23	30-24	24-10	28-12
17	32-16	11-9	33-2	44-10	39-9	35-3	38-10	36-10	40-8
18	※	53-11	64-16	52-4	51-13	37-6	※	40-7	42-7
19	54-9	66-5	63-6	51-12	53-12	40-6	48-6	38-11	46-7
20	65-3	52-3	58-6	54-10	56-4	42-6	49-5	46-6	67-8
21	59-6	63-5	65-4	63-7	59-7	54-11	51-15	55-8	53-14
22	61-7	62-6	56-3	64-17	59-8	51-14	65-5	57-2	53-15
23	—	—	—	—	—	62-7	63-8	59-10	60-5
24	—	—	—	—	—	59-9	53-13	60-4	64-18

＊　上巻に収録している問題には，(　　　)を付しています。

＊　※の問題は，法改正により成立しなくなり，削除した問題です。

問＼年度	H19	H20	H21	H22	H23	H24	H25	H26	H27
1	—	—	—	—	—	—	—	—	—
2	—	—	—	—	—	—	—	—	—
3	—	—	—	—	—	—	—	—	—
4	67-9	5-15	9-5	2-14	2-15	5-19	2-16	※	2-17
5	6-13	※	10-15	6-14	5-18	9-6	8-4	6-15	5-21
6	2-13	7-14	10-16	5-17	7-15	10-18	※	10-20	10-21
7	5-14	10-14	10-17	12-29	12-30	11-17	12-31	11-19	12-33
8	11-15	13-7	※	17-14	14-3	11-18	18-12	12-32	14-4
9	11-16	12-27	15-4	20-17	17-15	20-18	20-19	19-16	17-16
10	20-16	16-7	18-11	21-8	19-15	21-9	21-10	21-11	20-20
11	25-13	18-10	19-14	24-15	25-15	26-6	25-16	26-7	22-9
12	24-13	22-7	27-13	25-14	22-8	27-15	24-16	28-20	25-17
13	33-4	24-14	28-17	29-10	28-18	28-19	30-29	30-31	27-16
14	30-26	28-15	30-27	27-14	30-28	31-7	30-30	32-20	32-21
15	28-13	28-16	33-5	32-18	33-6	33-7	32-19	33-8	33-9
16	28-14	31-6	37-8	36-12	35-5	41-7	37-9	36-13	34-4
17	35-4	45-5	40-9	39-11	44-12	44-13	40-10	39-12	38-12
18	39-10	36-11	42-8	43-5	46-8	45-6	46-9	47-5	41-8
19	37-7	※	49-6	67-10	48-7	67-11	67-12	67-13	45-7
20	47-4	※	53-17	58-7	52-5	54-13	51-20	54-14	53-20
21	55-9	51-16	66-6	56-5	51-18	53-18	53-19	55-10	56-6
22	54-12	53-16	51-17	64-21	59-11	51-19	61-9	63-10	59-12
23	64-19	64-20	60-6	66-7	62-8	61-8	65-7	64-22	62-9
24	63-9	65-6	—	—	—	—	—	—	—

＊　上巻に収録している問題には，（　　）を付しています。

＊　※の問題は，法改正により成立しなくなり，削除した問題です。

年度 問	H28	H29	H30	H31	R2	R3
1	—	—	—	—	—	—
2	—	—	—	—	—	—
3	—	—	—	—	—	—
4	(2－18)	(2－19)	(8－5)	(2－20)	(2－21)	(2－22)
5	(7－16)	(5－22)	(6－16)	(9－7)	(7－17)	(5－23)
6	(10－22)	(10－23)	(10－24)	(10－25)	(9－8)	(10－26)
7	12－34	11－20	11－21	16－8	12－37	11－22
8	18－13	12－35	18－14	12－36	17－20	11－23
9	17－17	17－18	19－17	17－19	19－19	17－21
10	21－12	21－13	20－21	19－18	20－23	21－14
11	26－8	24－17	22－10	20－22	26－9	26－10
12	28－21	29－11	24－18	27－17	27－18	27－19
13	30－32	30－33	25－18	28－23	28－25	28－26
14	31－8	32－22	28－22	28－24	32－23	32－24
15	33－10	33－11	33－12	33－13	33－14	33－15
16	35－6	35－7	36－15	38－13	38－14	40－12
17	37－10	36－14	40－11	39－13	42－10	41－9
18	46－10	46－11	43－6	42－9	44－14	44－15
19	49－7	49－8	48－8	49－9	45－8	46－12
20	51－21	52－6	51－22	53－22	55－11	51－23
21	58－8	56－7	53－21	54－15	56－8	55－12
22	66－8	66－9	60－7	64－23	63－11	66－11
23	65－8	65－9	66－10	61－10	64－24	64－25
24	—	—	—	—	—	—

＊　上巻に収録している問題には，(　　　)を付しています。
＊　※の問題は，法改正により成立しなくなり，削除した問題です。

第1編

民法総則

権利の主体
権利の変動
時効

2−6(2−14)　自然人

甲乙夫妻の子丙（17 歳）が丁から 50 万円借金して，大学の入学金の支払に充てた。この事例に関する次の記述のうち，誤っているものの組合せは後記(1)から(5)のうちどれか。（改）

(ア)　丙は甲乙の同意を得なければ消費貸借契約を取り消すことができない。

(イ)　丙は甲乙の同意を得て消費貸借契約を追認することができる。

(ウ)　丁が消費貸借契約を締結して１週間後に，丙に対して，１か月内に当該契約を追認するか否かを確答すべき旨を催告したにもかかわらず，１か月経過後も丙から何らの返答もなかった場合は，追認したものとみなされる。

(エ)　丙が未成年を理由に消費貸借契約を取り消した場合，丙は丁に対して 50 万円を返還しなければならない。

(オ)　丁が第三者の言葉により丙を成年者と信用していた場合，丙は未成年を理由に消費貸借契約を取り消すことはできない。

(1)　(ア)(エ)　　(2)　(イ)(オ)　　(3)　(ア)(ウ)(オ)　　(4)　(ア)(イ)(エ)　　(5)　(ウ)(エ)(オ)

学習記録									
	／	／	／	／	／	／	／	／	／

重要度　B	知識型	要 *Check!*		正解　(3)

年齢18歳をもって，成年とする（4）。17歳の丙は未成年である。

(ア) 誤　取り消すことができる行為（消費貸借契約）を取り消すことは，契約前の状態に復するだけであり，未成年者に特に不利益を課するものではないので，未成年者が単独で取り消すことができる（5Ⅱ・120Ⅰ）。

(イ) 正　取り消すことができる行為の追認により当該行為が遡及的に有効であることが確定するので（122），未成年者に不利益を及ぼすおそれが大きい。そこで，取り消すことができる行為の未成年者による追認については，未成年者が成年に達し，かつ，取消権を有することを知った後（124Ⅰ）に行うか，あるいは未成年者が法定代理人の同意（124Ⅱ②）を得て行うものとされている。

(ウ) 誤　制限行為能力者と取引した相手方には，催告権（20）が与えられ，法律上の地位が不安定になることを回避している。しかし，意思無能力者，未成年者又は成年被後見人は受領能力を有しないため，これらの者に対して20条の催告をしても，相手方はこれを対抗することはできない（98の2柱書本文）。したがって，丁からの催告に対する返答がなかった場合でも，丙は，追認したものとはみなされない。

(エ) 正　未成年を理由として取り消した場合，取り消された行為は遡及的に無効となる（121）ので，当事者間に不当利得に基づく返還義務が発生する（121の2Ⅰ）。ただし，制限行為能力者の利益保護の観点から，未成年者等の制限行為能力者の返還義務の範囲が「現に利益を受けている限度」に縮減されている（121の2Ⅲ後段）。そこで，この「現存利益」の意味が問題となるが，受けた利益を借金の支払や生活費に充当した場合には，その限度で自己の財産の支出による減少を免れているので，利得が現存すると解されている（大判昭7.10.26）。とすれば，本肢では大学への入学金の支払を免れている点から，現存利益があると解されるので，丙には50万円の返還義務がある。

(オ) 誤　21条は，制限行為能力者が詐術を用いて相手方に対し自らを行為能力者と誤信させた場合は，相手方の取引の安全を害してまでこのような制限行為能力者を保護する必要がない点から，制限行為能力者の取消権行使を制限したものである。とすれば，制限行為能力者の取消権行使を制限するためには，このような詐術を制限行為能力者本人がするか，本人がしたものと同視される必要がある。したがって，制限行為能力者本人と無関係な第三者が詐術をした本肢の場合，丙の取消権行使は制限されない。

以上から，誤っているものは(ア)(ウ)(オ)であり，正解は(3)となる。

2-7(6-7)　自然人

未成年者Ａは，単独の法定代理人である母親Ｂの所有する宝石を，Ｂに無断で自己の物としてＣに売却し引き渡した上，代金 50 万円のうち 30 万円を受け取り，そのうち 10 万円を遊興費として消費してしまった。他方，Ｃは，Ａに対し，残代金を支払わない。この場合における法律関係に関する次の記述のうち，正しいものは幾つあるか。(改)

(ア)　Ａが，未成年者であることを理由にＡ・Ｃ間の売買を取り消したとしても，Ｃが，Ａを宝石の所有者であると信じ，かつ，そう信ずるについて過失がなかったときは，Ａは，Ｃに対し，宝石の返還を請求することができない。

(イ)　Ｂは，Ａ・Ｃ間の売買が取り消されない限り，Ｃに対し，所有権に基づき宝石の返還を請求することができない。

(ウ)　Ａが，未成年者であることを理由にＡ・Ｃ間の売買を取り消した場合には，Ａは，Ｃに対し，20 万円を返還すれば足りる。

(エ)　Ａは，成年者となった後は，未成年者であったことを理由にＡ・Ｃ間の売買を取り消すことができない。

(オ)　Ａが，Ｂの同意を得て，Ｃに対し代金残額 20 万円の履行請求をした場合には，Ａは，未成年者であることを理由にＡ・Ｃ間の売買を取り消すことができない。

(1)　1個　　(2)　2個　　(3)　3個　　(4)　4個　　(5)　5個

学習記録	／	／	／	／	／	／	／	／	／

重要度　B	知識型	要 *Check!*	正解　(2)

(ア)　誤　　行為能力の制限・錯誤・強迫等の理由によって取引行為自体が取り消された場合には，即時取得制度（192）の適用はない。なぜなら，制限行為能力者制度・意思表示の瑕疵及び不存在等に関する規定の存在意義が没却されてしまうからである。したがって，未成年者Ａから宝石を買い受けたＣに即時取得は成立せず，ＡはＣに対して宝石の返還を請求することができる。

(イ)　誤　　Ａ・Ｃ間の売買は他人物売買であり，ＡはＢから宝石の所有権を取得していないため，当該売買が取り消される前であっても，Ｃは宝石の所有権を取得することができず，宝石の所有権は依然としてＢにある。したがって，Ａ・Ｃ間の売買が取り消されなくても，Ｂは所有権に基づいてＣに対して宝石の返還を請求することができる。

(ウ)　正　　Ａが，未成年者であることを理由に売買契約を取り消した場合（５Ⅱ），当該取消しにより，Ａ・Ｃ間の売買契約は遡及的に無効となる（121）。そのため，Ａは，不当利得の一般原則により，不当な利益であることにつき悪意の場合には，Ｃから受け取った売買代金に利息をつけてＣに返還しなければならないはずである（121の２Ⅰ･704）。しかし，民法は，制限行為能力者保護の見地から，返還義務の範囲について特則を設け，返還義務の範囲を悪意の場合にも「現に利益を受けている限度」（現存利益）に縮減している（121の２Ⅲ後段）。現存利益は，利益が有形的に現存する場合だけでなく，制限行為能力者の受けた利益が彼らのために有益に消費されて財産の減少を免れた場合も含む（大判昭7.10.26）ため，生活費に充てた場合には現存利益があるといえる。しかし，遊興費として消費した場合のように，浪費した場合には，現存利益はない（大判昭14.10.26）。したがって，本肢の場合，Ａは，受け取った30万円のうち，遊興費として消費した10万円は返還しなくてもよく，Ｃには20万円を返還すれば足りる。

(エ)　誤　　取消権は，「追認をすることができる時」から５年間これを行使しないときは時効によって消滅する（126前段）。また，行為の時から20年経過したときも同様である（126後段）。「追認をすることができる時」とは，未成年取消しの場合には，行為能力者となった時（成年に達した時）である。したがって，成年に達したからといって，取消権が消滅するわけではない。また，成年に達したからといって，追認ができるようになるだけであり，追認したことにはならない（124Ⅰ）。よって，Ａは成年に達した後になっても，未成年者であったことを理由として売買契約を取り消すことは可能である。

(オ)　正　　取り消すことができる行為について，追認と認められるような一定の事実があったときは，取消権者の意思いかんにかかわらず，法律上当然に追認をしたものとみなされる（125，法定追認）。法律関係の早期確定を図ろうとする趣旨である。取消権者が債権者としてする「履行の請求」は，法定追認事由に該当する（125②）。そして，未成年者も法定代理人の同意を得れば有効に追認することができる。したがって，Ａが，Ｂの同意を得てＣに対して代金残額の請求をしているから，もはやＡは未成年者であることを理由としてＡ・Ｃ間の売買契約を取り消すことはできない。

以上から，正しいものは(ウ)(オ)の２個であり，正解は(2)となる。

MEMO

2-8(7-2)　自然人

Ａの父Ｂが旅行中，船舶事故に巻き込まれたまま生死不明になった場合に，Ａの取り得る措置に関する次の記述のうち，正しいものの組合せは後記(1)から(5)までのうちどれか。

(ア)　Ｂが事故に遭遇してから１年が経過すれば，Ａは，家庭裁判所に対し，Ｂについての失踪宣告を請求することができる。

(イ)　Ｂが事故に遭遇してから１年が経過しなくても，Ａは家庭裁判所に対し，Ｂのために不在者の財産管理人の選任を請求することができる。

(ウ)　Ｂが事故に遭遇して生死不明になったことを理由として，Ａの請求により失踪宣告がされた場合には，Ｂは事故から１年を経過したときに死亡したものとみなされる。

(エ)　Ｂが事故に遭遇する前に既にＢのために財産管理人が選任されている場合には，ＡはＢにつき失踪宣告の請求をすることができない。

(オ)　Ｂが事故に遭遇して生死不明になったことを理由として，Ｂについて失踪宣告がされた後，Ｂが事故後も生存していたことが証明された場合には，Ａは，失踪宣告によりＡが相続したＢの財産を善意で取得した者がいるときを除いて，失踪宣告の取消しを請求することができる。

(1)　(ア)(イ)　　(2)　(ア)(オ)　　(3)　(イ)(ウ)　　(4)　(ウ)(エ)　　(5)　(エ)(オ)

学習記録	／	／	／	／	／	／	／	／	／

重要度　B	知識型	要 *Check!*		正解　(1)

(ア)　正　　船舶が沈没した場合，その船舶中にいた者が沈没後１年間生死不明のときは，利害関係人は家庭裁判所に対しその者についての失踪宣告を請求することができる（30Ⅱ）。Bは事故に遭遇してから１年間生死不明であるから，利害関係人であるAはBについての失踪宣告を請求することができる。

(イ)　正　　不在者が自ら財産管理人を置かなかったときは，利害関係人は家庭裁判所に対し，財産管理に必要な処分を命ずることを請求することができる（25Ⅰ）。不在者には生死不明で失踪宣告を受ける以前の者も含まれる。また，財産管理に必要な処分には財産管理人の選任が含まれる。また，この制度は，失踪宣告制度の前段階として，本人が生存しているものと推測して残留財産を管理し本人の帰りを待つというものであるから，失踪宣告のような時間的制限はない。以上から，AはBのために財産管理人の選任を家庭裁判所に対して請求することができる。

(ウ)　誤　　特別失踪（30Ⅱ）の場合に死亡したものとみなされる時期は，危難の去った時（31）である。この時点で死亡した蓋然性が高いからである。

(エ)　誤　　失踪宣告は，不在者の生死不明状態が継続した場合，残された者の法的地位が極めて不安定になり，利害関係人にも多大な影響を与えることから，従来の住所を中心として死亡したものとみなし，法律関係の安定を図る制度である。したがって，財産管理人選任の有無にかかわらず，AはBについて失踪宣告の請求をすることができる。

(オ)　誤　　失踪宣告を受けた者の生存が証明されたときは，利害関係人は，家庭裁判所に失踪宣告の取消しを請求することができる（32Ⅰ前段）。もっとも，失踪宣告が取り消されると初めから失踪宣告がされなかったことになるが，これでは失踪宣告を信頼して行動した者の利益が害されてしまう。そこで，取消しの遡及効を制限して，宣言後取消し前に善意でした行為については効力を失わないとしたのである（32Ⅰ後段）。したがって，Aは相続した財産を善意で取得した者がいたとしても失踪宣告の取消しを請求することができる。

以上から，正しいものは(ア)(イ)であり，正解は(1)となる。

2−9(9−1)　自然人

成年被後見人及び被保佐人に関する次の記述のうち，正しいものはどれか。(改)

(1) 成年被後見人は，成年後見人の同意を得てした行為も取り消すことができるが，被保佐人は，保佐人の同意を得てした行為を取り消すことができない。

(2) 成年被後見人が成年後見人と利益の相反する行為をしたときは，成年後見人は，その行為を取り消すことができるが，被保佐人が保佐人と利益の相反する行為をしたときでも，保佐人は，その行為を取り消すことができない。

(3) 他人の任意代理人として代理行為をするためには，成年被後見人は，成年後見人の同意を得ることが必要であるが，被保佐人は，保佐人の同意を得ることを要しない。

(4) 成年被後見人又は被保佐人が相手方に行為能力者である旨誤信させるため詐術を用いた場合，成年後見人は，成年被後見人の行為を取り消すことができるが，保佐人は，被保佐人の行為を取り消すことができない。

(5) 成年被後見人は，成年後見人が追認した行為も取り消すことができるが，被保佐人は，保佐人が追認した行為を取り消すことができない。

学習記録	／	／	／	／	／	／	／	／	／

重要度　B	知識型	要 *Check!*

正解　(1)

〈制限行為能力者の保護者が有する権限〉

制限行為能力者	保護者	同意権	代理権	取消権	追認権
未成年者	親権者（818） 未成年後見人 指定後見人（839） 選定後見人（840）	○ （５Ⅰ）	○ （824・859Ⅰ）	○ （120Ⅰ）	○ （122）
成年被後見人	成年後見人（８・843）	×	○ （859Ⅰ）	○ （120Ⅰ）	○ （122）
被保佐人	保佐人（12・876の２）	○ （13Ⅰ）	△ （注１）	○ （120Ⅰ）	○ （122）
被補助人	補助人（16・876の７）	△ （17Ⅰ） （注２）	△ （注１）	△ （120Ⅰ） （注２）	△ （122） （注２）

（注１）　保佐人・補助人の代理権

①　家庭裁判所は，保佐開始の審判の請求権者（11本文）・保佐人・保佐監督人の請求，補助開始の審判の請求権者（15Ⅰ本文）・補助人・補助監督人の請求によって，特定の法律行為について，保佐人・補助人に代理権を付与する旨の審判をすることができる（876の４Ⅰ・876の９Ⅰ）。

②　本人以外の者の請求によって代理権付与の審判をするには，本人の同意を要する（876の４Ⅱ・876の９Ⅱ）。

（注２）　補助人の同意権・追認権・取消権

家庭裁判所は，補助開始の審判の請求権者（15Ⅰ本文）・補助人・補助監督人の請求によって，特定の法律行為について，補助人に同意権を付与する旨の審判をすることができる（17Ⅰ）。その場合，補助人は120条１項の「同意をすることができる者」に含まれるから，追認権（122）・取消権（120）が認められる。

(1)　正　　成年被後見人は制限行為能力者であり，成年被後見人がした法律行為は日用品の購入その他日常生活に関する行為や一定の身分行為を除いて，原則として常に取り消すことができる（９）。さらに，成年後見人に同意権はないから，成年後見人の同意の有無にかかわらず，成年被後見人がした法律行為は取り消すことができる。これに対し，被保佐人が保佐人の同意を得て行った行為は取り消すことができない（13参照）。

(2)　誤　　成年被後見人の行為は，日常生活に関する行為を除き，取り消すことができるが（９），その行為が成年後見人との利益相反行為であるときは，成年後見人に代理権が認められないから（860・826Ⅰ），成年後見人は，その利益相反行為を取り消すことはできない（120Ⅰ）。また，被保佐人が保佐人の同意（又はこれに代わる許可）を得ずにした13条１項各号に該当する行為は，取り消すことができるが（13Ⅳ），その行為が保佐人との利益相反行為であるときは，保佐人に同意権が認められないから（876の２Ⅲ），保佐人は，被保佐人が臨時保佐人又は保佐監督人の同意（876の２Ⅲ・876の３Ⅱ・851④）を得ずにした利益相反行為を取り消すことはできない（120Ⅰ）。

(3)　誤　　任意代理人には行為能力を必要としない。行為能力の制限による取消権は行為者自身の利益を守るためのものであるところ，代理において代理行為の効果を受けるのは代理人ではなく本人であり，その本人があえて制限行為能力者を代理人とするのだから，行為能力の制限を理由として代理行為を取り消すことはできないためである（102）。したがって，成年被後見人ないし被保佐人が任意代理人として代理行為をする場合，後見人ないし保佐人の同意を得る必要はない。なお，代理人は法律行為を行うことより意思能力は必要であるから，代理人が精神上の障害により事理を弁識する能力を欠く常況にある成年被後見人のときは，意思無能力を理由に代理行為の無効を主張する余地はある。

(4)　誤　　制限行為能力者が，行為能力者であると相手方に誤信させるため詐術を用いた場合は，法律行為を取り消すことはできない（21）。このような制限行為能力者は，保護すべきではないからである。この規定は，成年被後見人，被保佐人のいずれに対しても等しく適用される。

(5)　誤　　成年後見人，保佐人いずれも追認権を有し，取り消すことができる行為は，追認により初めから有効なものとみなされる。したがって，成年被後見人，被保佐人のいずれも（120Ⅰ），追認権者により追認された行為を取り消すことはできない（122）。

MEMO

2−10(14−1)　自然人

Ａは，Ｂと婚姻をしていたが，ある日，Ｂが家を出たまま行方不明となった。この事例に関する次の(1)から(5)までの記述のうち，正しいものはどれか。

(1)　Ｂの生死が７年以上不明の場合，Ａは，Ｂの失踪宣告を得ることができるので，婚姻を解消するためには，失踪宣告の申立てをする必要があり，裁判上の離婚手続によることはできない。

(2)　Ｂの失踪宣告がされた場合，Ｂが死亡したものとみなされる７年の期間満了の時より前に，Ａが，Ｂが既に死亡したものと信じて行ったＢの財産の売却処分は，有効とみなされる。

(3)　Ｂの失踪宣告がされた後，Ｂが家出した日に交通事故で死亡していたことが判明した場合，Ｂが死亡したとみなされる時期は，Ｂの失踪宣告が取り消されなくとも，現実の死亡時期にまでさかのぼる。

(4)　Ｂの失踪宣告がされた後，Ｂが生存していたことが判明した場合，Ｂの失踪宣告が取り消されない限り，Ａは，相続により取得したＢの遺産を返還する必要はない。

(5)　Ｂの失踪宣告がされた後，Ａが死亡し，その後にＢの失踪宣告が取り消された場合，Ｂは，Ａの遺産を相続することはない。

学習記録	／	／	／	／	／	／	／	／	／

重要度　B	知識型	要 *Check!*		正解　(4)

(1)　誤　　失踪宣告を受けた者は死亡したものとみなされる（31）ので，配偶者の一方が７年以上生死不明の場合，生死不明の配偶者について失踪宣告を得ることによって，婚姻を解消することができる。しかし，配偶者の一方が７年以上生死不明の場合でも，「配偶者の生死が３年以上明らかでないとき」（770Ⅰ③）に当たることに変わりはないので，失踪宣告の申立てをすることなく，裁判上の離婚手続によっても婚姻を解消することができる。失踪宣告制度と離婚制度は別個の制度であり，失踪宣告の要件を満たしているからといって，離婚制度が排除されるわけではないのである。

(2)　誤　　失踪者が死亡したとみなされるのは，普通失踪の場合には失踪期間の満了時であり（31），その時点において相続が開始する。それゆえ，７年の期間満了前には，ＡはＢの財産を相続しておらず無権利者であり，ＡによるＢの財産の売却処分が有効とみなされることはない。

(3)　誤　　失踪宣告があると失踪者は普通失踪の場合には失踪期間の満了時に死亡したものとみなされ，その効力を失わせるためには，失踪宣告を取り消すことを要する（32Ⅰ）。それゆえ，失踪宣告後は，たとえ期間満了時と異なる時期に死亡したことが判明しても，失踪宣告が取り消されない限り，実際の死亡時期にさかのぼって死亡したとされることはない。

(4)　正　　(3)の解説で述べたように，失踪宣告は取り消されない限りその効力を失わない。それゆえ，Ｂの失踪宣告後Ｂの生存が判明しても，失踪宣告が取り消されない限り，Ａは相続により取得したＢの財産を返還する必要はない。

(5)　誤　　失踪宣告は取り消されるとその効力を失い，初めからなかったものと扱われる。それゆえ，Ｂの失踪宣告後Ａが死亡し，その後Ｂの失踪宣告が取り消された場合，ＢはＡの死亡時において生存していたことになるから，ＢはＡの財産を相続することができる。

2-11(15-4)　自然人

後見，保佐及び補助に関する次の(ア)から(オ)までの記述のうち，誤っているものの組合せは，後記(1)から(5)までのうちどれか。

(ア)　後見開始の審判及び補助開始の審判は，いずれも，本人が請求をすることができる。

(イ)　成年被後見人がした行為は，日用品の購入その他日常生活に関する行為であっても，取り消すことができる。

(ウ)　家庭裁判所は，保佐開始の審判において，保佐人の同意を得ることを要する法定の行為に関し，その一部について保佐人の同意を得ることを要しない旨を定めることができる。

(エ)　保佐人の同意を得ることを要する行為につき，保佐人が被保佐人の利益を害するおそれがないのに同意をしない場合には，被保佐人は，家庭裁判所に対し，保佐人の同意に代わる許可を求めることができる。

(オ)　保佐人及び補助人は，いずれも，家庭裁判所の審判により，特定の法律行為についての代理権を付与されることがある。

(1)　(ア)(エ)　　(2)　(ア)(オ)　　(3)　(イ)(ウ)　　(4)　(イ)(オ)　　(5)　(ウ)(エ)

学習記録	／	／	／	／	／	／	／	／	／

重要度　B	知識型	要 *Check!*

正解　(3)

(ア)　正　　後見開始の審判は，本人が請求をすることができる（7）。ただし，本人は，意思能力を回復している必要がある。また，補助開始の審判についても，本人が請求をすることができる（15Ⅰ）。

(イ)　誤　　成年被後見人がした法律行為は，これを取り消すことができる（9本文）。ただし，日用品の購入その他日常生活に関する行為については，取り消すことはできない（9但書）。本人の自己決定権を尊重し，その残存能力を有効に活用する趣旨である。

(ウ)　誤　　家庭裁判所は，保佐開始の審判において，保佐人の同意を得ることを要する行為（13Ⅰ）に関し，その一部について保佐人の同意を得ることを要しない旨を定めることはできない。同意を要する行為は，いずれも重要な財産上の法律行為にかかわるものであるため，被保佐人の重要な財産の減少の防止を図る趣旨から，家庭裁判所においても，このような旨を定めることはできないのである。

(エ)　正　　保佐人の同意を得ることを要する行為につき，保佐人が被保佐人の利益を害するおそれがないのに同意をしない場合には，家庭裁判所は，被保佐人の請求によって保佐人の同意に代わる許可を与えることができる（13Ⅲ）。なお，被補助人についても同様の規定がある（17Ⅲ）。

(オ)　正　　家庭裁判所は，被保佐人のために，特定の法律行為について保佐人に代理権を付与する旨の審判をすることができる（876の４Ⅰ）。また，被補助人についても，特定の法律行為について補助人に代理権を付与する旨の審判をすることができる（876の９）。

以上から，誤っているものは(イ)(ウ)であり，正解は(3)となる。

2−12(18−5)　自然人

Ａが失踪宣告を受け，Ａの妻Ｂが生命保険金を受け取るとともに，Ａの土地を相続した。Ｂは，受け取った生命保険金を費消し，また，相続した土地をＣに売却した。その後，Ａが生存することが明らかになったため，失踪宣告は取り消された。この場合の法律関係に関する次の㋐から㋔までの記述のうち，判例の趣旨に照らし正しいものの組合せは，後記(1)から(5)までのうちどれか。

㋐　Ｂが生命保険金を費消した際にＡの生存について善意であったとしても，遊興費として生命保険金を費消した場合には，Ｂは，保険者に対し，費消した生命保険金の相当額を返還しなければならない。

㋑　Ｂが生命保険金を費消した際にＡの生存について善意であり，かつ，生活費として生命保険金を費消した場合には，Ｂは，保険者に対し，費消した生命保険金の相当額を返還する必要はない。

㋒　ＢがＣに土地を売却した際にＡの生存について悪意であったときは，Ｃが善意であっても，Ａについての失踪宣告の取消しにより，Ｃは，当該土地の所有権を失う。

㋓　ＢがＣに土地を売却した際，ＢとＣがともにＡの生存について悪意であった場合において，ＣがＤに土地を転売したときは，ＤがＡの生存について善意であったとしても，Ａについての失踪宣告の取消しにより，Ｄは，当該土地の所有権を失う。

㋔　ＢがＣに土地を売却した際，ＢとＣがともにＡの生存について善意であった場合において，ＣがＡの生存について悪意であるＤに土地を転売したときは，Ａについての失踪宣告の取消しにより，Ｄは，当該土地の所有権を失う。

(1)　㋐㋒　　(2)　㋐㋔　　(3)　㋑㋓　　(4)　㋑㋔　　(5)　㋒㋓

学習記録	／	／	／	／	／	／	／	／	／

重要度 B	知識型	要 *Check!*

正解　(5)

(ア) 誤　　失踪宣告により財産を得た者は，失踪宣告の取消しがあった場合，現に利益を受けている限度においてのみ返還義務を負い（32Ⅱ），浪費などにより利得が残存していないときは，消費した分は返還しなくてよい。本肢では，Bは，保険金を遊興費として費消しており，現存利益は存在しない。したがって，相続人Bは，保険者に対し，遊興費として費消した生命保険金の相当額を返還しなければならないとする点で，本肢は誤っている。

(イ) 誤　　失踪宣告により財産を得た者は，失踪宣告の取消しがあった場合，現に利益を受けている限度においてのみ返還義務を負う（32Ⅱ）。そして，得たものがそのまま残っているときだけでなく，生活費に使ったときも，必要な出費を免れているため，現存利益がある（大判昭 7.10.26）。本肢では，Bは，生命保険金を生活費として費消しており，生活費相当額については現存利益が存在する。したがって，相続人Bは，保険者に対し，費消した生命保険金の相当額を返還する必要がないとする点で，本肢は誤っている。

(ウ) 正　　失踪宣告が取り消された場合において，その取消しは，失踪の宣告後その取消し前に善意でした行為の効力に影響を及ぼさない（32Ⅰ後段）。ここでいう善意とは，行為者双方が失踪者の生存していること又は死亡したとみなされる時と異なる時に死亡したことについて善意であることをいう（大判昭13.2.7）。本肢では，買受人Cが善意であっても，相続人Bが悪意であるため，失踪宣告の取消しによってその行為は無効となり，Cは土地の所有権を失う。

(エ) 正　　失踪宣告後に悪意でした行為は，失踪宣告の取消しにより効力を失い（32Ⅱ），その後の行為もさかのぼって無効となる。相続人Bと買受人Cがともに悪意の場合，BC間の売買は失踪宣告の取消しにより効力を失い，転得者Dは，無権利者から土地を取得した者として，善意でも，土地の所有権を失う。

(オ) 誤　　相続人とこの者からの財産の譲受人がともに善意である場合，その後の転得者が悪意であるときでも，善意の譲受人は確定的に権利を取得し，その後の悪意の転得者もこれを承継すると解されている（絶対的構成説・通説）。なぜなら，取引の安全の確保のための画一的な処理及び転得者から責任（561参照）を追及されるおそれのある善意者保護の必要があるからである。本肢では，転得者Dは，悪意であっても，所有権を取得する。したがって，Aについての失踪宣告の取消しにより，Dは，土地所有権を失うとする点で，本肢は誤っている。

以上から，正しいものは(ウ)(エ)であり，正解は(5)となる。

2−13(19−6)　自然人

制限行為能力者制度に関する次の(ア)から(オ)までの記述のうち，正しいものの組合せは，後記(1)から(5)までのうちどれか。なお，記述中の「取消し」は，すべて行為能力の制限による取消しのこととする。

(ア)　未成年者が買主としてした高価な絵画の売買契約を取り消した場合において，その絵画が取消し前に天災により滅失していたときは，当該未成年者は，売主から代金の返還を受けることができるが，絵画の代金相当額を売主に返還する必要はない。

(イ)　成年被後見人が締結した契約をその成年後見人が取り消すには，その行為を知った時から５年以内にする必要があるが，意思無能力を根拠とする無効であれば，その行為を知った時から５年を過ぎても主張することができる。

(ウ)　被保佐人が売主としてした不動産の売買契約を取り消したが，その取消し前に目的不動産が買主から善意の第三者に転売されていれば，被保佐人は，取消しを当該第三者に対抗することができない。

(エ)　成年被後見人が高価な絵画を購入するには，その成年後見人の同意を得なければならず，同意を得ずにされた売買契約は取り消すことができる。

(オ)　成年被後見人が契約を締結するに当たって，成年後見に関する登記記録がない旨を証する登記事項証明書を偽造して相手方に交付していた場合には，相手方がその偽造を知りつつ契約を締結したとしても，その成年後見人は，当該契約を取り消すことができない。

(1)　(ア)(イ)　　(2)　(ア)(エ)　　(3)　(イ)(ウ)　　(4)　(ウ)(オ)　　(5)　(エ)(オ)

学習記録	／	／	／	／	／	／	／	／	／

重要度　B	知識型	要 *Check!*	正解　(1)

(ア)　正　　契約は取り消されると遡及的に無効となるため，無効な行為に基づく債務の履行として給付を受けた者は，相手方を原状に復させる義務を負う（121の２Ⅰ）。したがって，本肢の未成年者は取消しにより売主から代金の返還を受けることができる。一方，未成年者は，絵画の代金相当額を売主に返還する必要はない。制限行為能力者は，現存利益の限度で返還の義務を負う（121の２Ⅲ）が，絵画が取消し前に天災により滅失していたときは，現存利益はないからである。

(イ)　正　　取消権は，追認をすることができる時から５年，行為の時から20年で時効消滅する（126）が，成年後見人が取消権を行使する場合には，成年後見人自身が成年被後見人の行為を知った時から時効期間は進行する。一方，意思無能力を根拠とする無効の場合，成年後見人は，取消しと同時に無効をも主張できる（二重効肯定説）。意思無能力を根拠とする無効を主張する場合には期間制限はなく，取消権が消滅した後であっても無効の主張は許される。

(ウ)　誤　　被保佐人が保佐人の同意を得ずに不動産の売買契約を締結した場合には，その契約を取り消すことができる（13Ⅰ③・Ⅳ）。行為能力の制限による取消しには，第三者保護規定がない。したがって，制限行為能力を理由に被保佐人が契約を取り消した場合，取消し前に第三者がいたとしても，被保佐人は，取消しを当該第三者に対抗することができる。

(エ)　誤　　成年被後見人が単独でした法律行為は，日常生活に関する行為や一定の身分行為を除いて，原則として常に取り消すことができる（9）。さらに成年後見人に同意権はないから，成年後見人の同意の有無にかかわらず，成年被後見人がした法律行為は取り消すことができる。

(オ)　誤　　制限行為能力者が行為能力者であることを信じさせるため詐術を用いたときは，その行為を取り消すことができない（21）。しかし，詐術が用いられても，相手方が能力者であると誤信しなければ，制限行為能力者の取消権は否定されない。本肢では，相手方が成年後見に関する登記事項証明書の偽造について知りつつ契約を締結しており，相手方が能力者であると誤信しておらず，取消権は否定されない。したがって，本問の成年後見人は当該契約を取り消すことができる。

以上から，正しいものは(ア)(イ)であり，正解は(1)となる。

2−14(22−4)　自然人

不在者に関する次の(ア)から(オ)までの記述のうち，判例の趣旨に照らし誤っているものの組合せは，後記(1)から(5)までのうちどれか。

(ア)　不在者Ａが家庭裁判所から失踪宣告を受け，その相続人ＢがＡから相続した不動産をＣに売却して引き渡したが，その後，生存していたＡの請求により当該失踪宣告が取り消された場合には，当該売買の当時Ａの生存につきＢが善意であってもＣが悪意であったのであれば，Ａは，Ｃに対し，当該不動産の返還を請求することができる。

(イ)　家庭裁判所が不在者Ａの財産管理人としてＤを選任した場合において，ＤがＡ所有の財産の管理費用に充てるためにＡの財産の一部である不動産を売却するときは，Ｄは，これについて裁判所の許可を得る必要はない。

(ウ)　不在者Ａが家庭裁判所から失踪宣告を受けた後に，ＡがＥに100万円を貸し渡した場合は，当該金銭消費貸借契約は，当該失踪宣告が取り消されなくても有効である。

(エ)　不在者Ａが財産管理人Ｄを置いた場合において，ＤがＡ所有の財産の管理を著しく怠っているときは，家庭裁判所は，Ａの生存が明らかであっても，利害関係人の請求により，管理人の任務に適しない事由があるとしてＤを改任することができる。

(オ)　不在者Ａが家庭裁判所から失踪宣告を受け，その相続人ＢがＡから相続した銀行預金の大部分を引き出して費消した後，生存していたＡの請求により当該失踪宣告が取り消された場合には，それまでＡの生存につき善意であったＢは，現に利益を受けている限度において返還すれば足りる。

(1)　(ア)(ウ)　　(2)　(ア)(オ)　　(3)　(イ)(エ)　　(4)　(イ)(オ)　　(5)　(ウ)(エ)

学習記録	／	／	／	／	／	／	／	／	／

重要度　B	知識型	要 *Check!*		正解　(3)

(ア)　正　　失踪宣告が取り消された場合，その取消しは，失踪の宣告後その取消し前に善意でした行為の効力に影響を及ぼさない（32Ⅰ後段）。この点，ここでいう善意とは，失踪宣告により財産を得た者が第三者と契約をした場合は，行為の当事者の双方が善意であることを要する（大判昭13.2.7）。よって，Ａが失踪宣告を受けた後に，その相続人ＢがＣに相続した不動産を売却して引き渡したが，その後，Ａの失踪宣告が取り消された場合，Ｂが善意であってもＣが悪意であったのであれば，Ａは，Ｃに対して，当該不動産の返還を請求することができる。

(イ)　誤　　家庭裁判所が不在者の財産管理人を選任した場合，その財産管理人の権限は，財産の保存行為及びその性質を変えない範囲での利用・改良行為である。そして，この権限を超える行為を必要とするときは，家庭裁判所の許可を得て，その行為をすることができる（28・103）。この点，管理財産である不動産を売却・処分することは，管理財産の現状維持を目的とする行為を逸脱するものであるため，家庭裁判所の許可を要する（最判昭28.12.28）。

(ウ)　正　　失踪者に対して失踪宣告が生じた場合，単に死亡の推定が生ずるのではなく，確定的に死亡と同一の効力が生ずる。そのため，失踪宣告そのものが取り消されない以上は，失踪者の死亡と同一の効果を否定することができない。しかし，失踪宣告が生じたとしても，失踪者本人の権利能力が消滅するわけではないため，失踪者が実際は別の場所で生存していた場合は，失踪者が行った契約などはすべて有効である。

(エ)　誤　　不在者が管理人を置いた場合において，その不在者の生死が明らかでないときは，家庭裁判所は，利害関係人又は検察官の請求により，管理人を改任することができる（26）。しかし，不在者の生存が明らかであるときは，管理人のコントロールは不在者本人に任せるべきであるから，家庭裁判所が管理人を改任することはできない。よって，不在者Ａの生存が明らかである場合は，財産管理人Ｄに，管理人に適しない事由があるとしても，利害関係人の請求によって財産管理人Ｄを改任することはできない。

(オ)　正　　失踪宣告によって財産を得た者は，その取消しによって権利を失い，その財産の返還をしなければならないが，その返還義務の範囲は現に利益を受ける限度で足りる（32Ⅱ）。この点，失踪宣告によって財産を得た者とは，相続人，受遺者，生命保険金の受取人などを意味する。よって，不在者が失踪宣告を受け，その相続人ＢがＡから相続した銀行預金の大部分を引き出して費消した後，生存していたＡの請求により当該失踪宣告が取り消された場合は，それまでＡの生存につき善意であったＢは，現に利益を受けている限度において返還すれば足りる。

以上から，誤っているものは(イ)(エ)であり，正解は(3)となる。

2−15(23−4)　自然人

未成年者Ａが，Ａ所有のパソコン甲をＡの唯一の親権者Ｂの同意なく成年者Ｃに売る契約（以下「本件売買契約」という。）を締結した事例に関する次の(ア)から(オ)までの記述のうち，判例の趣旨に照らし誤っているものの組合せは，後記(1)から(5)までのうちどれか。

(ア)　本件売買契約を締結するに際し，ＡとＣとの間でＡの年齢について話題になったことがなかったため，ＡはＣに自己が未成年者であることを告げず，ＣはＡが成年者であると信じて本件売買契約を締結した場合には，Ａは，本件売買契約を取り消すことができない。

(イ)　Ａが甲の引渡し後に自ら本件売買契約を取り消した場合には，その取消しがＢに無断であったときでも，Ｂは，当該取消しを取り消すことができない。

(ウ)　Ａが，成年に達する前に本件売買契約の代金債権を第三者に譲渡した場合には，本件売買契約及び代金債権の譲渡につきＢの同意がなく，かつ，追認がなかったときでも，Ａは，本件売買契約を取り消すことができない。

(エ)　本件売買契約の締結後に契約締結の事実を知ったＢが，Ａが成年に達する前に，Ｃに対して甲を引き渡した場合には，当該引渡しがＡに無断であったときでも，Ａは，本件売買契約を取り消すことができない。

(オ)　Ａが成年に達する前に，ＣがＢに対し１か月以上の期間を定めて本件売買契約を追認するかどうか催告したにもかかわらず，Ｂがその期間内に確答を発しなかったときは，Ａは，本件売買契約を取り消すことができない。

(1)　(ア)(ウ)　　(2)　(ア)(エ)　　(3)　(イ)(エ)　　(4)　(イ)(オ)　　(5)　(ウ)(オ)

学習記録	／	／	／	／	／	／	／	／	／

重要度　B	知識型	要 *Check!*	正解　(1)

(ア)　誤　　制限行為能力者が行為能力者であることを信じさせるため詐術を用いたときは，その行為を取り消すことができない（21）。そして，この場合の「詐術」とは，相手方に対し積極的な詐術行為がある場合に限られるものではなく，無能力者であることを黙秘していた場合でも，それが無能力者の他の言動と相まって，相手方を誤信させ，又は誤信を強めたものと認められるときは，詐術に当たる。この点，単に無能力者であることを黙秘していたとの一事をもって，詐術に当たるとするのは相当でなく，詐術に当たるとするためには，無能力者が能力者であることを信じさせる目的をもってしたことを要する（最判昭 44.2.13）。よって，Aは，制限行為能力者であることを単に黙秘していただけであり，そのことのみをもって詐術に当たるとはいえないため，Aは本件売買契約を取り消すことができる。

(イ)　正　　未成年者が法定代理人の同意を得ないでした契約は，取り消すことができ，この取消しは，未成年者自らが意思表示することでも可能である（120）。そして，この未成年者自身の取消しの意思表示は，制限行為能力を理由として取り消すことはできない。なぜなら，契約の取消しは元に戻るだけであり，それ以上に不利益が及ぶわけではなく，単独での取消しができないと十分な保護にならないからである。よって，Aは単独で有効な取消しの意思表示ができ，その取消しがBに無断であったとしても，Bは当該取消しを取り消すことはできない。

(ウ)　誤　　追認をすることができる時以後に，取り消すことができる行為によって取得した権利の全部又は一部の譲渡は，法定追認事由であるが（125⑤），法定追認事由である行為ないし事実は，124 条にいう取消しの原因となっていた状況が消滅した後にしなければ，その効力を生じない。この点，未成年者が成年に達した後に，取消原因があることを知らないで法定追認に該当する行為をした場合には，それにより，制限行為能力による取消しはできなくなる（大判大 12.6.11）。また，未成年者が，法定代理人の同意を得て法定追認該当行為をしたときは，法定追認の効力を生ずるものと解されている。よって，Aが，成年に達する前に本件売買契約の代金債権を第三者に譲渡した場合には，本件売買契約及び代金債権の譲渡につきBの同意がなく，かつ，追認がなかったときは，Aは，本件売買契約を取り消すことができる。

(エ)　正　　BはAの法定代理人であり，追認権者となる（120・122）。そして，Bによるパソコン甲の引渡しは「全部又は一部の履行」として法定追認に当たるところ（125①），追認がされた行為は 122 条により取り消すことができない。よって，Aが成年に達する前に，Bが，Cに対してパソコン甲を引き渡した場合には，Ａは本件売買契約を取り消すことができない。

(オ)　正　　制限行為能力者の相手方が，制限行為能力者が行為能力者にならない間に，その法定代理人に対し，その権限内の行為について１か月以上の期間を定めて，その期間内にその取り消すことができる行為を追認すべきかどうかを確答すべき旨の催告をした場合において，当該法定代理人がその期間内に確答を発しないときは，その行為を追認したものとみなす（20Ⅱ）。よって，ＣによるＡの法定代理人Ｂに対する催告について，Ｂが期間内に確答を発しなかったときは，本件売買契約は追認されたものとみなされ，Ａは，本件売買契約を取り消すことはできなくなる。

以上から，誤っているものは(ア)(ウ)であり，正解は(1)となる。

MEMO

2−16(25−4)　自然人

後見，保佐又は補助に関する次の(ア)から(オ)までの記述のうち，誤っているものの組合せは，後記(1)から(5)までのうち，どれか。

(ア) 成年被後見人が日用品の購入をした場合には，成年後見人は，これを取り消すことができるが，被保佐人が保佐人の同意を得ないで日用品の購入をした場合には，保佐人は，これを取り消すことができない。

(イ) 成年後見人は，成年被後見人の財産を管理し，かつ，その財産に関する法律行為について成年被後見人を代表するが，保佐人は，保佐開始の審判とは別に，保佐人に代理権を付与する旨の審判があった場合に限り，特定の法律行為についての代理権を有する。

(ウ) 精神上の障害により事理を弁識する能力を欠く常況にある者の四親等の親族は，その者について後見開始の審判の請求をすることができるが，当該能力が不十分である者の四親等の親族は，その者について補助開始の審判の請求をすることができない。

(エ) 被保佐人が贈与をする場合には，保佐人の同意を得なければならないが，被補助人が贈与をする場合には，贈与をすることについて補助人の同意を得なければならない旨の審判がなければ，補助人の同意を得ることを要しない。

(オ) 配偶者の請求により保佐開始の審判をする場合には，本人の同意は必要ないが，配偶者の請求により補助開始の審判をする場合には，本人の同意がなければならない。

(1)　(ア)(イ)　　(2)　(ア)(ウ)　　(3)　(イ)(エ)　　(4)　(ウ)(オ)　　(5)　(エ)(オ)

学習記録	／	／	／	／	／	／	／	／	／

重要度　B	知識型	要 *Check!*		正解　(2)

(ア) 誤　　成年被後見人の法律行為は，取り消すことができるが（9本文），日用品の購入その他日常生活に関する行為については，この限りでない（9但書）。他方，被保佐人が13条1項各号に掲げる行為をするには，その保佐人の同意を得なければならず，同意又はこれに代わる許可を得ないでした行為については，取り消すことができる（13Ⅰ本文・Ⅳ）。しかし，日用品の購入その他日常生活に関する行為については，この限りでない（13Ⅰ柱書但書・9但書）。

(イ) 正　　成年後見人は，成年被後見人の財産を管理し，かつ，その財産に関する法律行為について成年被後見人を代表する（859Ⅰ）。他方，保佐人は，保佐開始の審判とは別に，「特定の法律行為」について保佐人に代理権を付与する旨の家庭裁判所の審判があった場合に限り，特定の法律行為についての代理権を有する（876の4Ⅰ）。

(ウ) 誤　　精神上の障害により事理を弁識する能力を欠く常況にある者については，家庭裁判所は，本人，配偶者，四親等内の親族，未成年後見人，未成年後見監督人，保佐人，保佐監督人，補助人，補助監督人又は検察官の請求により，後見開始の審判をすることができる（7）。他方，精神上の障害により事理を弁識する能力が不十分である者については，家庭裁判所は，本人，配偶者，四親等内の親族，後見人，後見監督人，保佐人，保佐監督人又は検察官の請求により，補助開始の審判をすることができる（15Ⅰ）。よって，四親等の親族は，後見開始の審判，補助開始の審判のいずれの請求もすることができる。

(エ) 正　　被保佐人が贈与をする場合には，保佐人の同意を得なければならない（13Ⅰ⑤）。他方，補助開始の審判（15Ⅰ）は，補助人の同意を要する旨の審判（17Ⅰ），又は補助人に代理権を付与する旨の審判とともにしなければならないが（876の9Ⅰ・15Ⅲ），補助人の同意を要する特定の行為は，13条1項に定める行為の一部に限られ，個別具体的な必要性に応じ当事者の申立てにより選択される。よって，被補助人が贈与をする場合でも，贈与をすることについて補助人の同意を得なければならない旨の審判がなければ，補助人の同意を得ることを要しない。

(オ) 正　　本人以外の者の請求により保佐開始の審判をするには，本人の同意を要しない（11参照）。他方，被保佐人とは異なり，被補助人には一定程度の判断能力があることから，自己決定権の尊重のため，本人以外の者の請求により補助開始の審判をするには，本人の同意がなければならない（15Ⅱ）。

以上から，誤っているものは(ア)(ウ)であり，正解は(2)となる。

2−17(27−4)　自然人

未成年者に関する次の㋐から㋔までの記述のうち，誤っているものは，幾つあるか。（改）

㋐　未成年者が法定代理人の同意を得ないでした法律行為を自ら取り消した場合には，その未成年者は，その取消しの意思表示をすることについて法定代理人の同意を得ていないことを理由に，その取消しの意思表示を取り消すことはできない。

㋑　養子である未成年者が実親の同意を得て法律行為をしたときは，その未成年者の養親は，その法律行為を取り消すことはできない。

㋒　未成年者と契約をした相手方が，その契約締結の当時，その未成年者を成年者であると信じ，かつ，そのように信じたことについて過失がなかった場合には，その未成年者は，その契約を取り消すことはできない。

㋓　平成30年法改正により削除

㋔　未成年者が法定代理人の同意を得ないで贈与を受けた場合において，その贈与契約が負担付のものでないときは，その未成年者は，その贈与契約を取り消すことはできない。

⑴　0個　⑵　1個　⑶　2個　⑷　3個　⑸　4個

学習記録	／	／	／	／	／	／	／	／	／

重要度　B	知識型	要 *Check!*		正解　(3)

(ア)　正　　行為能力の制限によって取り消すことができる行為は，制限行為能力者（他の制限行為能力者の法定代理人としてした行為にあっては，当該他の制限行為能力者を含む。）又はその代理人，承継人若しくは同意をすることができる者に限り，取り消すことができる（120 Ⅰ）。この点，制限行為能力者は単独で取消しができ，その取消しの意思表示を行為能力の制限を理由に取り消すことは認められない。なぜなら，契約の取消しは元に戻るだけでそれ以上に不利益が及ぶわけではないし，単独での取消しができないと十分な保護にならないからである。

(イ)　誤　　未成年者が法律行為をするには，法定代理人の同意を得る必要があり（５Ⅰ本文），未成年者に親権者があるときは，原則として親権者が法定代理人となる。そして，未成年の子は，原則として父母の親権に服するが，子が養子であるときは，養親の親権に服することとなる（818 Ⅰ・Ⅱ）。よって，養子である未成年者が親権を有しない実親の同意を得て法律行為をしたときであっても，その未成年者の養親は，その法律行為を取り消すことができる。

(ウ)　誤　　制限行為能力者が行為能力者であることを信じさせるため詐術を用い，相手方が行為能力者であると誤信したときは，その行為を取り消すことができない（21）。本肢の場合，未成年者は，詐術を用いてはいないので，契約を取り消すことができる。

(エ)　平成 30 年法改正により削除

(オ)　正　　未成年者が法律行為をするには，その法定代理人の同意を得なければならず，この規定に反する法律行為は取り消すことができる（５Ⅰ本文・Ⅱ）。ただし，単に権利を得，又は義務を免れる法律行為については，法定代理人の同意は不要である（５Ⅰ但書）。この点，負担のない贈与の申込みを承諾する行為は，単に権利を得る法律行為であり，未成年者は単独ですることができるので，当該贈与契約を取り消すことはできない。

以上から，誤っているものは(イ)(ウ)の２個であり，正解は(3)となる。

2−18(28−4)　自然人

不在者の財産の管理人（以下「管理人」という。）に関する次の(1)から(5)までの記述のうち，判例の趣旨に照らし正しいものは，どれか。

(1)　不在者が管理人を置いた場合には，その不在者の生死が明らかでなくなったとしても，利害関係人は，その管理人の改任を家庭裁判所に請求することができない。

(2)　不在者が管理人を置いていない場合においても，その不在者が生存していることが明らかであるときは，利害関係人は，管理人の選任を家庭裁判所に請求することができない。

(3)　家庭裁判所が管理人を選任した後，不在者が従来の住所において自ら管理人を置いた場合には，家庭裁判所が選任した管理人は，その権限を失う。

(4)　家庭裁判所が選任した管理人は，家庭裁判所の許可を得ないで，不在者を被告とする建物収去土地明渡請求を認容した判決に対し控訴することができる。

(5)　家庭裁判所が選任した管理人がその権限の範囲内において不在者のために行為をしたときは，家庭裁判所は，不在者の財産の中から，管理人に報酬を与えなければならない。

学習記録	／	／	／	／	／	／	／	／	／

重要度　B	知識型	要 *Check!*		正解　(4)

(1)　誤　　不在者が管理人を置いた場合において，その不在者の生死が明らかでないときは，家庭裁判所は，利害関係人又は検察官の請求により，管理人を改任することができる（26）。

(2)　誤　　不在者がその財産の管理人を置かなかったときは，家庭裁判所は，利害関係人又は検察官の請求により，その財産の管理について必要な処分を命ずることができる（25 Ⅰ）。ここにいう「不在者」とは，従来の住所又は居所を去った者をいい（25 Ⅰ），生死が不明であることは，要件となっていない。したがって，その不在者が生存していることが明らかであるときは，利害関係人は，管理人の選任を家庭裁判所に請求することができないとする点で，本肢は誤っている。

(3)　誤　　不在者がその財産の管理人を置かなかったときに，家庭裁判所が，利害関係人又は検察官の請求により，その財産の管理について必要な処分を命じた後に，本人が管理人を置いたときは，家庭裁判所は，その管理人，利害関係人又は検察官の請求により，その命令を取り消さなければならない（25 Ⅱ・Ⅰ）。すなわち，家庭裁判所が選任した管理人は，当然にその権限を失うのではなく，本人が置いた管理人，利害関係人又は検察官の請求が必要となる。

(4)　正　　管理人は，103 条に規定する権限を超える行為を必要とするときは，家庭裁判所の許可を得て，その行為をすることができる（28）。この点，判例は，家庭裁判所が選任した不在者財産管理人は，28 条所定の家庭裁判所の許可を得ることなしに，不在者を被告とする建物収去土地明渡請求を認容した第一審判決に対し控訴することができるとする（最判昭 47.9.1）。なぜなら，不在者を被告とする建物収去土地明渡請求を認容した第一審判決に対し控訴することは，不在者の財産の現状を維持する行為として 103 条1号にいう保存行為に該当するものであるからである（同判例）。

(5)　誤　　家庭裁判所は，管理人と不在者との関係その他の事情により，不在者の財産の中から，相当な報酬を管理人に与えることができる（29 Ⅱ）。よって，管理人には，常に報酬を与えなければならないわけではない。

2−19(29−4)　自然人

Ａが成年被後見人又は被保佐人である場合に関する次の(ア)から(オ)までの記述のうち，Ａが被保佐人である場合にのみ正しいこととなるものの組合せは，後記(1)から(5)までのうち，どれか。

なお，Ｂは，Ａが成年被後見人である場合の成年後見人又はＡが被保佐人である場合の保佐人とする。

(ア)　ＡがＢの同意を得ないで不動産を購入した場合において，その売主がＢに対し１か月以内にその売買契約を追認するかどうかを確答すべき旨の催告をしたにもかかわらず，Ｂがその期間内に確答を発しないときは，その売買契約を追認したものとみなされる。

(イ)　ＡがＢの同意を得ないで不動産を購入した場合において，その売主がＡに対し１か月以内にＢの追認を得るべき旨の催告をしたにもかかわらず，Ａがその期間内にその追認を得た旨の通知を発しないときは，その売買契約を取り消したものとみなされる。

(ウ)　Ａが行為能力者であることを信じさせるため詐術を用いて不動産を購入したときは，その売買契約を取り消すことができない。

(エ)　ＡがＣの任意代理人として不動産を購入した場合において，Ｂの同意を得ていないときは，Ｂの同意を得ていないことを理由として，その売買契約を取り消すことができる。

(オ)　ＢがＡの法定代理人として不動産を購入するには，Ｂにその代理権を付与する旨の家庭裁判所の審判がなければならない。

(1)　(ア)(ウ)　　(2)　(ア)(オ)　　(3)　(イ)(エ)　　(4)　(イ)(オ)　　(5)　(ウ)(エ)

学習記録	／	／	／	／	／	／	／	／	／

重要度　B	知識型	要 *Check!*	正解　(4)

(ア)　成年被後見人及び被保佐人のいずれである場合も正しい　　制限行為能力者の相手方が，制限行為能力者が行為能力者とならない間に，その法定代理人，保佐人又は補助人に対し，１か月以上の期間を定めて，取り消すことができる行為を追認するかどうかを催告した場合において，これらの者がその期間内に確答を発しないときは，その行為を追認したものとみなされる（20 Ⅱ・Ⅰ）。よって，Aが成年被後見人及び被保佐人のいずれである場合も，売主が成年後見人又は保佐人であるBに対し１か月以内に売買契約を追認するかどうかを確答すべき旨の催告をしたにもかかわらず，その期間内に確答を発しないときは，その売買契約を追認したものとみなされる。

(イ)　被保佐人である場合にのみ正しい　　制限行為能力者の相手方は，被保佐人又は17条１項の審判を受けた被補助人に対しては，１か月以上の期間を定めて，その期間内にその保佐人又は補助人の追認を得るべき旨の催告をすることができる（20 Ⅳ前段）。この場合において，その被保佐人又は被補助人がその期間内にその追認を得た旨の通知を発しないときは，その行為を取り消したものとみなされる（20 Ⅳ後段）。これに対し，成年被後見人には意思表示の受領能力がないため（98の２），相手方の成年被後見人に対する催告は効果を生じない。

(ウ)　成年被後見人及び被保佐人のいずれである場合も正しい　　制限行為能力者が行為能力者であることを信じさせるため詐術を用いたときは，その行為を取り消すことができない（21）。したがって，本肢は，Aが成年被後見人及び被保佐人のいずれである場合も正しい。なお，制限行為能力者が詐術を用いた場合であっても，これにより相手方が誤信をするに至らなかったときは，取消権は排除されない。

(エ)　成年被後見人及び被保佐人のいずれである場合も誤っている　　制限行為能力者が代理人としてした行為は，行為能力の制限によっては取り消すことができない（102本文）。なぜなら，代理において代理行為の効果を受けるのは代理人ではなく本人であり，その本人があえて制限行為能力者を代理人とするのだから，行為能力の制限を理由として代理行為を取り消すことを認めるべきではないからである。なお，代理人は，意思表示をする以上，意思能力を有することは必要である。

(オ)　被保佐人である場合にのみ正しい　　成年後見人は，成年被後見人の財産に関する法律行為について，包括的に，成年被後見人を代理する権限を有する（859 Ⅰ）。他方，保佐人は，保佐開始の審判とは別に，「特定の法律行為」について保佐人に代理権を付与する旨の家庭裁判所の審判があったときに限り，当該特定の法律行為についての代理権を有する（876の４Ⅰ）。よって，Ａが成年被後見人である場合，代理権を付与する旨の家庭裁判所の審判がなくても，Ｂは，Ａの法定代理人として不動産を購入することができるが，Ａが被保佐人である場合，ＢがＡの法定代理人として不動産を購入するには，Ｂにその代理権を付与する旨の家庭裁判所の審判がなければならない。

以上から，Ａが被保佐人である場合にのみ正しいものは(イ)(オ)であり，正解は(4)となる。

MEMO

2−20(31−4)　自然人

成年に達したものとみなされていない未成年者に関する次の(ア)から(オ)までの記述のうち，誤っているものの組合せは，後記(1)から(5)までのうち，どれか。

(ア)　法定代理人が目的を定めないで処分を許した財産は，未成年者が自由に処分することができる。

(イ)　意思表示の相手方がその意思表示を受けた時に未成年者であったときは，表意者は，その意思表示を取り消すことができる。

(ウ)　未成年者は，後見人となることができない。

(エ)　未成年者が認知をするには，その法定代理人の同意を要しない。

(オ)　未成年者であっても，15歳に達していれば，遺言執行者となることができる。

(1)　(ア)(ウ)　　(2)　(ア)(オ)　　(3)　(イ)(エ)　　(4)　(イ)(オ)　　(5)　(ウ)(エ)

学習記録	／	／	／	／	／	／	／	／	／

重要度　B	知識型	要 *Check!*		正解　(4)

(ア)　正　　法定代理人が目的を定めて処分を許した財産は，その目的の範囲内において，未成年者が自由に処分することができる（5Ⅲ前段）。また，法定代理人が目的を定めないで処分を許した財産も，未成年者が自由に処分することができる（5Ⅲ後段）。

(イ)　誤　　民法上，取り消すことができる行為として，制限行為能力者の行為（5Ⅱ・9・13Ⅳ・17Ⅳ），錯誤（95Ⅰ）及び詐欺・強迫による意思表示（96Ⅰ）が規定されている。しかし，意思表示の相手方がその意思表示を受けた時に未成年者であったときに，表意者がその意思表示を取り消すことができる旨を定めた規定はない。したがって，表意者は，その意思表示を取り消すことができるとする点で，本肢は誤っている。なお，意思表示の相手方がその意思表示を受けた時に意思能力を有しなかったとき又は未成年者若しくは成年被後見人であったときは，その意思表示をもってその相手方に対抗することができない（98の2本文）。

(ウ)　正　　未成年者は，後見人となることができない（847①）。なぜなら，未成年者は，判断能力が未成熟であり，被後見人の保護に当たるという後見人の任務には適しないからである。

(エ)　正　　認知をするには，父又は母が未成年者又は成年被後見人であるときであっても，その法定代理人の同意を要しない（780）。

(オ)　誤　　未成年者及び破産者は，遺言執行者となることができない（1009）。これは，遺言執行者は遺言者の意思を実現するという重要な職務を行わなければならないため，このような重責を果たすに足りない者を欠格者として遺言執行者から排除することとしたものである。したがって，未成年者であっても，15歳に達していれば，遺言執行者となることができるとする点で，本肢は誤っている。

以上から，誤っているものは(イ)(オ)であり，正解は(4)となる。

2−21(R2−4)　自然人

不在者の財産の管理及び失踪の宣告に関する次の(ア)から(オ)までの記述のうち，判例の趣旨に照らし正しいものの組合せは，後記(1)から(5)までのうち，どれか。

(ア)　不在者の生死が７年間明らかでないときは，利害関係人だけでなく検察官も，家庭裁判所に対し，失踪の宣告の請求をすることができる。

(イ)　生死が７年間明らかでないために失踪の宣告を受けた者は，失踪の宣告を受けた時に死亡したものとみなされる。

(ウ)　Ａの失踪の宣告によって財産を得たＢがその財産を第三者Ｃに譲渡した後，Ａの生存が判明したために失踪の宣告が取り消された場合において，Ｃが譲渡を受けた際にＡの生存を知らなかったときは，ＢがＡの生存を知っていたとしても，失踪の宣告の取消しはその財産の譲渡の効力に影響を及ぼさない。

(エ)　家庭裁判所が選任した不在者の財産の管理人は，保存行為であれば，裁判上の行為であるか裁判外の行為であるかを問わず，家庭裁判所の許可なくすることができる。

(オ)　家庭裁判所は，不在者の財産の管理人と不在者との関係その他の事情を考慮し，当該管理人に対し，不在者の財産の中から報酬を与えることも，与えないこともできる。

(1)　(ア)(イ)　　(2)　(ア)(ウ)　　(3)　(イ)(エ)　　(4)　(ウ)(オ)　　(5)　(エ)(オ)

学習記録	／	／	／	／	／	／	／	／	／

重要度　B	知識型	要 *Check!*	正解　(5)

(ア) 誤　　不在者の生死が７年間明らかでないときは，家庭裁判所は，利害関係人の請求により，失踪の宣告をすることができる（30 Ⅰ）。よって，失踪宣告の請求権者は利害関係人に限定されているため，検察官は，含まれない。

(イ) 誤　　生死が７年間明らかでないために 30 条１項の規定により失踪の宣告を受けた者は，７年の期間が満了した時に死亡したものとみなされる(31 前段)。

(ウ) 誤　　失踪の宣告の取消しは，失踪の宣告後その取消し前に善意でした行為の効力に影響を及ぼさない（32 Ⅰ後段)。この点，失踪宣告後にされた契約がその宣告の取消しにかかわらず効力を有するには，契約当時，当事者双方が共に善意であったことを要する（大判昭 13.2.7)。よって，失踪の宣告が取り消された場合において，Ｃが譲渡を受けた際にＡの生存を知らなかったとしても，ＢがＡの生存を知っていたときは，失踪の宣告の効果として生じた財産上の変動はなかったものとされる。

(エ) 正　　不在者の財産の管理人は，103 条に規定する権限を超える行為を必要とするときは，家庭裁判所の許可を得て，その行為をすることができる（28 前段)。よって，不在者の財産の管理人は，103 条に定める保存行為や目的である物又は権利の性質を変えない範囲での管理・利用行為であれば，家庭裁判所の許可なくすることができる。

(オ) 正　　家庭裁判所は，管理人と不在者との関係その他の事情により，不在者の財産の中から，相当な報酬を管理人に与えることができる(29 Ⅱ)。すなわち，管理人には，常に報酬を与えなければならないものではなく，家庭裁判所の判断で報酬を与えることも，与えないこともできる。

以上から，正しいものは(エ)(オ)であり，正解は(5)となる。

2-22(R3-4)　自然人

成年後見制度に関する次の(ア)から(オ)までの記述のうち，正しいものの組合せは，後記(1)から(5)までのうち，どれか。

(ア)　家庭裁判所は，本人の請求によっても後見開始の審判をすることができる。

(イ)　家庭裁判所は，職権で成年後見人を選任することはできない。

(ウ)　家庭裁判所は，成年被後見人について精神上の障害により事理を弁識する能力を欠く常況にあるとはいえなくなったときは，職権で，後見開始の審判を取り消さなければならない。

(エ)　家庭裁判所は，精神上の障害により事理を弁識する能力を欠く常況にある者について，保佐開始の審判をすることはできない。

(オ)　家庭裁判所は，被保佐人の請求により，被保佐人が日用品の購入をする場合にはその保佐人の同意を得なければならない旨の審判をすることができる。

(1)　(ア)(ウ)　　(2)　(ア)(エ)　　(3)　(イ)(エ)　　(4)　(イ)(オ)　　(5)　(ウ)(オ)

学習記録	／	／	／	／	／	／	／	／	／

重要度　B	知識型	要 *Check!*		正解　(2)

(ア)　正　　精神上の障害により事理を弁識する能力を欠く常況にある者については，家庭裁判所は，本人，配偶者，四親等内の親族，未成年後見人，未成年後見監督人，保佐人，保佐監督人，補助人，補助監督人又は検察官の請求により，後見開始の審判をすることができる（7）。

(イ)　誤　　家庭裁判所は，後見開始の審判をするときは，職権で，成年後見人を選任する（843 Ⅰ）。

(ウ)　誤　　精神上の障害により事理を弁識する能力を欠く常況が消滅したときは，家庭裁判所は，請求により，後見開始の審判を取り消さなければならない（10・7）。よって，家庭裁判所が，職権で，後見開始の審判を取り消すことはできない。

(エ)　正　　精神上の障害により事理を弁識する能力が著しく不十分である者については，家庭裁判所は，請求により，保佐開始の審判をすることができる（11本文）。ただし，精神上の障害により事理を弁識する能力を欠く常況にある者については，保佐開始の審判をすることはできない（11但書・7）。

(オ)　誤　　家庭裁判所は，被保佐人の請求により，13条1項各号に掲げる行為以外の行為をする場合であってもその保佐人の同意を得なければならない旨の審判をすることができるが（13 Ⅱ本文・11本文），日用品の購入その他日常生活に関する行為については，同意を要する旨の審判をすることはできない（13 Ⅱ但書・9但書）。

以上から，正しいものは(ア)(エ)であり，正解は(2)となる。

3−6(元−1)　法　人

一般社団法人の理事に関する次の(ア)から(オ)までの記述のうち，正しいものの組合せは，後記(1)から(5)までのうちどれか。(改)

(ア)　理事が自己所有の土地を法人に売却する場合には，監事が法人を代表する。

(イ)　理事の選任は，社員総会がする。

(ウ)　一般社団法人の代表理事が法人の目的の範囲外の事業を行い第三者に損害を与えた場合であっても，その事業を行う議決に賛成した社員が責任を負うことはない。

(エ)　定款により代表理事の代表権に制限を加えた場合には，善意の第三者にも，その制限を対抗することはできる。

(オ)　理事全員によって解散の決議がされても，一般社団法人は解散しない。

(1)　(ア)(ウ)　　(2)　(ア)(エ)　　(3)　(イ)(ウ)　　(4)　(イ)(オ)　　(5)　(エ)(オ)

学習記録	／	／	／	／	／	／	／	／	／

重要度　C	知識型			正解　(4)

(ア)　誤　　一般社団法人と理事との利益が相反する事項については，社員総会の承認決議（理事会設置一般社団法人では理事会の承認決議）を受けなければならず（一般法人84Ⅰ②・③・92Ⅰ），監事が代表するわけではない。

(イ)　正　　一般社団法人の理事は，社員総会で選任しなければならない（一般法人63Ⅰ）。

(ウ)　誤　　一般社団法人の代表理事が法人の目的の範囲外の事業を行い第三者に損害を与えた場合において，その事業を行う議決に賛成した社員等については，不法行為の一般理論により，共同不法行為（719）が成立し得るものと解されている。

(エ)　誤　　定款による代表理事の代表権の制限は，善意の第三者に対抗することができない（一般法人77Ⅴ・Ⅳ・197）ので，法人は，代表理事が代表権の範囲外で行った取引の効果が自己へ帰属しないことをもって，善意の相手方に対抗することはできない。

(オ)　正　　一般社団法人の解散決議は社員総会の専権事項である（一般法人148③)。したがって，理事全員による解散の決議によっても一般社団法人は解散しない。なお，一般には理事全員による解散の決議を解散事由（一般法人148②・202Ⅰ②）として定款に定めることも許されないと解されている（通説）。

以上から，正しいものは(イ)(オ)であり，正解は(4)となる。

3−7(2−1)　法　人

一般社団法人の定款に，次の(ア)から(オ)までの内容の定めをした。このうちその効力が認められないものを選んだ場合に，その組合せとして正しいものは，後記(1)から(5)までのうちどれか。(改)

(ア)　社員の議決権に差をつけること

(イ)　理事が代理権を委任することはできないとすること

(ウ)　定款変更するには理事全員の決議によりすることができるとすること

(エ)　残余財産の帰属権利者を具体的に指定するのではなく，指定する方法を定めること

(オ)　代表理事がその職務を行うにつき不法行為を行った場合でも，法人に過失があった場合でなければ法人の責任はないものとすること

(1)　(ア)(ウ)　　(2)　(ア)(エ)　　(3)　(イ)(エ)　　(4)　(イ)(オ)　　(5)　(ウ)(オ)

学習記録	／	／	／	／	／	／	／	／	／

重要度　C	知識型	

正解　(5)

(ア)　認められる　　各社員の議決権は，原則として各1個であるが，定款をもってこれと異なる定めをすることができる（一般法人48 I）。

(イ)　認められる　　理事と一般社団法人の関係は委任関係（一般法人64，民643）であり，受任者は，委任者の許諾を得たとき，又はやむを得ない事由があるときでなければ，復受任者を選任することができない（644の2 I）。定款で委任を禁止することは，この許諾をしない旨の規定ととらえることができるため，そのような規定も認められる。

(ウ)　認められない　　一般社団法人の定款の変更は社員総会の決議によらなければならず（一般法人146），理事全員の決議により定款を変更する旨の定めは，一般社団法人及び一般財団法人に関する法律の規定に反し，このような定めをしても無効である（一般法人12参照）。

(エ)　認められる　　残余財産の帰属は，定款で定めることによるとされているため（一般法人239 I），定款で残余財産の帰属権利者を具体的に指定せずに，指定する方法を定めることもできる。

(オ)　認められない　　代表理事がその職務を行うにつき不法行為を行った場合，法人自体の不法行為として，一般社団法人自身がその責任を負う（一般法人78）。定款に別段の定めをしても，同条は強行規定であるので，これに反する定款の定めは無効である（一般法人12参照）。

以上から，効力が認められないものは(ウ)(オ)であり，正解は(5)となる。

3-8(3-4)　法　人

権利能力なき社団についての以下の記述のうち，判例の趣旨に照らし，正しいものは幾つあるか。(改)

(ア)　権利能力なき社団の代表者が賃貸借契約を締結した場合において，社団の構成員全員の承諾がなければ代表者は賃借権の処分をすることはできない。

(イ)　権利能力なき社団所有の不動産を登記する場合，代表者の個人名義で登記するしか方法はない。

(ウ)　権利能力なき社団が第三者に対して債務を負っている場合において，債権者は第１次的に社団の財産から弁済を受けることができ，各構成員からは補充的にその弁済を受けることができる。

(エ)　権利能力なき社団の代表者が，団体名を表示しかつ代表者資格を記載して手形を振り出した場合，社団のほかその代表者自身も手形の振出人としての責任を負う。

(オ)　権利能力なき社団自身が訴訟当事者となり得るのでその代表者は訴訟当事者とはなり得ない。

(1)　０個　　(2)　１個　　(3)　２個　　(4)　３個　　(5)　４個

学習記録	／	／	／	／	／	／	／	／	／

重要度　C	知識型	

正解　(1)

(ア)　誤　　判例は，権利能力なき社団の権利義務関係は，総構成員に単一の権利義務として総有的に帰属すると解する（最判昭 32.11.14）。したがって，このような総有理論からすれば，本件賃借権も各構成員に分属して帰属するものではなく，単一のものとして構成員全員に総有的に帰属することになる。しかし，上記判例は，権利能力なき社団の社団としての実体を重視して，代表者が社団の名において権利を取得・行使し，義務を負担することを認め，その際，内部的管理においては定款に定めがない限り，多数決の原則が支配することを権利能力なき社団の要件として挙げている。したがって，判例の立場は，本肢のような賃借権の処分行為も原則として構成員の多数決で決せられ，構成員全員の承諾がなくても，代表者は社団の名において当該賃借権の処分をすることができる趣旨と解される。

(イ)　誤　　権利能力なき社団は，法人格を有しないので，社団名義で登記をすることはできない。そのため，代表者が，構成員全員からの受託者たる地位において，個人名義で登記をすることになる（最判昭 47.6.2）。また，代表者でない構成員の個人名義（最判平 6.5.31），構成員全員の共同名義でも登記することができる。

(ウ)　誤　　社団の債務について判例は，社団への総有的帰属ということを理由として，構成員は原則として取引の相手方に対して固有財産による個人的債務ないし責任を負わないとする（構成員の有限責任，最判昭 48.10.9）。したがって，社団の債権者は各構成員から補充的にも弁済を受けることはできない。

(エ)　誤　　判例は，権利能力なき財団に関して，権利能力なき財団も社会生活上独立した実体を有することを理由として，財団事務総長の肩書で振り出した手形について，財団だけの責任を認め，代表者個人の責任を否定している（最判昭 44.11.4）。このような判例の趣旨に照らせば，本肢の場合にも社団だけが振出人としての責任を負い，代表者自身は責任を負わないと解される。

(オ)　誤　　権利能力なき社団自身は，訴訟当事者となり得る（民訴 29）。しかし，それは事件の具体的内容を度外視した一般的な当事者能力が認められたにすぎず，登記請求訴訟のように社団自身が権利行使できないものについては当事者となる資格（当事者適格）を有しない。このような訴訟については，社団の代表者が当事者とならなければならない（最判昭 47.6.2 参照）。したがって，代表者も訴訟当事者となり得る。

以上から，判例の趣旨に照らし正しいものはなく，正解は(1)となる。

3−9(5−1)　法　人

外国人又は外国法人に関する次の記述のうち，誤っているものはどれか。(改)

(1) 外国人は，法令又は条約に禁止又は制限が規定されている場合を除き，わが国においても権利能力を有する。

(2) 外国人の権利能力が制限される場合には，外国人は，信託法上の受益者として，その権利を有すると同一の利益を享受することができない。

(3) 国，国の行政区画，外国会社又は法律もしくは条約により認許されたもの以外の外国法人は，わが国においては，法人格が認められない。

(4) 外国法人は，わが国において事務所設置の登記をするまでは，他人はその法人の成立を否認することができる。

(5) わが国において認許された外国法人は，外国人が享有することができない権利であっても取得することができる。

学習記録	／	／	／	／	／	／	／	／	／

重要度　C	知識型	

正解　(5)

(1) 正　民法は,「外国人は, 法令又は条約の規定により禁止される場合を除き, 私権を享有する」（３Ⅱ）と規定し, 個々の権利についての外国人の享有能力（特別権利能力）を制限している（例えば, 鉱業権－鉱業17, 日本船舶・航空機の所有権－船舶１②, 航空４, 国又は公共団体に対する損害賠償請求権－国賠６等)。しかし, それはわが国及び国民の利益を守るという国家政策的見地からされる例外的扱いであり, それらの場合を除いては, 外国人もわが国において平等に権利能力を有する（内外人平等主義)。「私権の享有は, 出生に始まる」という規定（３Ⅰ）は, 自然人は出生によって当然に権利能力を取得することを意味するが, それはすべての自然人は平等に権利能力を有するという近代法の大原則（権利の能力平等の原則）を前提とするものである。

(2) 正　外国人の権利能力が制限される場合においては, その制限の目的を達するために, 信託の形式を利用して, その制限を回避する行為をも禁止する必要がある。そこで, 信託法９条は, 法令によりある財産権を享有することができない者は, その権利を有するのと同一の利益を受益者として享受することができないと規定している。

(3) 正　法がある団体に権利能力（法人格）を付与するかどうかは, それが自国の公益に直接かかわるところから, 国家政策的判断にゆだねられる。したがって, 外国法人は, 国内においてすべて当然に権利能力（法人格）を認められるわけではない。その権利能力（法人格）がわが国において認められるのは,「国, 国の行政区画」「外国会社」及び「法律又は条約の規定により認許された外国法人」に限られる（35Ⅰ)。なお, 認許されない外国法人でも, 権利能力なき社団・財団として取り扱われることはあり得る。

(4) 正　外国法人が日本に事務所を設けて活動する場合, その法人を取り巻く第三者との間で継続的に法律関係が形成されることが多くなり, このような第三者の利益を保護する必要が生ずる。そこで, 法は, 外国法人がはじめて日本に事務所を設けたときは, その事務所の所在地において登記するまでは, 第三者は, その法人の成立を否認する（すなわち代表者個人の行為とみて, 代表者個人の責任を追及する）ことができる旨規定している（37Ⅴ)。なお, 本肢は「わが国において事務所設置の登記をするまでは」とあることから, あくまで日本に事務所を設けた外国法人を念頭に置いた記述と読むのが素直であり, またそれが出題者の意図でもあろう。したがって, 日本に事務所を設けない外国法人についてまで考慮する必要はない。

(5) 誤　認許された外国法人は, 原則として,「日本において成立する同種の法人と同一の私権を有する」（35Ⅱ本文)。ただし,「外国人が享有することのできない権利」及び「法律又は条約中に特別の規定がある権利」は, 例外的に享有することができない（35Ⅱ但書)。

3−10(5−2)　法　人

一般社団法人の理事に関する次の(1)から(5)までの記述のうち，正しいものはどれか。(改)

(1)　一般社団法人には，複数の理事が必要であり，理事が一人であることは許されない。

(2)　一般社団法人と理事の利益が相反する場合は，裁判所に請求して一時理事の職務を行うべき者を選任すべきである。

(3)　平成 18 年一般社団法人及び一般財団法人に関する法律制定により削除

(4)　一般社団法人の理事は，定款又は総会の決議で禁止されている場合は，特定の行為の代理を他人に委任することはできない。

(5)　一般社団法人の理事の任期は，選任後２年以内に終了する事業年度のうち最終のものに関する定時社員総会の終結の時までと定められているが，定款で，任期を選任後４年以内に終了する事業年度のうち最終のものに関する定時社員総会の終結の時までとすることが許される。

学習記録	／	／	／	／	／	／	／	／	／

重要度　C	知識型		正解　(4)

⑴ 誤　理事会設置一般社団法人においては，理事は３人以上でなければならない（一般法人65Ⅲ）。また，公益社団法人は理事会を置いたものでなければならないため（公益法人５⑭ハ)，理事は３人以上でなければならない。しかし，それ以外の一般社団法人の理事は，必ずしも複数である必要はなく，一人でもよい（一般法人60Ⅰ）。

⑵ 誤　一般社団法人と理事の利益とが相反する場合，社員総会の承認決議（理事会設置一般社団法人では理事会の承認決議）を受けなければならず（一般法人84Ⅰ②・③・92Ⅰ），一時理事の職務を行うべき者を選任するのではない。

⑶ 平成18年一般社団法人及び一般財団法人に関する法律制定により削除

⑷ 正　理事と一般社団法人の関係は委任関係（一般法人64，民643）であり，委任者の許諾を得たとき，又はやむを得ない事由がある場合でなければ，復受任者を選任することができない（644の２Ⅰ）。定款又は社員総会の決議で委任を禁止することは，復委任を許諾しないこととととらえることができるため，このような場合には他人に委任することはできない。

⑸ 誤　一般社団法人の理事の任期は，選任後２年以内に終了する事業年度のうち最終のものに関する定時社員総会の終結の時までであるが，定款又は社員総会の決議によってこれと異なる定めが許されるのは，任期を短縮する場合のみである（一般法人66）。

3−11(6−3)　法　人

一般社団法人又は一般財団法人に関する次の(ア)から(オ)までの記述のうち，判例の趣旨に照らし，正しいものは幾つあるか。（改）

(ア)　一般社団・財団法人が定款で代表理事の代表権を制限しているにもかかわらず，代表理事が代表権の範囲外の取引をした場合には，相手方がその代表権の制限があることを知らなかったときであっても，法人は，その取引における意思表示を取り消すことができる。

(イ)　一般社団・財団法人の代表者が選任した代理人が，法人のために動産を買い受けたところ，売主が無権利者であった場合において，法人の代表者に過失があるときは，代理人が善意・無過失であっても即時取得は成立しない。

(ウ)　一般社団・財団法人の代表者が選任した代理人が，委任事務につき他人に損害を与えた場合において，その代理人に故意又は過失があったときには，法人は，一般社団法人及び一般財団法人に関する法律第 78 条・197 条の規定に基づく賠償責任を負う。

(エ)　一般社団・財団法人の被用者がその事業の執行につき他人に損害を与えた場合には，法人の代表者は，その被用者の選任・監督を担当していなかったときであっても，使用者に代わって事業を監督する者として，民法第 715 条第２項の規定に基づく賠償責任を負う。

(オ)　一般社団・財団法人の被用者がした取引行為が，その行為の外形からみて法人の事業の範囲内に属するものと認められる場合であっても，その行為が被用者の職務権限内において行われたものではなく，かつ，相手方が重大な過失によってこれを知らずに取引をしたときは，法人は，その取引によって相手方が受けた損害につき，民法第 715 条第１項の規定に基づく賠償責任を負わない。

(1)　１個　　(2)　２個　　(3)　３個　　(4)　４個　　(5)　５個

学習記録	／	／	／	／	／	／	／	／	／

重要度　C	知識型		正解　(1)

(ア) 誤　代表理事の権限に加えた制限は，善意の第三者に対抗することができない（一般法人77V・197）。本肢の相手方は代表権の制限につき善意であるため，制限を超えてなされた代表理事の法律行為の効果は法人にも及び，法人はこれに拘束されることとなり，その取引における意思表示を取り消すことはできない。

(イ) 誤　即時取得の要件としての善意・無過失（192）は，代表機関について決し，代表機関が代理人により取引行為をしたときは，代理人について決する（最判昭47.11.21）ため，本肢の場合には即時取得が成立する。

(ウ) 誤　一般社団法人の不法行為に関する一般社団法人及び一般財団法人に関する法律78条・197条の規定は，法人の代表機関によって選任された任意代理人の不法行為には適用されない（大判大9.6.24）。

(エ) 誤　法人の被用者がその事業の執行につき他人に損害を与えた場合，法人の代表者は，その代表機関として一般的業務執行権限を有するにとどまらず，現実に被用者の選任・監督を担当していたときに限り，当該被用者の行為について715条２項による代理監督者の責任を負う（最判昭42.5.30）。したがって，法人の代表者が，その被用者の選任・監督を担当していなかったときは，715条２項の責任を負わない。

(オ) 正　判例は，715条１項の「事業の執行について」の解釈につき，相手方の信頼保護及び報償責任の原理を根拠に，いわゆる外形理論を採用するとともに，被害者である相手方に重大な過失がある場合には，それを悪意と同視し，使用者の同条項に基づく賠償責任を否定している（最判昭42.11.2）。

以上から，正しいものは(オ)の１個であり，正解は(1)となる。

3−12(8−1)　法　人

一般社団法人の機関に関する次の(ア)から(カ)までの記述のうち，正しいものは幾つあるか。(改)

(ア)　一般社団法人の理事は，その権限を他人に委任することはできない。

(イ)　監事は，一般社団法人の財産の状況を監査することができるが，理事の職務執行の状況を監査することはできない。

(ウ)　一般社団法人の理事が重病で入院したことによりその執行を行うことができないときは，主務官庁は，利害関係人又は検察官の請求により，一時理事の職務を行うべき者を選任することができる。

(エ)　一般社団法人とその理事の利益が相反する事項については，監事が法人を代表する。

(オ)　一般社団法人の債権者は監事の監査報告の閲覧を求めることができる。

(カ)　一般社団法人の監事は理事の職務執行に不正の事実があることを総会に報告するために必要があるときは，総会を招集することができる。

(1)　１個　　(2)　２個　　(3)　３個　　(4)　４個　　(5)　５個

学習記録									
	／	／	／	／	／	／	／	／	／

重要度　C	知識型	

正解　(1)

(ア)　誤　　一般社団法人と理事との関係は，委任に関する規定に従う（一般法人64，643)。「受任者は，委任者の許諾を得たとき，又はやむを得ない事由があるときでなければ，復受任者を選任することができない」と規定されている（644の２Ⅰ)。したがって，これらの要件を満たす場合，理事はその権限を他人に委任できる。

(イ)　誤　　監事は，法人の財産の状況を監査するだけでなく，理事の職務執行の状況を監査する権限を有する（一般法人99Ⅰ・Ⅱ・197)。

(ウ)　誤　　一時理事の職務を行うべき者を選任するのは裁判所であり，また申立てをすることができるのは利害関係人に限られる（一般法人75Ⅱ)。

(エ)　誤　　一般社団法人と理事との利益が相反する事項については，社員総会の承認決議（理事会設置一般社団法人では理事会の承認決議）を受けなければならず（一般法人84Ⅰ②・③・92Ⅰ)，監事が代表するわけではない。

(オ)　正　　一般社団法人の債権者は，監事の監査報告を閲覧できる（一般法人129Ⅲ)。

(カ)　誤　　監事は，理事が不正の行為をし，若しくは当該行為をするおそれがあると認めるとき，又は法令若しくは定款に違反する事実若しくは著しく不当な事実があると認めるときは，理事（理事会設置一般社団法人にあっては，理事会）に報告しなければならないが（一般法人100)，社員総会を招集することはできない（一般法人36Ⅲ・37Ⅱ参照)。

以上から，正しいものは(オ)の１個であり，正解は(1)となる。

3-13(10-1)　法　人

一般社団法人の理事の行為に関する次の記述のうち，判例の趣旨に照らし正しいものはどれか。(改)

⑴　平成 29 年法改正により削除

⑵　一般社団法人の代表理事が代表権を行使するには理事会の決議を要する旨の定款の定めがあるにもかかわらず，代表理事が理事会の決議なしに取引をした場合に，相手方は，その定款の定めを知っていたときは，理事会の決議があるものと信じていたかどうかにかかわらず，表見代理の主張をすることができない。

⑶　一般社団法人の代表理事がした職務権限外の行為が外形からみてその職務行為に属するものと認められる場合であっても，その行為が代表理事の職務行為に属さないことを知らなかったことについて相手方に重大な過失があるときは，法人は，その行為について損害賠償責任を負わない。

⑷　代表理事がその職務を行うにつき他人に損害を加えたため一般社団法人の不法行為が成立する場合，その行為をした代表理事は個人としては不法行為の責任を負わないが，故意又は重大な過失があったときは，法人から求償権の行使を受けることがある。

⑸　一般社団法人の代表理事が，代理人により動産購入の取引をしたところ，その取引の当時その動産が売主の所有に属さなかった場合において，代表理事が善意・無過失であるときは，代理人が善意・有過失であっても，一般社団法人は，その動産の所有権を善意取得できる。

学習記録	／	／	／	／	／	／	／	／	／

重要度　C	知識型		正解　(3)

(1)　平成29年法改正により削除

(2)　誤　　一般社団法人及び一般財団法人に関する法律77条5項及び197条にいう「善意」とは，定款などの自治規範によって代表理事の代表権に制限が加えられていることを知らないことをいうから，定款による代表権の制限につき悪意の相手方には同条の保護は及ばないことになるが，その場合でも，理事会の決議があると信じるについて正当の理由があれば，110条の類推適用により相手方が保護される余地がある（最判昭60.11.29）。

(3)　正　　一般社団法人の代表理事が「職務を行うについて」（一般法人78）他人に損害を加えた場合，当該行為の外形上代表者の職務行為とみられる行為であれば足りる（最判昭37.9.7）が，相手方がその職務行為に属さないことを知り，又はこれを知らないことにつき重大な過失ある場合には，法人はその行為について一般社団法人及び一般財団法人に関する法律78条の損害賠償責任を負わない（最判昭50.7.14）。

(4)　誤　　一般社団法人の代表理事がその職務を行うにつき他人に損害を加えたため，法人が一般社団法人及び一般財団法人に関する法律78条に基づき不法行為責任を負う場合，機関である理事本人もまた一般の規定（709）によって不法行為責任を負う（大判昭7.5.27）。

(5)　誤　　即時取得（善意取得）の要件としての善意・無過失（192）は，代表機関について決し，代表機関が代理人により取引行為をしたときは，代理人について決する（最判昭47.11.21）ため，判例の趣旨に照らすと動産が売主の所有に属さなかったことについて代表理事が善意・無過失であったとしても，売買行為をした代理人が善意・有過失であるため，即時取得（善意取得）が成立しない。

3−14(11−1)　法　人

次の(ア)から(オ)までの記述について，一般社団法人及び一般財団法人に関する法律上の一般社団法人，権利能力なき社団又は民法上の組合のいずれに当てはまる記述であるかという観点から分類をした場合，正しい組合せは後記(1)から(5)までのうちどれか。(改)

(ア)　構成員が団体に拠出した不動産は，団体の名義で登記をすることができる。

(イ)　構成員の債権者は，その債権に基づき，構成員が団体に拠出した財産を差し押さえることはできない。

(ウ)　団体の債権者は，その債権に基づき，構成員の個人財産を差し押さえることはできない。

(エ)　団体の設立登記が成立要件である。

(オ)　営利（剰余金の分配）を目的としない。

	一般社団法人に当てはまるもの	権利能力なき社団に当てはまるもの	民法上の組合に当てはまるもの	いずれにも当てはまらないもの
(1)	(ア)(イ)(ウ)(エ)(オ)	(ア)(イ)(ウ)	(イ)(ウ)	なし
(2)	(ア)(イ)(ウ)(エ)(オ)	(イ)	(ア)(イ)	なし
(3)	(ア)(イ)(ウ)(エ)(オ)	(イ)(ウ)	(イ)	なし
(4)	(ア)(イ)(ウ)(オ)	(イ)(ウ)	(イ)(ウ)	(エ)
(5)	(ア)(イ)(ウ)(オ)	(ウ)(オ)	(イ)(ウ)	(エ)

学習記録	／	／	／	／	／	／	／	／	／

重要度　C	知識型	

正解　(3)

(ア)　一般社団法人に当てはまる　　一般社団法人は法人格を有するので，当然に団体名義で登記をすることができる。これに対して，権利能力なき社団及び組合は法人格を有しないので，団体名義で登記することはできない。なお，権利能力なき社団については，①構成員全員の共有名義，②代表者の個人名義（最判昭 47.6.2），③代表者以外の構成員の個人名義（最判平 6.5.31）のいずれかで登記することになる。

(イ)　一般社団法人・権利能力なき社団・組合に当てはまる　　団体が一般社団法人の場合，団体自体が法人格を有するので，その構成員が団体に拠出した財産は団体の単独所有となり，団体の財産について構成員は持分権を有しない。団体の財産について構成員が持分権を有しない以上，構成員の債権者は構成員が団体に拠出した財産を差し押さえることはできない。団体が権利能力なき社団の場合，団体自体は法人格を有しないので，その構成員が団体に拠出した財産は構成員の共同所有となる。そして，その共同所有の形態としては，構成員の持分権を認めない総有であるとするのが判例である（最判昭 32.11.14）。団体の財産について構成員が持分権を有しない以上，構成員の債権者は構成員が団体に拠出した財産を差し押さえることはできない。団体が組合の場合，組合員の債権者は，組合財産についてその権利を行使することができない（677）。したがって，組合員の債権者もこれを差し押さえることはできないことになる。

(ウ)　一般社団法人・権利能力なき社団に当てはまる　　一般社団法人の場合，団体の債務については構成員は責任を負わないので，団体の債権者は，構成員の個人財産を差し押さえることはできない。団体が権利能力なき社団の場合，社団の債務は構成員全員に１個の義務として総有的に帰属し，社団の総有財産だけがその責任財産となり，構成員各自は，相手方に対し直接には個人的な債務ないし責任を負わないとするのが判例である（最判昭 48.10.9）。構成員各自が団体の債権者に対し直接に個人的な債務ないし責任を負わない以上，団体の債権者は，構成員の個人財産を差し押さえることはできない。団体が組合の場合，前二者と異なり，組合の債権者が組合員個人に対して直接権利行使することが認められている（675 参照）。

(エ)　一般社団法人に当てはまる　　一般社団法人は，その主たる事務所の所在地において設立の登記をすることによって成立する（一般法人 22）。権利能力なき社団は，社団としての実体を有しながら法人格を有しない団体をいうから，社団としての実体（①団体としての組織を備えていること，②多数決の原則が行われること，③構成員の変更にかかわらず団体そのものが存続すること，④代表の方法・総会の運営等団体としての主要な点が確定していること）を備えた時に成立する（最判昭 39.10.15）。組合は諾成契約であるから（667Ⅰ），意思表示の合致（組合契約の締結）のあった時に成立する。

(オ)　一般社団法人に当てはまる　　一般社団法人においては，社員に剰余金又は残余財産の分配を受ける権利を与える旨の定款の定めは無効であり（一般法人11Ⅱ），一般社団法人は営利（剰余金の分配）を目的としない。これに対して，権利能力なき社団及び組合については制限がなく，営利（剰余金の分配）を目的とするものでもよい。

以上から，一般社団法人に当てはまるものは(ア)(イ)(ウ)(エ)(オ)，権利能力なき社団に当てはまるものは(イ)(ウ)，民法上の組合に当てはまるものは(イ)，いずれにも当てはまらないものは「なし」であり，正解は(3)となる。

MEMO

3−15(16−4)　法　人

次の対話は，権利能力なき社団であるＡ団体に関する教授と学生との間の対話である。教授の質問に対する次の(ア)から(オ)までの学生の解答のうち，判例の趣旨に照らし正しいものの組合せは，後記(1)から(5)までのうちどれか。

教授：　Ａ団体の代表者がＡ団体の創立10周年記念大会の開催費用に充てるために，Ａ団体を代表して銀行から500万円を借り入れました。Ａ団体がその返済をできなくなったときは，代表者や構成員に借入金の支払義務がありますか。

学生：(ア)　Ａ団体には法人格がないことから，債権者を保護する必要があり，代表者と構成員は，いずれも支払義務を負うことになります。

教授：　Ａ団体の構成員は，Ａ団体を脱退するに当たって，自己の持分相当の財産を分割して払い戻すように請求することができますか。

学生：(イ)　権利能力なき社団の構成員には，財産の分割請求は認められません。ただし，構成員の間で特段の合意をしている場合には，財産の分割請求も認められます。

教授：　Ａ団体の構成員の資格要件に関する規則を構成員の多数決で改正した場合には，承諾していない構成員も，これに拘束されますか。

学生：(ウ)　構成員が意思に反してその地位を奪われることはありませんから，承諾していない構成員のうち，資格要件を改めたことにより構成員の地位を奪われることになる者は，その決議に拘束されることはありません。

教授：　構成員が死亡した場合には，その相続人が当然にその地位を承継して構成員になる旨を，Ａ団体の規則で定めることは可能ですか。

学生：(エ)　権利能力なき社団では，構成員の死亡は社団からの当然脱退事由となりますから，Ａ団体がそのような規則を定めることはできません。

教授：　Ａ団体が，法人格を取得した場合において，法人格の取得以前から占有を続けていた不動産について取得時効を主張するときは，いつの時点が占有開始時期となりますか。

学生：(オ)　Ａ団体は，占有開始時期として，法人格の取得以前にＡ団体が占有を開始した時点と法人格を取得した時点とを選択して主張することができます。

(1)　(ア)(ウ)　　(2)　(ア)(オ)　　(3)　(イ)(エ)　　(4)　(イ)(オ)　　(5)　(ウ)(エ)

学習記録	／	／	／	／	／	／	／	／	／

重要度　C	知識型		正解　(4)

(ア)　誤　　判例は,「権利能力なき社団の代表者が社団の名においてした取引上の債務は，その社団の構成員全員に，１個の義務として総有的に帰属するとともに，その社団の総有財産だけがその責任財産となり，構成員各自は，取引の相手方に対し，直接には個人的債務ないし責任を負わないと解すべきである」としている(最判昭 48.10.9)。代表者の責任については,学説上は争いがあるが,下級審判例では,「特約がなければ代表者は相手方に対し直接個人的責任を負わない」としている（東京高判昭 34.10.31 等)。したがって，代表者及び構成員が支払義務を負うとする点で，本肢は誤っている。

(イ)　正　　判例は,「権利能力なき社団の財産は総社員の総有に属するものであって，権利能力なき社団の構成員には，総有廃止の定めのない限り，持分権も分割請求権もない」としている（最判昭 32.11.14)。したがって，構成員の間で総有廃止の定めに関する特段の合意をしている場合には，財産の分割請求も認められるので，本肢は正しい。

(ウ)　誤　　判例は,「権利能力なき社団の構成員の資格要件に関する規定の改正は，特段の事情がない限り，当該改正決議について承諾をしていなかった者を含むすべての同社団構成員に適用されると解すべきである」とする（最判平 12.10.20)。したがって，特定構成員に対する決議の拘束力を否定する点で，本肢は誤っている。

(エ)　誤　　権利能力なき社団の内部関係については，定款の規定による。そして，定款に別段の事情がない限り，一般社団法人に関する規定を類推適用する。本肢の場合，構成員の死亡は当然退社事由となるが（一般法人29③類推),「社員の資格の得喪に関する規定」として，構成員の相続人が当然に地位を承継して構成員になる旨の規則を定めることはできると考えられる（一般法人11Ⅰ⑤類推)。

(オ)　正　　187 条１項は，占有承継人は，その選択に従って自己の占有のみを主張することも，自己の占有に前主の占有を併せて主張することもできるとする。判例は,「民法 187 条１項は，権利能力なき社団などが不動産を占有していて，法人格を取得した後も引き継いで占有している場合にも適用される」としている（最判平元.12.22)。したがって，A団体は法人格の取得前に占有を開始した時点と法人格を取得した両時点を選択して主張することができるので，本肢は正しい。

以上から，正しいものは(イ)(オ)であり，正解は(4)となる。

5-3(3-8)　意思表示及び法律行為

意思表示に関する次の記述から，誤っているものを選んだ場合，その組合せとして最も適切なものは(1)から(5)までのうちどれか。

(ア)　甲が真意では買い受けるつもりがなく，乙から土地を買い受ける契約をした場合において，乙は注意すれば甲の真意を知ることができたときは，その契約は無効である。

(イ)　甲・乙間で甲の土地を乙に売り渡す契約を仮装したのち，乙が事情を知らない丙に転売した場合，甲は乙から請求されたときは，その土地を引き渡さなければならない。

(ウ)　甲が土地を乙に強迫されて譲渡し，更に乙が事情を知らない丙に転売し，それぞれ所有権移転登記を経由した場合，甲は乙に取消しの意思表示をすれば，丙に対し，その登記の抹消を請求することができる。

(エ)　甲がその所有に係る土地を乙に騙されて売り渡し，その後契約を取り消す旨の手紙を出したが，その到達前に甲が死亡した場合，取消しの効果は生じない。

(オ)　未成年者甲の法定代理人乙から甲において土地を買い受ける旨の申込みを受けた丙が，土地を売り渡す旨の意思表示を直接甲にしたときは，契約の成立を主張することができない。

(1)　(ア)(ウ)　　(2)　(ア)(エ)　　(3)　(イ)(エ)　　(4)　(イ)(オ)　　(5)　(ウ)(オ)

学習記録	／	／	／	／	／	／	／	／	／

重要度 A　知識型　要 *Check!*　　**正解　(3)**

(ア)　正　　表意者が表示行為に対応する真意のないことを知りながらした意思表示（心裡留保）は，取引安全の要請から，表示どおりの効果が認められ，原則としてその意思表示の効果に影響を及ぼさない（93Ⅰ本文）。しかし，相手方がその意思表示が表意者の真意でないことを知り，又は知ることができたときは，当該意思表示は無効となる（93Ⅰ但書）。本肢の場合，乙は注意すれば容易に甲の真意を知り得たのであるから，当該契約は無効となる。

(イ)　誤　　本肢甲乙間の売買契約の仮装行為は通謀虚偽表示に当たり，その効果は無効となるが（94Ⅰ），当該虚偽表示の無効を善意の第三者に対抗できない（94Ⅱ）。そして，虚偽表示の無効という効果は，善意の第三者に対抗できないというにすぎず，虚偽表示の当事者間では当該契約は無効であることに変わりはない。それゆえ，甲は乙からの請求に対しては契約の無効を主張して請求を拒絶することができる。

(ウ)　正　　強迫を理由とする取消しは錯誤・詐欺による取消しの場合と異なり，絶対的効力を生じ（96Ⅲ反対解釈・121），取消しの効果を善意の第三者にも対抗することができる。本肢のように，甲から乙，丙と順次転売された後に取り消された場合，甲は取消しによる物権の復帰を登記なくして丙に対抗できるとするのが判例である（大判昭4.2.20）。したがって，甲は乙に取消しの意思表示をすれば丙に対してその登記の抹消を請求することができる。

(エ)　誤　　意思表示の発信後，表意者が死亡し，意思能力を喪失し，又は制限行為能力者となっても，意思表示は何らの影響を受けないのを原則とする（97Ⅲ，例外526）。本肢の場合も，甲が取消しの手紙を出した後死亡しており，当該取消しの意思表示は影響を受けないため，当該取消しの意思表示が到達した以上（97Ⅰ，到達主義の原則），取消しの効果が生ずる。

(オ)　正　　意思表示が効力を生じるためにはそれが相手方に到達し，かつ相手方に受領能力があることが必要である。未成年者には受領能力がなく，かかる受領能力なき者に対する意思表示については，表意者側からその効力発生を主張できない（98の2柱書本文）。したがって，本肢においても相手方たる丙が未成年者甲に対して行った承諾の意思表示の効力発生を主張することができない以上，丙において当該売買契約の成立を主張することはできない。

以上から，誤っているものは(イ)(エ)であり，正解は(3)となる。

5-4(3-21)　意思表示及び法律行為

甲乙間の売買契約において，甲の錯誤が法律行為の目的及び取引上の社会通念に照らして重要なものである場合に関する次の(1)から(5)までの記述のうち，正しいものは，どれか。(改)

(1) 甲の錯誤が重大な過失に基づくものである場合，甲は売買契約の取消しを主張できないが，乙は取消しを主張できる。

(2) 平成 29 年法改正により削除

(3) 甲が錯誤取消しを主張する意思がない場合，乙から取消しを主張することはできない。

(4) 売買の目的物が動産の場合，乙が甲の錯誤につき善意・無過失の場合には，即時取得により乙が所有権を取得する。

(5) 売買契約が取り消される場合には，甲の錯誤がその過失によるものであっても，乙は損害賠償請求をすることができない。

学習記録	／	／	／	／	／	／	／	／	／

重要度 A　**知識型**　**要 *Check!***　　**正解　(3)**

⑴　誤　　錯誤が法律行為の目的及び取引上の社会通念に照らして重要なものである場合でも，表意者に重大な過失がある場合には，表意者は原則として錯誤取消しの主張ができない（95 Ⅲ）。そして，錯誤，詐欺又は強迫によって取り消すことができる行為は，瑕疵ある意思表示をした者又はその代理人若しくは承継人に限り，取り消すことができる（120 Ⅱ）。したがって，乙は取消しを主張することはできない。

⑵　平成29年法改正により削除

⑶　正　　錯誤，詐欺又は強迫によって取り消すことができる行為は，瑕疵ある意思表示をした者又はその代理人若しくは承継人に限り，取り消すことができる（120 Ⅱ）。したがって，乙から取消しを主張することはできない。

⑷　誤　　取引行為の前主が制限行為能力者，無権代理人であったり，錯誤・詐欺等，意思表示の瑕疵や意思の不存在があった場合には，即時取得（192）の適用は認められない。このような場合に即時取得の適用を認めるとそれらの規定が無意味となるからである。

⑸　誤　　錯誤取消しが認められたが，当該錯誤について表意者に過失があり，相手方が損害を被った場合，少なくとも善意・無過失の相手方は，契約締結上の過失ないし不法行為（709）を理由として表意者に対して損害賠償責任を追及することが可能であると解される。

5-6(10-4)　意思表示及び法律行為

ＡがＢの詐欺により，Ｂとの間で，Ａ所有の甲土地を売り渡す契約を締結したという事例に関する次の(1)から(4)までの記述のうち，誤っているものはどれか。

(1)　Ａが詐欺の事実に気づいた後に，ＢがＡに対し，相当の期間を定めて売買契約を追認するかどうかを確答するよう催告した場合，Ａがその期間内に確答しなければ，Ａは，売買契約の意思表示を取り消したものとみなされる。

(2)　Ａは，詐欺の事実に気づいた後に，売買代金の支払請求をした場合であっても，その際に異議をとどめていれば，なお売買契約の意思表示を取り消すことができる。

(3)　売買契約の締結後，20年が経過した後にＡが初めて詐欺の事実に気づいた場合，Ａは，売買契約を取り消すことができない。

(4)　Ａは，詐欺の事実に気づいて売買契約の意思表示を取り消した場合において，Ｂへの所有権移転登記を経由していたときは，Ｂが第三者に転売した後であっても，Ｂに対し，その登記の抹消を請求することができる。

学習記録	／	／	／	／	／	／	／	／	／

重要度 A　知識型　要 Check!　　**正解　(1)**

(1) 誤　　法は，制限行為能力者による意思表示については，その相手方に法律関係を速やかに確定させるための催告権を与える規定を置いている（20）が，詐欺による意思表示についてはそのような規定を置いていない。これは，制限行為能力者による意思表示の相手方は，その不安定な地位を解消して保護する必要性があるのに対し，詐欺による意思表示の相手方は，自ら詐欺を行い又は第三者の詐欺の事実を知り，若しくは知ることができながら法律行為に入った点で落ち度があるから，このような者には特に保護を与える必要はないと法が考えたことに基づく。したがって，詐欺による意思表示の相手方には制限行為能力者による意思表示の相手方に催告権を認める20条の適用がないのはもちろん，その類推適用の余地もない。したがって，本肢のＢがした催告は法的に無意味であり，Ａによる取消しの擬制という効果も生じ得ない。

(2) 正　　125条は取り消すことができる行為につき同条所定の行為があったときは追認を擬制する（125本文）としつつも，取消権者が特に「異議をとどめた」ときはこの限りでないとする（125但書）。これは，125条所定の行為がされた場合，通常相手方は黙示の意思表示があったであろうと信頼するから，その信頼を保護し，かつ法的安定性を確保するため，原則として追認を擬制することとするが，取消権者が特に異議をとどめた場合は，黙示の追認に対する相手方の信頼を保護する必要はなく，また取消権者による取消しを認める要請が法的安定性の要請を上回ることから，例外的に追認擬制を認めないこととしたものである。本肢の取消権者Ａによる売買代金の支払請求は，125条２号の「履行の請求」に当たるが，併せてＡは異議をとどめているから，125条ただし書の適用により追認擬制はされず，Ａはなお取消権を失わない。

(3) 正　　取消権は「追認をすることができる時から５年」（126前段）又は「行為の時から20年」（126後段）の経過により消滅する。本肢では，詐欺による売買契約の意思表示後既に20年が経過しているから，取消権者Ａが詐欺の事実に気づいていたか否かにかかわらず，126条後段により取消権は消滅する。

(4) 正　　Ａが取消権を行使したことによりＡＢ間の売買は遡及的に無効となり（121），Ａは所有権を回復し，他方Ｂは所有権を失う。したがって，Ｂに登記が残存する限り，Ａは所有権に基づく登記請求権により，Ｂに対し抹消登記請求をすることができる。なお，Ｃへの転売が取消し前にされ，かつ転得の当時ＣがＡＢ間の詐欺の事実につき善意無過失である場合，Ａは取消しの効果をＣに対抗できないが（96Ⅲ），本肢はあくまでＡの“Ｂに対する”抹消登記請求の可否を問うものであるから，転得者Ｃが取引関係に入った時期，その善意悪意等の事情は本肢の正誤に何ら影響を及ぼさない。

5−7(11−3)　意思表示及び法律行為

Ａは，Ｂと協議の上，譲渡の意思がないにもかかわらず，その所有する甲土地をＢに売り渡す旨の仮装の売買契約を締結した。この場合における次の(ア)から(オ)までの記述のうち，判例の考え方に従うと，Ａによる売買契約の無効の主張が認められるものの組合せは，後記(1)から(5)までのうちどれか。

(ア)　Ｂに対して金銭債権を有する債権者Ｃが，Ａ・Ｂ間の協議の内容を知らずに，その債権を保全するため，Ｂに代位して，Ｂへの所有権移転登記をＡに請求した。そこで，Ａは，Ｃに対し，Ａ・Ｂ間の売買契約の無効を主張した。

(イ)　Ｂは，甲土地上に乙建物を建築し，Ａ・Ｂ間の協議の内容を知らないＤに乙建物を賃貸した。そこで，Ａは，Ｄに対し，Ａ・Ｂ間の売買契約の無効を主張した。

(ウ)　Ｂに対して金銭債権を有する債権者Ｅが，Ａ・Ｂ間の協議の内容を知らずに，その債権に基づき，甲土地を差し押さえた。そこで，Ａは，Ｅに対し，Ａ・Ｂ間の売買契約の無効を主張した。

(エ)　Ｂは，Ａ・Ｂ間の協議の内容を知っているＦに甲土地を転売し，さらに，Ｆは，その協議の内容を知らないＧに甲土地を転売した。そこで，Ａは，Ｇに対し，Ａ・Ｂ間の売買契約の無効を主張した。

(オ)　Ｂは，Ａ・Ｂ間の協議の内容を知らないＨに甲土地を転売し，さらに，Ｈは，その協議の内容を知っているＩに甲土地を転売した。そこで，Ａは，Ｉに対し，Ａ・Ｂ間の売買契約の無効を主張した。

(1)　(ア)(イ)　　(2)　(ア)(ウ)　　(3)　(イ)(オ)　　(4)　(ウ)(エ)　　(5)　(エ)(オ)

学習記録	／	／	／	／	／	／	／	／	／

重要度　Ａ | **知識型** | **要 *Check!*** | **正解　(1)**

(ア)　認められる　　A·B間の売買契約は仮装のものであり無効であるが（94Ⅰ），その無効を善意の第三者に対抗することはできない（94Ⅱ）。そして，94条２項にいう「第三者」とは，虚偽表示の当事者及びその包括承継人以外の者であって，虚偽表示の外形につき新たに法律上の利害関係を有するに至った者をいう（最判昭42.6.29）。判例は，本肢と同様の事案において，仮装売買から生ずる債務者の登記請求権を代位行使する債権者は，94条２項の「第三者」には当たらないとしている（大判昭18.12.22）。したがって，ＡのＣに対する売買契約の無効主張が認められる。

(イ)　認められる　　判例は，本肢と同様の事案において，土地の仮装譲受人から同地上の建物を賃借した者は，94条２項の「第三者」には当たらないとしている（最判昭57.6.8）。94条２項の「第三者」であるためには，法律上の利害関係人であることを要するが，土地と建物とは別個の不動産であり，Ａ・Ｄ間の利害の対立は事実上のものにすぎないといえるからである（Ｄは建物の賃借人であって，虚偽表示の目的である土地の賃借人ではない）。したがって，ＡのＤに対する売買契約の無効主張が認められる。

(ウ)　認められない　　判例は，本肢と同様の事案において，仮装譲渡の目的物を債権に基づいて差し押さえた仮装譲受人の一般債権者は，94条２項にいう「第三者」に当たるとしている（大判昭12.2.9）。単なる一般債権者は「第三者」に当たらないが，債権に基づき差し押さえたことにより，独立した利益を有する法律関係に入ったといえるからである。したがって，ＡのＥに対する売買契約の無効主張は認められない。

(エ)　認められない　　判例は，94条２項の「第三者」とは，直接の第三者からの転得者も含まれ，直接の第三者が悪意であっても，転得者が善意であるときは保護されるとしている（最判昭45.7.24）。直接の第三者Ｆは悪意であるが，善意である転得者Ｇは94条２項により保護されるので，ＡのＧに対する売買契約の無効主張は認められない。

(オ)　認められない　　判例は，直接の第三者が善意であれば，転得者は悪意であっても保護されるとしている（大判昭6.10.24）。このように解さないと，いつまでも法律関係が不安定となってしまうからである。直接の第三者Ｈは善意であるから，転得者Ｉは悪意であっても94条２項により保護されるので，ＡのＩに対する売買契約の無効主張は認められない。

以上から，Ａの無効主張が認められるものは(ア)(イ)であり，正解は(1)となる。

5-8(12-4)　意思表示及び法律行為

民法第94条第２項の規定によって保護される善意の第三者からの転得者の地位について，次の二つの考え方があり，後記(ア)から(オ)までの記述は，その一方の考え方から他方の考え方に対する批判である。各記述における「この説」が第１説を指すものは幾つあるか。（改）

第１説　善意の第三者が絶対的・確定的に権利を取得するので，転得者は，通謀虚偽表示について悪意であっても，有効に権利を取得する。

第２説　処分行為の効力は当事者ごとに相対的・個別的に判断すべきであり，転得者は，通謀虚偽表示について悪意であれば，権利を取得しない。

(ア)　この説では，取引関係について綿密に調査した者が保護されず，逆に，調査を怠った者が保護される結果となる。

(イ)　この説では，権利の譲渡性・流通性が大幅に制限される。

(ウ)　平成29年法改正により削除

(エ)　この説では，原権利者はいったん権利を喪失したにもかかわらず，その後に，その権利が復活することになる。

(オ)　この説では，他人を「隠れみの」として利用することを回避することができない。

(1)　０個　　(2)　１個　　(3)　２個　　(4)　３個　　(5)　４個

（参考）

民法

第94条　相手方と通じてした虚偽の意思表示は，無効とする。

２　前項の規定による意思表示の無効は，善意の第三者に対抗することができない。

学習記録	／	／	／	／	／	／	／	／	／

重要度 A	推論型	要 *Check!*

正解 (2)

第1説は，善意の第三者が現れると，絶対的に所有権が以後の転得者に移転するので，「絶対的構成」と呼ばれている。判例は，この絶対的構成を採用している（大判昭6.10.24）。この立場は，法律関係の安定及び取引の安全を重視する。これに対し，第2説は，虚偽表示の効力を当事者ごとに個別に判断するので，「相対的構成」と呼ばれている。この立場は，94条2項があくまでも権利の外観を信頼した者を保護する点にあることを強調する。

(ア) 第2説を指す　第2説では，処分行為の効力は当事者ごとに判断するのであるから，第三者が通謀虚偽表示について善意であっても，転得者が取引関係を綿密に調査して悪意となれば保護されないし，逆に，調査を怠っても善意であれば保護される結果となる。このような結果を不当であるとして，第1説は，善意の第三者が権利を取得した以上は，転得者が通謀虚偽表示について悪意であっても，有効に権利を取得することを認める。

(イ) 第2説を指す　第2説では，悪意の転得者は権利を取得できない結果，善意の第三者は通謀虚偽表示の事実につき善意である者に譲渡する以外に処分する方法がなくなり，結局権利の譲渡性･流通性が大幅に制限される。これに対し，第1説によると悪意者にも譲渡できるので，このような不当な結果にはならない。

(ウ) 平成29年法改正により削除

(エ) 第2説を指す　第2説では，処分行為の効力を当事者ごとに判断することから，第三者が善意でも，転得者が悪意であれば転得者は権利を取得しないことになるので，原権利者からすれば，いったん権利を喪失したにもかかわらず，その後にその権利が復活することになる。これに対し，第1説によると，転得者は悪意でも権利取得できるので，原権利者の権利が復活することはない。

(オ) 第1説を指す　第1説では，善意の第三者が出現すると，その後の転得者は絶対的に保護されるため，通謀虚偽表示の事実につき悪意の者が，善意者を「隠れみの」として取引過程に介在させることを回避することができない。これに対し，第2説では，悪意の転得者は保護されないので，転得者が他人を「隠れみの」として利用して権利を取得する余地はない。もっとも，通謀虚偽表示をした者の落ち度を考慮しても，他人を「隠れみの」として利用する悪意の転得者を保護すべきではない。そこで，第1説に立ちつつ，信義則違反（1Ⅱ）又は権利濫用（1Ⅲ）を根拠として，このような特殊の悪意者を保護しない見解が有力である。

以上から，「この説」が第1説を指すものは(オ)の1個であり，正解は(2)となる。

5-9(13-1)　意思表示及び法律行為

ＡがＢからＣ社製造の甲薬品を購入した場合に関する次の㋐から㋔までの記述のうち，正しいものの組合せは，後記(1)から(5)までのうちどれか。

㋐　ＡがＢから甲薬品を100箱以上購入しないと店から出さないと脅されて，これを購入した場合でも，ＢがＡＢ間の売買代金債権をＤに譲渡し，その旨の通知をＡにしたときは，Ａは，Ｂとの間の売買契約を取り消すことができない。

㋑　Ｂは，Ｃ社の従業員から甲薬品はガンの予防に抜群の効果があるとの虚偽の説明を受け，これを信じてＡに同様の説明をし，Ａもこれを信じて甲薬品を購入した場合，Ａは，Ｂとの間の売買契約を取り消すことができる。

㋒　Ａが，Ｃ社の従業員から甲薬品はガンの予防に抜群の効果があるとの虚偽の説明を受け，これを信じて甲薬品を購入した場合，Ｂがその事情を知り得なかったときでも，Ａは，Ｂとの間の売買契約を取り消すことができる。

㋓　ＡがＥに対しガン予防の薬品の購入を委任し，ＥがＢから甲薬品はガンの予防に抜群の効果があるとの虚偽の説明を受け，これを信じてＡの代理人として甲薬品を購入した場合，Ａは，甲薬品がガンの予防に効果がないことを知っていたとしても，Ｂとの間の売買契約を取り消すことができる。

㋔　ＡがＥに対しガン予防の薬品の購入を委任し，ＥがＡの代理人としてＢから甲薬品を購入した場合，Ｅが未成年者であったとしても，Ａは，Ｂとの間の売買契約を取り消すことができない。

(1)　㋐㋑　　(2)　㋐㋓　　(3)　㋑㋒　　(4)　㋒㋔　　(5)　㋓㋔

学習記録	／	／	／	／	／	／	／	／	／

重要度　A	知識型	要 *Check!*	正解　(5)

(ア)　誤　　Aは，Bから脅されて売買契約を締結しているから，この売買契約を強迫による意思表示として取り消すことができる（96Ⅰ）。そして，取り消すことができる意思表示について，125条所定の行為がされたときは，追認したものとみなされる（法定追認）。ただし，取得した権利の全部又は一部の譲渡（125⑤）は，取消権者がした場合に限られる。したがって，強迫をしたBが売買代金債権を譲渡したとしても，追認したものとはみなされないため，Aは売買契約を取り消すことができる。

(イ)　誤　　Aは，Bから甲薬品についての虚偽の説明を受けて甲薬品を購入しているが，96条1項の詐欺といえるためには，詐欺者に，①相手方を欺いて錯誤に陥れようという意思と，②その錯誤によって意思表示させようとする意思との二段の故意が必要である（大判大11.2.6）。本肢では，Bは，C社の従業員から受けた虚偽の説明を信じてAに説明しており，①の相手方Aを欺いて錯誤に陥れようとする意思を有していない。したがって，BがAに対し詐欺を行ったとはいえず，Aは，詐欺を理由にBとの間の売買契約を取り消すことはできない。

(ウ)　誤　　Aは，契約の当事者ではないC社の従業員から虚偽の説明を受け，これを信じてBから甲薬品を購入しているから，本肢は，第三者が詐欺を行った場合（96Ⅱ）に当たる。第三者が詐欺を行った場合において，相手方が第三者の詐欺の事実を知り，又は知ることができた場合は，表意者は当該意思表示を取り消すことができる。したがって，BがC社の従業員による詐欺の事実を知り得なかったときには，Aは，第三者の詐欺を理由にBとの間の売買契約を取り消すことはできない。

(エ)　正　　本人Aは，甲薬品がガンの予防に効果がないことを知っていたが，AはEに対しガン予防の薬品の購入を委任しただけで，甲薬品を購入するという「特定の法律行為をすることを委託」したわけではない。したがって，101条3項の適用はなく，意思表示の瑕疵の有無は，原則どおり代理人について決せられる（101Ⅰ）。本肢では，代理人Eは，Bから虚偽の説明を受け，これを信じて甲薬品を購入しており，Bの詐欺により意思表示をしたといえる。したがって，取り消し得る意思表示として本人Aに効果が帰属し（99Ⅰ），Aは，Bとの間の売買契約を取り消すことができる。

(オ)　正　　制限行為能力者が代理人としてした行為は，行為能力の制限によっては取り消すことができない（102本文）。したがって，Aは，代理人Eが未成年者であったことを理由として，Bとの間の売買契約を取り消すことはできない。

以上から，正しいものは(エ)(オ)であり，正解は(5)となる。

5−11(15−5)　意思表示及び法律行為

通謀虚偽表示に関する次の(1)から(5)までの記述のうち，判例の趣旨に照らし誤っているものは，どれか。

なお，「善意」又は「悪意」は，通謀虚偽表示についての善意又は悪意を指すものとする。(改)

(1)　ＡとＢとが通謀して，Ａ所有の土地をＢに売却したかのように仮装したところ，Ｂは，その土地上に建物を建築してその建物を善意のＣに賃貸した。この場合，Ａは，Ｃに対し，土地の売却が無効であるとして建物からの退去による土地の明渡しを求めることはできない。

(2)　ＡとＢとが通謀して，Ａ所有の土地をＢに売却したかのように仮装したところ，Ｂは，その土地を悪意のＣに売却し，その後，Ｃは，その土地を善意のＤに売却した。この場合，Ａは，Ｄに対し，ＡＢ間の売買が無効であるとして土地の明渡しを求めることはできない。

(3)　平成29年法改正により削除

(4)　ＡとＢとが通謀して，Ａ所有の土地をＢに売却したかのように仮装したところ，Ａは，売買代金債権を善意のＣに譲渡した。Ｂは，土地の売買契約が無効であるとして，Ｃからの代金支払請求を拒むことはできない。

(5)　Ａ所有の土地について売買契約を締結したＡとＢとが通謀してその代金の弁済としてＢがＣに対して有する金銭債権をＡに譲渡したかのように仮装した。Ａの一般債権者であるＤがＡに帰属するものと信じて当該金銭債権の差押えをした場合，Ｂは，Ｄに対し，当該金銭債権の譲渡が無効であることを主張することはできない。

学習記録	／	／	／	／	／	／	／	／	／

重要度 A | **知識型** | **要 *Check!*** | **正解　(1)**

⑴　誤　　ＡＢ間の土地の売却は通謀により仮装したものであるため，通謀虚偽表示に当たり，無効となるが（94Ⅰ），当該虚偽表示の無効を善意の第三者に対抗できない（94Ⅱ）。しかし，土地の仮装譲受人Ｂが土地上に建物を建築した場合の建物賃借人Ｃは法律上の利害関係がなく，94条２項の「第三者」に含まれない(最判昭57.6.8)。Ｃは虚偽表示の目的である土地の賃借人ではなく，同地上の建物の賃借人であり，事実上の利害関係を有するにすぎないからである。したがって，ＡはＣに対して土地の明渡しを求めることができる。

⑵　正　　94条２項の「第三者」には，第三者からの転得者も含まれ，第三者Ｃが悪意であっても，転得者Ｄが善意であるときは保護される（最判昭45.7.24）。したがって，ＡはＡＢ間の土地の仮装売却について善意のＤに対し，土地の明渡しを求めることはできない。

⑶　平成29年法改正により削除

⑷　正　　ＡＢ間の売買代金債権は土地の仮装売却によって発生した仮装債権であり，仮装債権の譲受人は94条２項の「第三者」に含まれる（大判昭13.12.17）。したがって，ＢはＣに対して土地の売買契約が無効であることを主張できず，Ｃからの代金支払請求を拒むことはできない。

⑸　正　　仮装譲渡された目的物に対して差押えをした，仮装譲受人の一般債権者は94条２項の「第三者」に含まれる（最判昭48.6.28）。自らの債権に基づいて差し押さえたことにより,当事者から独立した利害関係を有するようになったといえるからである。したがって，Ｂは，仮装譲渡した金銭債権を差し押さえたＡの一般債権者Ｄに対して，金銭債権の譲渡が無効であることを主張することはできない。

5−12(17−4)　意思表示及び法律行為

錯誤に関する次の(ア)から(オ)までの記述のうち，判例の趣旨に照らし誤っているものの組合せは，後記(1)から(5)までのうちどれか。（改）

(ア)　相手方が資産家であると誤信し，それを動機として婚姻をした場合には，その動機が表示され，意思表示の内容となっていたときであっても，その婚姻について，錯誤による取消しを主張することはできない。

(イ)　手形の裏書人が，額面1,000万円の手形を額面100万円の手形と誤信し，100万円の手形債務を負担する意思で裏書をした場合には，その裏書人は，裏書人に額面どおりの手形債務負担の意思がないことを知って手形を取得した悪意の取得者に対し，その手形金のうち100万円を超える部分に限り，錯誤を理由に手形金の償還義務の履行を拒むことができる。

(ウ)　錯誤による意思表示をした者に重大な過失があった場合には，その表意者は，取消しを主張することができないが，その意思表示の相手方は，取消しを主張することができる。

(エ)　家屋の賃貸人が自ら使用する必要があるとの事由で申し立てた家屋明渡しの調停が成立した場合において，その後にその事由がなかったことが明らかになったとしても，その事由の存否が調停の合意の内容となっていないときは，その調停について，錯誤による取消しを主張することはできない。

(オ)　家庭裁判所が相続放棄の申述を受理した後は，その相続放棄をした者は，その相続放棄について，錯誤による取消しを主張することはできない。

(1)　(ア)(イ)　　(2)　(ア)(オ)　　(3)　(イ)(エ)　　(4)　(ウ)(エ)　　(5)　(ウ)(オ)

学習記録	／	／	／	／	／	／	／	／	／

重要度 A	知識型	要 *Check!*

正解　(5)

(ア)　正　　相手方が資産家であると誤信し，それを法律行為の基礎とした事情として婚姻をした場合，その事情が表示されていたときであっても，その婚姻について錯誤による取消しを主張することはできない。婚姻・養子縁組については特別規定（743・803）が適用されるため，95条の規定は適用されないからである。

(イ)　正　　手形上の意思表示は手形であることを認識して署名すれば成立し，錯誤その他の事情によって手形行為者に手形債務負担の具体的意思がなくても，手形記載の内容に応じた償還義務の負担は免れない。しかし，悪意の取得者に対しては手形債務負担の具体的意思を欠くことを人的抗弁として主張し，償還義務を拒むことができる。また，1,000万円の手形を100万円の手形と誤信したときは，100万円については錯誤がないとみることができるので，履行を拒むことができるのは100万円を超える部分に限られる（最判昭54.9.6）。

(ウ)　誤　　錯誤が表意者の重大な過失によるものであった場合には，原則95条１項の規定による意思表示の取消しをすることができない（95Ⅲ）。一方，錯誤，詐欺又は強迫によって取り消すことができる行為は，瑕疵ある意思表示をした者又はその代理人若しくは承継人に限り，取り消すことができる（120Ⅱ）。したがって，本肢の場合，表意者・相手方いずれも取消しを主張することはできない。

(エ)　正　　判例は，家屋の賃貸人が自ら使用する必要があるという事由で申し立てた家屋明渡しの調停が成立し，後にその事由がないことが明らかになったが，賃貸人が家屋を必要とする事情が調停の合意の内容となっていない以上，調停に要素の錯誤があるとはいえないとした（最判昭28.5.7）。したがって，錯誤による取消しを主張することはできない。

(オ)　誤　　919条２項により相続の承認又は放棄については，総則編又は親族編の規定による「取消し」が認められている。したがって，家庭裁判所が相続放棄の申述を受理した場合であっても，その相続放棄をした者は，その相続放棄について錯誤による取消しを主張することができる（919Ⅱ）。

以上から，誤っているものは(ウ)(オ)であり，正解は(5)となる。

5−13(18−6)　意思表示及び法律行為

詐欺又は強迫に関する次の(ア)から(オ)までの記述のうち，判例の趣旨に照らし誤っているものの組合せは，後記(1)から(5)までのうちどれか。なお，「善意」又は「悪意」は，詐欺又は強迫の事実についての善意又は悪意を指すものとする。（改）

(ア)　Ａ所有の土地にＢの１番抵当権，Ｃの２番抵当権が設定されており，ＢがＡに欺罔されてその１番抵当権を放棄した後，その放棄を詐欺を理由として取り消した場合，Ｂは，善意無過失のＣに対してその取消しを対抗することができる。

(イ)　Ａは，Ｂに欺罔されてＡ所有の土地をＢに売却した後，この売買契約を詐欺を理由として取り消したが，その後に悪意のＣがＢからこの土地を買い受けた場合，Ａは，登記無くしてその取消しをＣに対抗することができる。

(ウ)　ＡがＢに強迫されてＡ所有の土地をＢに売却し，善意のＣがＢからこの土地を買い受けた後，ＡがＡＢ間の売買契約を強迫を理由として取り消した場合，Ａは，Ｃに対してその取消しを対抗することができる。

(エ)　ＡがＢに欺罔されてＡ所有の土地をＢに売却した後，善意無過失のＣがＢからこの土地を買い受けた場合，Ａは，詐欺を理由としてＡＢ間の売買契約を取り消すことはできない。

(オ)　ＡがＢに欺罔されてＡ所有の土地を善意無過失のＣに売却した場合，Ａは，ＡＣ間の売買契約を詐欺を理由として取り消すことはできない。

(1)　(ア)(ウ)　　(2)　(ア)(オ)　　(3)　(イ)(ウ)　　(4)　(イ)(エ)　　(5)　(エ)(オ)

学習記録	／	／	／	／	／	／	／	／	／

重要度　A	知識型	要 *Check!*	正解　(4)

(ア)　正　　詐欺による意思表示の取消しは，善意無過失の第三者に対抗することができない（96Ⅲ）。「第三者」とは，詐欺による意思表示を前提として新たに利害関係を有するに至った者をいう。詐欺により１番抵当権者が抵当権を放棄した場合，２番抵当権者は，反射的に利益を取得したにすぎず，「第三者」に当たらない（大判明33.5.7）。したがって，１番抵当権者Ｂは２番抵当権者Ｃに対して取消しを対抗することができる。

(イ)　誤　　詐欺による取消し後に利害関係を有するに至った第三者については，177条を適用して，先に対抗要件としての登記を備えた方が優先する（大判昭17.9.30）。本肢では，被欺罔者Ａと取消し後の第三者Ｃとは対抗関係にあるため，先に登記を備えた方が優先するが，Ａは登記を備えていないのでＣに対抗することができない。したがって，Ａは，登記なくしてその取消しをＣに対抗することができるとする点で，本肢は誤っている。

(ウ)　正　　強迫による取消しの場合には，詐欺の場合のような第三者保護規定がないので（96Ⅲ参照），取消し前に利害関係に入った第三者に対しても取消しを対抗することができる。したがって，被強迫者Ａは，第三者Ｃに対して取消しを対抗することができる。

(エ)　誤　　詐欺による取消しにおいては，善意無過失の第三者に対して取消しの効果を主張することはできないが，当事者間では取消しの効果を主張することができる。本肢では，被欺罔者Ａは，ＡＢ間の売買契約の取消しを善意無過失の第三者Ｃに主張することはできないが，当事者であるＢに対しては，取消しの効果を主張することができる。したがって，Ａは，ＡＢ間の売買契約を取り消すことができないとする点で，本肢は誤っている。

(オ)　正　　相手方に対する意思表示について第三者が詐欺を行った場合においては，相手方がその事実を知り，又は知ることができたときに限りその意思表示を取り消すことができる（96Ⅱ）。本肢では，被欺罔者Ａが第三者Ｂの詐欺によりＣに土地を売却しているが，Ｃが善意無過失であるため，Ａは取り消すことができない。

以上から，誤っているものは(イ)(エ)であり，正解は(4)となる。

5－14(19－7)　意思表示及び法律行為

次の対話は，虚偽表示に関する教授と学生との対話である。教授の質問に対する次の(ア)から(オ)までの学生の解答のうち，判例の趣旨に照らし誤っているものの組合せは，後記(1)から(5)までのうちどれか。なお，「善意」又は「悪意」は，虚偽表示の事実についての善意又は悪意を指すものとする。

教授：　ＡとＢとが通謀して，Ａ所有の甲土地の売買契約を仮装し，Ｂへの所有権の移転の登記をした後，善意のＣがＢから甲土地を譲り受けた場合に，Ｃは，登記なくしてＡに対して甲土地の所有権の取得を対抗することができますか。

学生：(ア)　ＡとＣとは対抗関係になく，Ｃは，登記なくしてＡに対して甲土地の所有権の取得を対抗することができます。

教授：　では，同じ事例で，Ｃが登記をする前に，ＡがＤに甲土地を譲渡していた場合に，善意のＣは，登記なくしてＤに対して甲土地の所有権の取得を対抗することができますか。

学生：(イ)　この場合，ＢとＤとは対抗関係に立ちますが，ＢがＤよりも先に自己への所有権の移転の登記を経由したことでＢがＤに優先することになり，Ｂから甲土地を譲り受けたＣは，登記なくしてＤに対して甲土地の所有権の取得を対抗することができます。

教授：　では，最初の事例でＣが悪意だったとします。このＣから善意のＥが甲土地を譲り受けた場合に，Ｅは民法第94条第２項によって保護されますか。

学生：(ウ)　Ｅは善意ですので，民法第94条第２項によって保護されます。Ａが真の権利関係をＥに対して主張することができるかどうかが問題ですから，Ｃの悪意によって結論は左右されません。

教授：　では，事例を変えて，ＡとＢとが通謀して，Ａ所有の甲土地の売買契約を仮装し，Ｂへの所有権の移転の登記をした後，Ｂの債権者である善意のＣが甲土地を差し押さえた場合に，Ｃは，民法第94条第２項によって保護されますか。

学生：(エ)　Ｃは，差押えによって利害関係を有するに至ったと考えられますので，Ｃは，民法第94条第２項によって保護されます。

教授：　では，再び事例を変えて，ＡＢ間の仮装の契約に基づくＡのＢに対する金銭債権を善意のＣが譲り受け，ＡがＢに対して当該債権譲渡の通知を行った場合に，Ｂは，Ｃからの請求に対し，ＡＢ間の虚偽表示を理由に支払を拒むことはできますか。

学生：(オ)　Ｂは，その債権譲渡について異議をとどめない承諾をしない限り，ＡＢ間の債権が虚偽表示に基づくことを理由に支払を拒むことができます。

(1)　(ア)(ウ)　　(2)　(ア)(エ)　　(3)　(イ)(ウ)　　(4)　(イ)(オ)　　(5)　(エ)(オ)

学習記録	／	／	／	／	／	／	／	／	／

重要度 A　知識型　要 *Check!*　　**正解　(4)**

(ア)　正　　通謀による虚偽の意思表示は無効である（94Ⅰ）が，虚偽の外観を信頼して法律関係に入った第三者を保護する必要があることから，善意の第三者に対してはその無効を対抗することができない（94Ⅱ）。ここにいう「対抗することができない」とは，善意の第三者との関係では虚偽の意思表示が有効にされたものとして扱われることを意味する。したがって，AとCとの関係は前主・後主の関係に立ち，二重譲渡のような対抗関係には立たず，Cは登記なくしてAに対して，甲土地の所有権の取得を対抗することができる（最判昭39.2.13）。

(イ)　誤　　Cは，虚偽表示の当事者であるAに対しては，登記なくして甲土地の所有権を対抗することができる（肢(ア)解説参照）が，Cが登記をする前にAがDに対してさらに甲土地を譲渡した場合には，CとDとは，Aを起点としたA→B→CとA→Dの対抗関係（177）となり，登記の先後によって優劣が決定され，Cは登記なくして甲土地の所有権をDに対抗することはできない（最判昭42.10.31）。

(ウ)　正　　94条2項の「第三者」とは，当事者及びその包括承継人以外の者であって，虚偽の外形に基づき新たな利害関係を有するに至った者を指し（最判昭42.6.29），虚偽表示の当事者の直接の相手方だけでなく，転得者も含まれる（最判昭45.7.24）。この場合，転得者は，自己が善意である限り，直接の相手方の善意・悪意にかかわらず保護される。

(エ)　正　　虚偽の登記名義人に対する一般債権者は，94条2項の「第三者」に当たらないが，差押債権者は，「第三者」に当たる（最判昭48.6.28）。

(オ)　誤　　仮装債権の譲受人は，94条2項の「第三者」に当たる（大判昭13.12.17）。したがって，仮装債権の債務者Bは，仮装債権の善意の譲受人Cに対して支払を拒むことができない。

以上から，誤っているものは(イ)(オ)であり，正解は(4)となる。

5−15(20−4)　意思表示及び法律行為

　虚偽表示によって権利者として仮装された者から直接に権利を譲り受けた第三者が善意であった場合において，その「善意の第三者」からの転得者等も民法第 94 条第２項によって保護されるか否かという問題については，「転得者等が善意の場合にのみ保護する」という見解がある。次の(ア)から(オ)までの記述のうち，この見解に対する批判として不適切なものの組合せは，後記(1)から(5)までのうちどれか。

(ア)　この見解によれば，転得者が前主である善意の第三者に対して担保責任を追及することができることとなって，善意の第三者に不利益が生じる可能性がある。

(イ)　この見解によれば，悪意の転得者も，いったん善意の第三者に権利を取得させた上で，この善意の第三者から権利を譲り受ければ，当該権利を取得することができることになる。

(ウ)　この見解によれば，善意の第三者が，悪意の第三者のために虚偽表示の対象となった財産に抵当権を設定した場合に，法律関係が複雑になるおそれがある。

(エ)　この見解によれば，善意の第三者が虚偽表示の対象となった財産を処分したり，当該財産に担保権を設定したりすることが，事実上大幅に制約されることになる。

(オ)　この見解によれば，保護の対象から第三者を例外的に除外することを検討しなければならなくなるが，その識別基準にあいまいなところがある。

(1)　(ア)(ウ)　　(2)　(ア)(エ)　　(3)　(イ)(ウ)　　(4)　(イ)(オ)　　(5)　(エ)(オ)

学習記録									
	／	／	／	／	／	／	／	／	／

重要度　A	推論型	要 *Check!*	正解　(4)

94条２項の規定によって保護される善意の第三者からの転得者の地位の考え方について，善意の第三者が絶対的・確定的に権利を取得するので，転得者は，通謀虚偽表示について悪意であっても，有効に権利を取得するとする「絶対的構成説」と，処分行為の効力は当事者ごとに相対的・個別的に判断すべきであり，転得者は通謀虚偽表示について悪意であれば，権利を取得しないとする「相対的構成説」とがある。設問の見解は，相対的構成説に立つものである。

㈠ 批判として適切である　相対的構成説に対しては，第三者が通謀虚偽表示について善意でも，転得者が悪意であれば転得者は有効に権利を取得することができないため，転得者が前主である善意の第三者に対して担保責任を追及することができることとなり，善意の第三者に不利益が生じる可能性があるという批判がされる。

㈡ 批判として不適切である　相対的構成説では，いったん善意の第三者が介在したとしても，転得者が悪意である限り権利を取得することができない。よって，本肢の記述は設問の見解に対する批判として不適切である。なお，悪意の転得者も，いったん善意の第三者に権利を取得させた上で，この善意の第三者から権利を譲り受ければ，当該権利を取得することができると考えるのは，絶対的構成説である。

㈢ 批判として適切である　相対的構成説に対しては，善意の第三者が悪意の第三者に抵当権を設定した場合，虚偽表示の当事者は，善意の第三者に対して所有権を主張することができず，善意の第三者がした抵当権設定行為の無効を主張することもできないにもかかわらず，抵当権者に対しては抵当権の無効を主張することができることになり，法律関係が複雑になるとの批判がされる。

㈣ 批判として適切である　相対的構成説によれば，悪意の転得者は権利を取得することができない結果，善意の第三者は担保責任の追及をおそれて，虚偽表示の対象となった財産を処分したり，当該財産に担保権を設定したりすることが事実上大幅に制約されることになるとの批判がされる。

㈤ 批判として不適切である　絶対的構成説には，善意の第三者からの転得者が悪意の場合であっても保護されるとしつつ，善意の第三者をいわゆる「わら人形」として介在させたようなときには例外的に保護されないと解する見解がある。この見解に対しては，どのようなときに悪意の転得者が保護されないかの識別基準があいまいであるとして相対的構成説から批判される。したがって，本肢の記述は，設問の見解に対する批判として不適切である。

以上から，設問の見解に対する批判として不適切なものは㈡㈤であり，正解は⑷となる。

5－17(22－6)　意思表示及び法律行為

次の対話は，意思表示に関する教授と学生との対話である。教授の質問に対する次の(ア)から(オ)までの学生の解答のうち，正しいものの組合せは，後記(1)から(5)までのうちどれか。（改）

教授：　表意者が一定の法律効果を意欲する意思を表示する行為を意思表示といいますが，この意思表示の例としては，どのようなものがありますか。

学生：(ア)　契約の申込みと承諾，さらに，遺言があります。

教授：　債務の履行の催告は，意思表示ですか。

学生：(イ)　債務の履行の催告により，時効の完成が猶予されることがありますし，解除権の発生という効果が発生することがありますから，意思表示です。

教授：　遺失物の拾得は，どうですか。

学生：(ウ)　遺失物の拾得により，その物の所有権を取得するなどの効果を生じることがありますが，拾得者の意思に効果を認めたものではないので，意思表示ではありません。

教授：　債権譲渡の債務者に対する通知は，どうですか。

学生：(エ)　通知をすることにより，対抗要件を具備することができるので，意思表示です。

教授：　最後に具体的な例で聞きますが，賃貸マンションの所有者である甲が，「101 号室　入居者募集　甲」とだけ書いた張り紙をマンションの入口に掲示して，入居者を募集する旨を表示することは，意思表示ですか。

学生：(オ)　その張り紙を見た乙が，甲に入居したいと申し出ることによって，賃貸借契約が成立しますから，意思表示です。

(1)　(ア)(イ)　　(2)　(ア)(ウ)　　(3)　(イ)(オ)　　(4)　(ウ)(エ)　　(5)　(エ)(オ)

学習記録	／	／	／	／	／	／	／	／	／

重要度　A	知識型	要 *Check!*

正解　(2)

意思表示は法律行為の要素である。法律行為とは，直接に法律効果を発生させようとする当事者の意思表示を要素とし，それに基づいて私法上の権利義務の発生・変動の効果が生じる行為をいう。また，準法律行為とは，意思表示によらず，直接に法律効果の発生を意欲するものではない精神作用の表示を要素とした行為をいう。準法律行為は下記のとおりさらに分類することができる。

〈法律行為と準法律行為の分類〉

法律行為　　(例) 売買契約，賃貸借契約
準法律行為
　Ⅰ表現行為　精神作用の表示されるもの
　　①意思の通知　一定の意思の通知であるが，法律効果の発生を意思内容としないもの
　　　(例) 制限行為能力者である相手方への取消追認の催告，債務履行の催告
　　②観念の通知　ある事実を通知すること
　　　(例) 代理権を与えた旨の通知，債権譲渡の通知・承諾
　　③感情の表示　意思，事実と区別された意味での感情を発表する行為
　Ⅱ非表現行為　人の意識内容とは直接関係のない行為のこと
　　(例) 先占や拾得における所有の意思，事務管理における他人のためにする意思

(ア) 正　　契約の申込みは，承諾により契約を成立させる効果を発生させ，また，承諾は，申込みを前提に同じく契約を成立させる効果を発生させるものである。さらに，遺言も，一つの意思表示により死後に財産権移転等の法律効果を生じさせる。よって，いずれも法律行為であり，意思表示に当たる。

(イ) 誤　　債務の履行の催告は，意思の発表であるが，意思が法律効果の発生を内容としていないため，意思の通知に当たる。意思の通知は準法律行為であり，意思表示には当たらない。

(ウ) 正　　遺失物の拾得は，人の意思内容とは直接関係のない非表現行為である。非表現行為は準法律行為であり，意思表示には当たらない。

(エ) 誤　　債権譲渡の通知は，一定の事実の通知であり，意思の発表という要素を含まないため，観念の通知に当たる。観念の通知は準法律行為であり，意思表示には当たらない。

(オ) 誤　　不動産売却の広告は申込みの誘引に当たる。これは，広告を見て申込みをした者に対し，広告をした者が承諾することによりはじめて契約は成立することとなる。よって，申込みの誘引自体は何ら法律効果を生じさせるものではないため，意思表示には当たらない。

以上から，正しいものは(ア)(ウ)であり，正解は(2)となる。

5−18(23−5)　意思表示及び法律行為

次の対話は，下記（事例）に関する教授と学生との対話である。教授の質問に対する次の(ア)から(オ)までの学生の解答のうち，判例の趣旨に照らし正しいものの組合せは，後記(1)から(5)までのうちどれか。（改）

（事例）

Ａは，Ｂが営む骨董屋の店内に陳列されていた彫刻甲を著名な彫刻家Ｃの真作であると信じて購入した。ところが，実際には，甲は，Ｃの真作ではなかった。

教授：　（事例）において，Ｂが，甲がＣの真作であるとＡに告げていた場合，Ａが甲の売買契約の効力を否定するためには，どのような法律構成が考えられるでしょうか。

学生：　詐欺による取消しが考えられます。

教授：　Ａが詐欺による取消しを主張する場合には，Ｂの主観的事情について何らかの要件が必要とされていますか。

学生：(ア)　Ｂの主観的事情としては，Ａを欺罔して甲が真作であると誤信させようとする故意だけでなく，その誤信に基づき甲を購入する意思表示をさせようという故意があったことが必要です。

教授：　では，Ｂは，甲がＣの真作ではないことを知っており，また，ＡがＣの真作であると信じて購入することも認識していたが，甲がＣの真作ではないことをＡに告げずに売った場合には，Ａは，詐欺を理由として売買契約を取り消すことはできますか。

学生：(イ)　このような場合には，ＡがＢによる働き掛けなくして錯誤に陥っていますので，詐欺による取消しが認められることはありません。

教授：　（事例）において売買契約の効力を否定するための他の法律構成は，考えられませんか。

学生：　錯誤取消しを主張することが考えられます。

教授：　（事例）について錯誤取消しを主張する場合には，どのような問題があると考えられますか。

学生：(ウ)　Ａは，甲がＣの真作であるという錯誤に陥っていますが，Ａは，店内に陳列されていた甲を買う意思でその旨の意思表示をしていますので，意思と表示に不一致はなく，動機の錯誤が問題となります。

教授：　Ａの錯誤が動機の錯誤だとすると，動機の錯誤に基づいて錯誤取消しの主張ができるかどうかが問題になりますが，その要件について教えてください。

学生：(エ)　動機の錯誤に基づき取消しをするには，その錯誤が法律行為の目的及び取引上の社会通念に照らして重要なものであることが必要です。そして，動機の錯誤は，表意者が法律行為の基礎とした事情についてのその認識が真実に反する錯誤であり，その取消しはその事情が法律行為の基礎とされていることが表示された場合に限り，することができます。この表示は黙示的にされたのでは不十分であり，明示的にされることが必要です。

教授：（事例）において詐欺を主張するか，錯誤を主張するかで，他に異なる点はありますか。

学生：(オ)　詐欺による取消しについては，ＡＢ間の売買契約を前提として新たに法律関係に入った善意の第三者を保護する規定や取消権の行使についての期間の制限の規定があるのに対して，錯誤については，このような明文の規定がないことが挙げられます。

(1)　(ア)(イ)　　(2)　(ア)(ウ)　　(3)　(イ)(エ)　　(4)　(ウ)(オ)　　(5)　(エ)(オ)

学習記録	／	／	／	／	／	／	／	／	／

MEMO

重要度 A　**知識型**　**要 *Check!***　　**正解　(2)**

(ア)　正　　詐欺の成立要件として詐欺者の故意が必要となるが，この詐欺者の故意については，①他人を欺罔して錯誤に陥れる故意と，②この錯誤に基づいて一定の意思表示をさせようとすることについての故意との２段構えの故意が必要であり（大判大 6.9.6），①の故意があっても，②の故意を欠けば詐欺とはならない（大判大 11.2.6）。よって，Aが詐欺による取消しを主張するには，Bの主観的事情として，Aを欺罔して甲が真作であると誤信させようとする故意だけではなく，その誤信に基づき甲を購入する意思表示をさせようとする故意が必要となる。

(イ)　誤　　詐欺の成立要件として違法な欺罔行為が必要となるが，この違法な欺罔行為とは，他人をして誤った表象ないし判断を抱かせる行為を指す。この点，沈黙については，それによって相手方が錯誤に陥った場合，事情によっては詐欺となる（東京地判昭 53.10.16）。よって，AがBによる働き掛けなくして錯誤に陥った場合においても，事情によっては詐欺による取消しが認められることがある。なお，社会一般の常識又は信義則上相当と認められる程度の沈黙は，仮に十分な事実を告げなかったとしても違法性を欠き詐欺とはならない。

(ウ)　正　　意思表示は，法律行為について目的及び取引上の社会通念に照らして重要なものに関する錯誤があったときは，取消すことができるが（95Ⅰ本文），この錯誤は，大きく分けると表示行為の錯誤と動機の錯誤に分けられる。また，表示行為の錯誤は，さらに，表示上の錯誤（言い間違いや，ドルとポンドの書き間違いなど）と表示行為の意味に関する錯誤（ドルとポンドが同じ価値だと思い込んでいたため１万ポンドで売りたいと言うつもりで，１万ドルで売ると言ってしまった場合など，内容の錯誤とも呼ばれる）に分かれる。そして，この点を本問の（事例）について当てはめてみると，Aは，店内に陳列されていた彫刻甲を買う意思でその旨の意思表示をしており，これについて，Aの表示意思に対応する内心の意思（店内に陳列されていた甲を買おうという意思）はあるため，その点につき錯誤はないが，法律行為の基礎とした事情についてのAの認識すなわち動機（Cの真作を買うという点）に錯誤があるため，動機の錯誤が問題となる。

(エ)　誤　　動機の錯誤については原則として取消すことができないが，表意者保護と取引の安全との調和という点から，法律行為の基礎とされていることが表示されて意思表示の内容となり，かつ，その錯誤が法律行為の目的及び取引上の社会通念に照らして重要なものに当たる場合，取消すことができる（95Ⅰ②・Ⅱ）。そして，この場合の動機の表示は，明示でも黙示でもよい（最判平元.9.14 参照）。

(オ)　誤　　詐欺による意思表示は取り消すことができるが，この取消しは，善意無過失の第三者に対抗することができない（96Ⅰ・Ⅲ)。また，取り消すことができる法律行為をいつまでも放置しておくことは，相手方や第三者の立場を不安定にするため，法律関係を早期に安定させることを目的として，取消権には行使期間の制限が設けられている（126)。そして，錯誤による意思表示も，詐欺による意思表示と同様，取り消すことができる。ただし，善意無過失の第三者に対抗することはできない（95Ⅳ)。さらに，行使期間においても詐欺と同様の制限が設けられている（126)。

以上から正しいものは(ア)(ウ)であり，正解は(2)となる。

MEMO

5−19(24−4)　意思表示及び法律行為

意思表示に関する次の(ア)から(オ)までの記述のうち，判例の趣旨に照らし正しいものの組合せは，後記(1)から(5)までのうちどれか。(改)

(ア)　公示による意思表示は，最後に官報に掲載した日又はその掲載に代わる掲示を始めた日（以下「公示の日」という。）から２週間を経過したときは，公示の日に遡って相手方に到達したものとみなされる。

(イ)　意思表示の相手方が当該意思表示を受けた時に未成年者であった場合でも，その法定代理人が当該意思表示を知った後は，表意者は，当該意思表示をもってその相手方に対抗することができる。

(ウ)　法人に対する意思表示を当該法人の使用人が受けた場合において，当該意思表示が効力を生ずるためには，当該使用人が当該法人から当該意思表示の受領権限を与えられていなければならない。

(エ)　相手方と通じて債権の譲渡を仮装した場合において，仮装譲渡人が債務者に譲渡の通知をしたときは，仮装譲渡人は，当該債権につき弁済その他の債務の消滅に関する行為がされていない場合でも，当該債権譲渡が虚偽であることを知らない債務者に対して当該債権譲渡が無効であることを主張することができない。

(オ)　隔地者に対する契約の解除の意思表示は，表意者が通知を発した後に死亡した場合でも，そのためにその効力を妨げられない。

(1)　(ア)(ウ)　　(2)　(ア)(エ)　　(3)　(イ)(エ)　　(4)　(イ)(オ)　　(5)　(ウ)(オ)

学習記録	／	／	／	／	／	／	／	／	／

重要度 A	知識型	要 *Check!*		正解　(4)

(ア)　誤　　公示による意思表示は，最後に官報に掲載した日又はその掲載に代わる掲示を始めた日（以下「公示の日」という。）から２週間を経過したときに相手方に到達したものとみなす（98Ⅲ）。

(イ)　正　　意思表示の相手方がその意思表示を受けた時に意思能力を有しなかったとき又は未成年者若しくは成年被後見人であったときは，その意思表示をもってその相手方に対抗することができない（98の２本文）。ただし，①相手方の法定代理人，②意思能力を回復し，又は行為能力者となった相手方がその意思表示を知った後は，この限りではない（98の２但書）。よって，法定代理人が当該意思表示を知った後は，表意者は，当該意思表示をもってその相手方に対抗することができる。

(ウ)　誤　　意思表示は，相手方が社会観念上了知し得べき客観的状態が生じたと認められる時に生じる。この点，意思表示の書面を本人以外の者が受け取って，結局本人が知らなかった場合，当該意思表示の書面が受領権限のある者の勢力範囲に置かれることで足りるとし，到達を判断する基準は，発信者が常識上なすべきことをなし終えればよいとしている（最判昭 36.4.20）。よって，必ずしも当該使用人が当該法人から当該意思表示の受領権限を与えられている必要はない。

(エ)　誤　　債権の仮装譲渡人が債権はなお自己にあると主張・立証して弁済を請求する場合，いまだ弁済行為などせずに単に債務者である地位を保有するにすぎない者は，94条２項の第三者には該当しない（大判昭 8.6.16）。よって，仮装譲渡人は，債権譲渡が虚偽であることを知らない債務者に対して，当該債権譲渡が無効であることを主張することができる。

(オ)　正　　意思表示は，表意者が通知を発した後に死亡し，意思能力を喪失し，又は行為能力の制限を受けたときであっても，そのために効力を妨げられない（97Ⅲ）。

以上から，正しいものは(イ)(オ)であり，正解は(4)となる。

5−21(27−5)　意思表示及び法律行為

虚偽表示に関する次の(ア)から(オ)までの記述のうち，判例の趣旨に照らし誤っているものの組合せは，後記(1)から(5)までのうち，どれか。

○ (ア)　Ａ所有の甲建物について，ＡＢ間の仮装の売買契約に基づきＡからＢへの所有権の移転の登記がされた後に，ＢがＣに対して甲建物を譲渡し，ＡがＤに対して甲建物を譲渡した場合には，Ｃは，ＡＢ間の売買契約が仮装のものであることを知らなかったときであっても，ＢからＣへの所有権の移転の登記をしなければ，Ｄに対し，甲建物の所有権を主張することができない。

(イ)　Ａ所有の甲建物について，ＡＢ間の仮装の売買契約に基づきＡからＢへの所有権の移転の登記がされた後に，ＢがＣに対して甲建物を譲渡し，更にＣがＤに対して甲建物を譲渡した場合において，ＣがＡＢ間の売買契約が仮装のものであることを知っていたときは，Ｄがこれを知らなかったときであっても，Ｄは，Ａに対し，甲建物の所有権を主張することができない。

(ウ)　Ａ所有の甲建物について，ＡＢ間の仮装の売買契約に基づきＡからＢへの所有権の移転の登記がされた後に，Ｂの債権者Ｃが，ＡＢ間の売買契約が仮装のものであることを知らずに甲建物を差し押さえた場合であっても，ＣのＢに対する債権がＡＢ間の仮装の売買契約の前に発生したものであるときは，Ａは，Ｃに対し，ＡＢ間の売買契約が無効である旨を主張することができる。

(エ)　Ａ所有の甲建物について，ＡＢ間の仮装の売買予約に基づきＢを仮登記の登記権利者とする所有権移転請求権保全の仮登記がされた後，ＢがＡに無断で当該仮登記に基づく本登記をした場合において，その後にＢから甲建物を譲り受けたＣが，その当時，当該本登記が真実に合致したものであると信じ，かつ，そのように信じたことについて過失がなかったときは，Ｃは，Ａに対し，甲建物の所有権を主張することができる。

○ (オ)　Ａから土地を賃借したＢがその土地上に甲建物を建築し，その所有権の保存の登記がされた後に，甲建物についてＢＣ間の仮装の売買契約に基づきＢからＣへの所有権の移転の登記がされた場合において，ＢＣ間の売買契約が仮装のものであることを知らなかったＡが賃借権の無断譲渡を理由としてＡＢ間の土地賃貸借契約を解除する旨の意思表示をしたときは，Ｂは，Ａに対し，ＢＣ間の売買契約は無効であり，賃借権の無断譲渡には当たらない旨を主張することができる。

(1)　(ア)(イ)　　(2)　(ア)(オ)　　(3)　(イ)(ウ)　　(4)　(ウ)(エ)　　(5)　(エ)(オ)

学習記録	／	／	／	／	／	／	／	／	／

重要度 A | **知識型** | **要 *Check!*** | **正解　(3)**

(ア)　正　　AがBと通謀して，A所有の甲建物をBに売り渡す仮装の売買契約を締結した後，AからBへ所有権移転登記がされた場合において，BがAB間の仮装売買の事実につき善意のCに甲建物を売却したが未登記であったところ，Aも甲建物をDに譲渡していたときは，CとDは対抗関係に立つため，Cは登記を備えていなければ，Dに対して甲建物の所有権を主張することができない（最判昭 42.10.31）。

(イ)　誤　　虚偽表示の相手方と直接取引関係に立った者が虚偽表示につき悪意であり，その者からの転得者が虚偽表示につき善意である場合，当該転得者は，94 条２項の「善意の第三者」として保護される（最判昭 45.7.24）。よって，Dが仮装譲渡の事実について善意でCから甲建物を譲り受けた場合，Dは，Aに対して，甲建物の所有権を主張することができる。

(ウ)　誤　　虚偽の登記名義人に対する一般債権者は 94 条２項の「第三者」に当たらないが（大判大 9.7.23），差押債権者は，当該「第三者」に当たる（最判昭 48.6.28）。よって，Aは，Cに対し，AB間の売買契約が無効である旨を主張することはできない。

(エ)　正　　不動産の仮装売買予約に基づいて所有権移転請求権保全の仮登記をした後に，当該仮装売買予約の外観上の仮登記権利者がこのような仮登記があるのを奇貨として，ほしいままに売買を原因とする所有権移転の本登記手続をした場合，外観上の仮登記義務者は，当該本登記の無効をもって善意無過失の第三者に対抗できない（最判昭 43.10.17）。よって，善意無過失のCは，Aに対し，甲建物の所有権を主張することができる。

(オ)　正　　土地の賃借人が土地上に建物を建て，この地上建物を他に仮装譲渡した場合の土地賃貸人は，94 条２項の「第三者」に当たらない（最判昭 38.11.28）。よって，BはAに対し，BC間の売買契約は無効であり，賃借権の無断譲渡には当たらない旨を主張することができる。

以上から，誤っているものは(イ)(ウ)であり，正解は(3)となる。

5-22(29-5)　意思表示及び法律行為

錯誤に関する次の(ア)から(オ)までの記述のうち，判例の趣旨に照らし正しいものの組合せは，後記(1)から(5)までのうち，どれか。（改）

(ア)　相手方の詐欺によってした法律行為について目的及び取引上の社会通念に照らして重要なものに関する錯誤があった場合には，詐欺の規定のほか，錯誤の規定の適用もあり，詐欺を理由とする取消し又は錯誤による取消しを主張することができる。

(イ)　売買の目的物に物の種類・品質に関する契約内容の不適合が認められる場合には，この点につき買主に法律行為の目的及び取引上の社会通念に照らして重要なものに関する錯誤があったときでも，錯誤の規定の適用はない。

(ウ)　当事者が和解契約によって争いをやめることを約した場合には，その争いの目的である事項につき錯誤があったときでも，錯誤の規定の適用はない。

(エ)　養子縁組の意思表示については，錯誤の規定の適用があり，表意者に重過失があったときは，表意者は，自らその取消しを主張することができない。

(オ)　家庭裁判所に対してされた相続の放棄の意思表示については，錯誤の規定の適用はない。

(1)　(ア)(ウ)　　(2)　(ア)(エ)　　(3)　(イ)(エ)　　(4)　(イ)(オ)　　(5)　(ウ)(オ)

学習記録									
	／	／	／	／	／	／	／	／	／

重要度 A | **知識型** | **要 *Check!*** | **正解　(1)**

㈠　正　　詐欺と錯誤の双方の要件が満たされる場合，表意者は，任意にそのいずれかの規定を選択してその主張をすることができる。

㈡　誤　　目的物がその種類・品質に関し，契約の内容に不適合である場合，買主は562条から564条に従ってその担保責任を売主に対して主張することができる。同時に，買主がその種類・品質についての認識を誤っている場合は，錯誤による取消し（95）も併せて主張することができる。したがって，錯誤の規定の適用はないとする点で，本肢は誤っている。

㈢　正　　和解契約によって当事者の間に存する争いをやめることを約した場合，その争いの目的であった事項について錯誤があっても，当事者は，その無効（現：取消し）を主張することはできない（最判昭43.7.9）。なお，当事者が和解の前提として争わなかった事項に関する錯誤については，錯誤の無効（現:取消し）の主張をすることができる（大判大6.9.18）。

㈣　誤　　養子縁組の取消しについては，803条の規定が適用され，95条による錯誤による取消しを主張することはできない。

㈤　誤　　相続放棄は家庭裁判所がその申述を受理することによりその効力を生ずるものであるが，その性質は私法上の財産法上の法律行為であるから，95条の規定の適用がある（最判昭40.5.27）。

以上から，正しいものは㈠㈢であり，正解は⑴となる。

5−23(R3−5)　意思表示及び法律行為

錯誤に関する次の(ア)から(オ)までの記述のうち，誤っているものの組合せは，後記(1)から(5)までのうち，どれか。

(ア)　ＡのＢに対する意思表示が錯誤に基づくものであって，その錯誤が法律行為の目的及び取引上の社会通念に照らして重要なものであり，かつ，Ａの重大な過失によるものであった場合には，Ａは，ＢがＡに錯誤があることを知り，又は重大な過失によって知らなかったときであっても，錯誤を理由としてその意思表示を取り消すことができない。

(イ)　ＡのＢに対する意思表示が，法律行為の基礎とした事情についてのその認識が真実に反する錯誤によるものであり，それが法律行為の目的及び取引上の社会通念に照らして重要なものである場合には，Ａは，その事情が法律行為の基礎とされていることが表示されていたときでなければ，錯誤を理由としてその意思表示を取り消すことができない。

(ウ)　ＡのＢに対する意思表示がされ，その意思表示によって生じた法律関係について，Ｂの包括承継人ではないＣが新たに法律上の利害関係を有するに至った後に，その意思表示がＡの錯誤を理由に取り消された場合において，錯誤による意思表示であることをＣが過失により知らなかったときは，Ａは，Ｃに対し，その取消しを対抗することができる。

(エ)　ＡのＢに対する無償行為が錯誤を理由に取り消された場合には，その行為に基づく債務の履行として給付を受けたＢは，給付を受けた時にその行為が取り消すことができるものであることを知らなかったときは，その行為によって現に利益を受けている限度において，返還の義務を負う。

(オ)　ＡのＢに対する意思表示を錯誤により取り消すことができる場合であっても，その意思表示によって生じた契約上の地位をＡから承継したＣは，錯誤を理由としてその意思表示を取り消すことができない。

(1)　(ア)(ウ)　　(2)　(ア)(オ)　　(3)　(イ)(ウ)　　(4)　(イ)(エ)　　(5)　(エ)(オ)

学習記録	／	／	／	／	／	／	／	／	／

重要度 A　**知識型**　**要 *Check!***　　**正解　(2)**

㈦　誤　　錯誤が表意者の重大な過失によるものであった場合には，表意者は原則として意思表示の取消しをすることができない（95Ⅲ柱書)。しかし，相手方が表意者に錯誤があることを知り，又は重大な過失によって知らなかったときは，錯誤による意思表示の取消しをすることができる（95Ⅲ①)。よって，錯誤がAの重大な過失によるものであっても，BがAに錯誤があることを知り，又は重大な過失によって知らなかった場合，Aは錯誤を理由としてその意思表示を取り消すことができる。なお，相手方が表意者と同一の錯誤に陥っていたとき（共通錯誤）も，錯誤による意思表示の取消しをすることができる（95Ⅲ②)。

㈧　正　　意思表示は，表意者が法律行為の基礎とした事情についてのその認識が真実に反する錯誤（動機の錯誤）に基づくものであり，その錯誤が法律行為の目的及び取引上の社会通念に照らして重要なものである場合において（95Ⅰ②)，その事情が法律行為の基礎とされていることが表示されていたときに限り，取り消すことができる（95Ⅱ)。

㈨　正　　95条１項の錯誤による意思表示の取消しは，善意でかつ過失がない第三者に対抗することができない（95Ⅳ)。よって，CがAの意思表示が錯誤によるものであることを知らなかったとしても，知らなかったことにつき無過失でなければ，Aは，Cに対し，錯誤による取消しを対抗することができる。

㈩　正　　取り消された行為は，初めから無効であったものとみなされる（121)。そして，無効な行為に基づく債務の履行として給付を受けた者は，相手方を原状に復させる義務を負う（121の２Ⅰ)。しかし，無効な無償行為に基づく債務の履行として給付を受けた者は，給付を受けた当時その行為が取り消すことができるものであることを知らなかったときは，その行為によって現に利益を受けている限度において，返還の義務を負うにすぎない（121の２Ⅱ)。なぜなら，給付を受けた当時，その無償行為が取り消すことができるものであることを知らなかった給付受領者は，受領した給付が自分の財産に属すると考えており，これを消費したり，処分したりする可能性があるため，常に原状回復義務を負うとすると，給付受領者の信頼に反し，不測の損害を与えることになるからである。

㈪　誤　　錯誤によって取り消すことができる行為は，瑕疵ある意思表示をした者又はその代理人若しくは承継人に限り，取り消すことができる（120Ⅱ)。よって，Aの承継人であるCは，錯誤を理由としてその意思表示を取り消すことができる。

以上から，誤っているものは㈦㈪であり，正解は⑵となる。

6−5(4−2)　代理一般

委任による代理人が復代理人を選任する場合に関する次の記述中，正しいものは幾つあるか。(改)

(ア) 代理人はやむを得ない事由があるときは，本人の許諾を得なくても，復代理人を選任することができる。

(イ) 復代理人が代理行為をするに当たっては，代理人のためにすることを示さなければ，代理行為としての効力を生じない。

(ウ) 代理人が復代理人を選任した場合には，代理人は代理行為を行うことができない。

(エ) 平成 29 年法改正により削除

(オ) 復代理人の代理権は，代理人の代理権が消滅しても消滅しない。

(1)　０個　　(2)　１個　　(3)　２個　　(4)　３個　　(5)　４個

学習記録									
	／	／	／	／	／	／	／	／	／

重要度　A	知識型			正解　(2)

(ア)　正　　委任による代理人は，本人の信任に基づくものであり，いつでも辞任することができることから（651Ⅰ），原則として復任権はない。しかし，例外的に「本人の許諾を得たとき」又は「やむを得ない事由があるとき」のいずれかであれば復代理人を選任することができる（104）。

(イ)　誤　　復代理人は，代理人の代理人ではなく，直接本人の代理人となる（106Ⅰ）ものであるから，復代理人は本人の名で（代理人の名においてではない）法律行為をする。したがって，代理行為の成立要件としての顕名も本人のためにすることを示してされなければならない。

(ウ)　誤　　代理人が復代理人を選任しても，それは代理権の移転的譲渡ではないから，代理権は存続しており，代理人は復代理人選任後も従来どおり代理人である（大判大10.12.6）。したがって，代理人は代理行為を行うことができる。

(エ)　平成29年法改正により削除

(オ)　誤　　復代理人の代理権は，代理人の代理権の移転的譲渡ではなく，あくまで代理人から設定的に代理権を付与されたにすぎない。したがって，それは，代理人の代理権が存在していることを前提とし，代理人の代理権が消滅すれば復代理人の代理権も消滅する。

以上から，正しいものは(ア)の1個であり，正解は(2)となる。

6-6(5-4)　代理一般

代理に関する次の記述のうち，正しいものはどれか。(改)

(1)　本人が代理人に対して特定の家屋の購入を委託したが，その家屋に契約不適合があった場合において，代理人がその契約不適合を知らなかったときは，本人がこれを知っていた場合であっても，本人はその契約を解除することができる。

(2)　未成年者を代理人に選任した場合に，その者が代理人としてなした法律行為は本人がこれを取り消すことができる。

(3)　法定代理人は，やむを得ない事由で復代理人を選任した場合には，本人に対して責任を負うことはない。

(4)　代理人が本人のためにすることを示さないで意思表示をなした場合であっても，相手方がその本人のためにすることを知っていたときには，その意思表示は直接本人に対して効力を生ずる。

(5)　復代理人は,代理人を代理するものであって,本人を代理するものではない。

学習記録	／	／	／	／	／	／	／	／	／

重要度　A	知識型			正解　(4)

(1)　誤　　代理行為の瑕疵の有無は，代理人につき判断されるのが原則である（101Ⅰ・Ⅱ）。しかし，例外として，本人が特定の法律行為をすることを委任した場合に，代理人がその行為をしたときは，本人は，自ら知っていたか，又は過失によって知らなかった事情について，代理人の不知や無過失を主張できない（101Ⅲ）。本人にこのような自己に有利な主張を許すことは明らかに公平に反するからである。本肢の場合，委任された特定の法律行為である売買の目的たる家屋につき契約不適合があり，代理人がその契約不適合につき知らなかったが，本人が当該事情を知っているので，101条3項により，本人はその契約を解除できない。

(2)　誤　　制限行為能力者が代理人としてした行為は，行為能力の制限によっては取り消すことができない（102本文）。代理行為の効果は本人に帰属し代理人には帰属しないから代理人の保護を考える必要はないこと，また本人が任意に代理権を与えた以上，後になって本人が代理人の行為能力の制限を理由に代理行為の効力を否認する可能性を排除しようというのがその立法趣旨である。したがって，本肢の場合も，未成年者が代理人としてした法律行為を本人が取り消すことはできない。

(3)　誤　　法定代理人は，任意代理人と異なり，権限も広範であり，その辞任も容易ではなく，本人の信任を受けて代理人となるものでもないところから，復任権を広く認める必要性が大きい。そこで，法定代理人はいつでも自由に復任権を有する。その反面，復代理人の失策については全責任を負う（105前段）。ただ，法定代理人がやむを得ない事由で復代理人を選任した場合にも全責任を負わせるのは酷であるため，その場合には，選任及び監督についてだけ責任を負う（105後段）。

(4)　正　　代理人の意思表示の効力が本人にも生ずるためには，代理人が代理権の範囲内で代理行為をしたことのほかに，代理人が「本人のためにすることを示して」意思表示をしたことが必要である（99Ⅰ，顕名主義）。代理人が本人のためにすることを示さなかった場合には，自己（代理人）のためにしたものとみなされ（100本文），本人に対して効力を生じない。ただ，その場合でも，相手方が本人のためにすることを知っていたか，又は知ることができた場合には，その意思表示は直接本人に効力を生ずる（100但書・99Ⅰ）。このような場合には，本人に効力を生ずるとしても何ら不都合はないからである。

(5)　誤　　復代理人は，その権限内の行為について本人を代理する（106Ⅰ）。すなわち，復代理人は，代理人が自己の名で選任した代理人であるが，直接本人の代理人となる。代理人の代理人となるのではない。したがって，復代理人は本人の名で法律行為をし，その効果は直接本人に帰属する。

6-7(9-2)　代理一般

代理に関する次の記述のうち，判例の趣旨に照らし正しいものは，どれか。(改)

⑴　Ａの代理人Ｂが相手方Ｃとの間で売買契約を締結した場合，Ｃの意思表示がＡの詐欺によるものであったときでも，Ｂがその事実を知らなかった場合には，Ｃは，その意思表示を取り消すことができない。

⑵　Ａが代理人Ｂに特定の動産を買い受けることを委託し，Ｂが相手方Ｃからその動産を買い受けた場合において，Ｃが無権利者であることをＡが知っていたときは，Ｂがその事実を知らず，かつ，そのことに過失がなかったとしても，その動産について即時取得は成立しない。

⑶　ＡとＣの取引で，Ａの代理人Ｂが，Ｃの代理人Ｄに代理権のないことを知らないことに過失があったとしても，Ａは，Ｄに対して無権代理人の責任を追及することができる。

⑷　平成 29 年法改正により削除

⑸　平成 29 年法改正により削除

学習記録	／	／	／	／	／	／	／	／	／

重要度　A	知識型		正解　(2)

⑴ 誤　本人Ａの詐欺は，形式的には法律行為当事者であるＢ・Ｃ以外の「第三者」(96Ⅱ）の詐欺である（通説：代理人行為説）から，被欺罔者Ｃが意思表示を取り消せるか否かは96条２項の適用があるか否かにかかる。同条項の趣旨は，第三者の詐欺につき被欺罔者に無条件に取消権（96Ⅰ）を認めると法律行為の相手方に酷となるため，取り消すことができる場合を相手方がその事実を知り，又は知ることができた場合に限定し，もって相手方を保護する点にある。したがって，無条件に取消しを認めても相手方に酷でない場合には常に取消しを認めてよい。Ｂは代理人であり法律行為の効果は全面的にＡに帰属する（99Ⅰ）から，Ｃに無条件に取消しを認めてもＢに何ら不利益はない。また法律効果が帰属するＡは，自ら欺罔行為を行った以上取消しによる不利益は甘受すべきである。したがって，Ａは96条２項の「第三者」には当たらず，Ｃは，Ｂの善意・悪意にかかわりなく意思表示を取り消すことができる（96Ⅰ)。

⑵ 正　代理行為に関する善意・悪意，過失の有無は，代理人につき決せられるのが原則である（101Ⅰ）が，特定の法律行為をすることを委託された代理人がその行為をしたときは，本人が悪意であれば，本人は代理人の善意・無過失を主張できない（101Ⅲ)。本肢では，本人Ａが代理人Ｂに特定動産の買受けを委託し，かつ，Ｂがその行為をしているから，101条３項の場合に該当する。したがって，Ｃの無権利につき悪意のＡは，たとえ代理人Ｂが善意・無過失であってもそれを主張できない。そのため，相手方の処分権の不存在についての善意・無過失を要件とする即時取得（192）は成立しない。

⑶ 誤　代理行為における善意・悪意は代理人につき決せられるのが原則である（101Ⅰ)。そのため，法律行為の相手方であるＣの代理人Ｄに代理権がないことを知らないことにつき，Ａの代理人Ｂに過失があれば，本人Ａは善意・無過失を主張し得ない。したがって，Ａは相手方代理人の無権限につき善意・無過失であることを要件とする無権代理人の責任を追及することはできない（117Ⅱ②)。

⑷ 平成29年法改正により削除

⑸ 平成29年法改正により削除

6−9(12−3)　代理一般

Ａは，Ｂの代理人として，Ｃとの間で金銭消費貸借契約及びＢ所有の甲土地に抵当権を設定する旨の契約（以下両契約を合わせて「本契約」という。）を締結した。この場合における次の⑴から⑸までの記述のうち，誤っているものはどれか。(改)

⑴　Ａが未成年者であることについて，Ｃは本契約が締結された当時から知っていたが，Ｂは本契約の締結後に知った場合，Ｂは，Ａの行為能力の制限を理由として本契約を取り消すことができる。

⑵　ＢがＡに対し，代理人として金銭消費貸借契約を締結する権限は与えていたが，甲土地に抵当権を設定する権限は与えておらず，Ｃもこれを知っていた場合，Ｂが追認をしない限り，設定した抵当権は無効である。

⑶　平成 29 年法改正により削除

⑷　本契約がＡのＣに対する詐欺に基づくものである場合，Ｂがこれを過失なく知らなくても，Ｃは，本契約を取り消すことができる。

⑸　本契約が第三者ＤのＡに対する強迫に基づくものである場合，Ｃがこれを過失なく知らなくても，Ｂは，本契約を取り消すことができる。

学習記録	／	／	／	／	／	／	／	／	／

重要度　A	知識型			正解　(1)

⑴　誤　　制限行為能力者が代理人としてした行為は，行為能力の制限によっては取り消すことができない（102本文）。したがって，本人Bは，代理人Aが未成年者であることを理由に代理行為を取り消すことはできない。

⑵　正　　代理人Aは，本人Bから甲土地に関する抵当権設定権限を与えられていないので，A・C間の抵当権設定契約は無権代理行為である。したがって，代理行為の効果は本人Bに帰属しないのが原則である（113Ⅰ）。しかも，相手方Cは，代理権がないことを知っているので，表見代理（110）も成立しない。したがって，本人Bが追認（116）をしない限り，抵当権は無効である。

⑶　平成29年法改正により削除

⑷　正　　代理人が相手方に詐欺を行った場合は，本人が善意であるか悪意であるかを問わず，相手方が取消権を取得する（96Ⅰ）。したがって，相手方Cは，本契約を取り消すことができる。なお，101条1項の「詐欺」については，代理人が相手方に騙された場合を規定していることから本肢では適用されない。

⑸　正　　第三者の詐欺による意思表示（96Ⅱ）と異なって，第三者の強迫による意思表示は，たとえ相手方が強迫の事実について善意であっても，常にこれを取り消すことができる（96Ⅰ）。騙されてする意思決定より，脅されてする意思決定の方が意思決定の自由に対する干渉の度合いが大きく，被強迫者を被詐欺者より厚く保護すべきだからである。

6−10(14−4)　代理一般

Ａは，Ｂの任意代理人であるが，Ｂから受任した事務をＣを利用して履行しようとしている。この事例における次の⑴から⑸までの記述のうち，正しいものはどれか。(改)

⑴　ＡがＣを復代理人として選任する場合には，Ｃは，意思能力を有することは必要であるが，行為能力者であることは要しない。

⑵　ＡがＢから代理人を選任するための代理権を授与されている場合にも，ＡがＢのためにすることを示してＣを代理人として選任するためには，Ｂの許諾又はやむを得ない事情が存することが必要である。

⑶　平成29年法改正により削除

⑷　Ａがやむを得ない事情によりＢの許諾を得ることなくＣを復代理人として選任した場合には，Ｃの復代理人としての権限は，保存行為又は代理の目的たる権利の性質を変更しない範囲における利用若しくは改良行為に限られる。

⑸　Ａから復代理人として適法に選任されたＣの法律行為の効果がＢに帰属するためには，ＣがＡのためにすることを示して当該法律行為をすることが必要である。

学習記録	／	／	／	／	／	／	／	／	／

重要度 A	知識型		正解 (1)

⑴ 正　代理は，代理人が本人のために相手方に対して意思表示をし又は相手方から意思表示を受け，その効果が本人に帰属する制度である（99）。代理人が意思表示をする以上，代理人に意思能力が必要であるのは当然である。これに対して，代理人は行為能力者である必要はない（102）。代理行為の効果は本人に帰属するので，代理人自身が不利益を受けることはないため，制限行為能力者の保護は問題とならないし，任意代理の場合には，あえて制限行為能力者である者を代理人に選任した本人がその危険を負担すべきだからである。そして，任意代理人が制限行為能力者を復代理人に選任した場合も，制限行為能力者を復代理人に選任するような代理人を選任した本人は，その危険を負担すべきといえる。

⑵ 誤　本肢は，ＡがＢから代理人を選任するための代理権が授与されている場合の問題である。この場合には，Ａは本人Ｂの名で代理人を選任することになるのであり，Ａが自己の名でさらに代理人を選任して本人Ｂを代理させる復代理とは異なる。本肢はあくまでも代理権の範囲の問題であって，復代理の問題ではないのである。よって，本肢には復代理に関する規定である104条の適用はなく，Ｂの許諾又はやむを得ない事情が存することは必要ではない。

⑶ 平成29年法改正により削除

⑷ 誤　代理人はやむを得ない事情があるときは本人の許諾がなくても復代理人を選任することができる（104）ので，Ｃは適法な復代理人である。そして，復代理人の代理権の範囲は，代理人が復代理人を選任する際に自己の代理権の範囲内で定めるものであって，必ずしも保存行為や利用・改良行為（103）に限られるものではない。それゆえ，Ｃの復代理権は，ＡがＢから受注した事務を履行するに必要な範囲内で認められると解される。

⑸ 誤　復代理人は，代理人の代理人ではなく本人の代理人であるから，復代理人が代理行為をするには，本人の名で行う必要がある。それゆえ，復代理人Ｃの法律行為の効果が本人Ｂに帰属するためには，Ｂのためにすることを示してする必要がある。

6−11(16−5)　代理一般

Ａは，Ｂを利用して，Ｃと売買契約を締結し，甲動産を取得しようとしている。この事例に関する次の(ア)から(オ)までの記述のうち，ＢがＡの代理人である場合についての記述として正しいものとＢがＡの使者である場合についての記述として正しいものの組合せは，後記表の(1)から(5)までのうちどれか。

(ア)　Ｂが，Ｃに対し，売買の目的物を誤ってＣの所有する乙動産と表示してしまい，その表示内容による売買契約が締結された場合において，誤った表示をしたことにつきＡに重過失があるときは，Ａは，乙動産の代金支払を免れることができない。

(イ)　Ｃが甲動産の所有権を有しない場合において，Ａは，Ｃが甲動産の所有者であるものと誤信し，かつ，誤信したことにつき無過失であったが，Ｂは，Ｃが甲動産の所有者でないことにつき悪意であったときは，Ａは，甲動産を即時取得することができない。

(ウ)　甲動産の購入に際し，Ｂには意思能力がある必要はないが，Ａには行為能力がある必要がある。

(エ)　Ａは，Ｂに対し，売買代金額に関する決定権限を付与することができる。

(オ)　Ａの許諾がない場合には，Ｂは，やむを得ない事由がない限り，その任務を他の者にゆだねることができない。

	(1)	(2)	(3)	(4)	(5)
代理人である場合	(ア)	(イ)	(ウ)	(エ)	(オ)
使者である場合	(イ)	(ウ)	(ア)	(オ)	(エ)

学習記録	／	／	／	／	／	／	／	／	／

重要度　A	知識型		正解　(2)

使者とは，本人の意思表示を相手方に伝える者であって，代理人のように自ら意思決定を行うものではない。代理人と使者との区別は，実質的な意思決定権を有する行為主体は誰かということを基準に判断すべきだとされている。代理の場合，意思表示の決定権は代理人にあるので（代理人行為説），その行為主体は代理人である。これに対して使者の場合，意思表示の決定権は本人にあるため，その行為主体は本人であると解される。

(ア)　Bが使者である場合に正しい　　Bが代理人である場合，意思表示の瑕疵は代理人について問題となるのであり（101Ⅰ），本人Aに重過失があっても，Aは代理人Bの意思表示につき錯誤取消し（95）を主張して，代金支払を免れることができる。しかし，Bが使者である場合，意思表示の瑕疵は本人について問題となるため，重過失があるAは95条3項により錯誤取消しを主張できず，代金支払を免れることができない。したがって，本肢はBが使者である場合に正しい。なお，Bが代理人である場合において，Bが誤った表示をしたことについてAに重過失があることにつき，「特定の法律行為の委託」を認めると，Aは，錯誤取消し（95）を主張することができず，代金支払を免れないとの結論に至り得る（101Ⅲ）。しかし，本肢からはAが特定の法律行為をすることを委託したと認定し得る具体的な事情が明らかでなく，原則どおり，意思表示の瑕疵は，Bの事情を基礎に判断すべきものと解する。

(イ)　Bが代理人である場合に正しい　　Bが代理人である場合，BはCが甲動産の所有者でないことにつき悪意なので，善意無過失の要件を満たさず，Aは甲動産を即時取得（192）できない。しかし，Bが使者である場合，使者が悪意であっても本人が善意無過失であれば即時取得の要件を満たす。よって，Aは甲動産を即時取得できる。したがって，本肢はBが代理人である場合に正しい。

(ウ)　Bが使者である場合に正しい　　Bが代理人である場合，代理人は自ら代理行為を行うので，Bには意思能力が必要である（行為能力については不要とされている（102本文参照））。他方，Bが使者である場合，使者は本人の意思を伝達する機関にすぎないため，Bには行為能力はもちろん，意思能力も不要である。逆に本人Aの能力について，Bが代理人である場合，法律行為は代理人Bが行うため，本人Aに意思能力・行為能力は不要である。他方，Bが使者である場合，BはあくまでAの意思を伝達する機関にすぎないため，Aには意思能力・行為能力が必要である。したがって，本肢はBが使者である場合に正しい。

(エ)　Bが代理人である場合に正しい　　Bが代理人である場合，意思決定は代理人が行うため，売買代金額の決定について，AはこれをBの意思にゆだねることができる。しかし, Bが使者である場合, 使者は自ら意思決定を行わないため, 売買代金額の決定について，Ａはこれを B の意思にゆだねることができない。したがって，本肢はBが代理人である場合に正しい。

㈱　Bが代理人である場合に正しい　　Bが代理人である場合，代理人の復任については 104 条及び 105 条が規制を定めている。そして，Bが任意代理人であれば，Aの許諾がない場合には，Bは，やむを得ない事由がない限り，その任務を他の者にゆだねることができない。他方，Bが使者である場合，使者の復任は原則として許されるので，BはAの許諾がなくともその任務を他の者にゆだねることができる。したがって，本肢はBが代理人である場合に正しい。

以上から，Bが代理人である場合に正しいものは㈰㈲㈱，Bが使者である場合に正しいものは㈪㈫であり，正解は⑵となる。

MEMO

6−12(18−4)　代理一般

ＡがＢの代理人又は代表者としてＣとの間で法律行為を行った場合に関する次の記述のうち，判例の趣旨に照らし正しいものはどれか。なお，Ａ，Ｂ及びＣは，いずれも商人でないものとする。（改）

⑴　車の購入資金の調達のためにＣから100万円を借り入れる旨の契約を締結する代理権をＢから授与されたＡは，自己の遊興費として費消する目的でＣから100万円を借り入れ，これを費消した。この場合，ＣがＡの目的につき悪意であっても，Ｂは，Ｃからの貸金返還請求を拒むことができない。

⑵　平成29年法改正により削除

⑶　Ｂの代理人Ａは，Ｂのためにすることを示さずに，ＣからＣ所有のマンションを購入する旨の契約を締結した。この場合，当該契約をＡがＢのために締結することを契約当時Ｃが知っていたときは，Ｂは，当該マンションの所有権を取得することができる。

⑷　Ｂの妻Ａは，Ｂの実印を無断で使用して，Ａを代理人とする旨のＢ名義の委任状を作成した上で，Ｂの代理人としてＢ所有の土地をＣに売却した。この場合，Ａに売却の権限がなかったことにつきＣが善意無過失であったときは，Ｃは，当該土地の所有権を取得することができる。

⑸　Ｂは，一般社団法人であり，その定款において，その所有する不動産を売却するに当たっては理事会の事前の承認を要するものとされていたところ，Ｂの理事であるＡは，理事会の承認を経ることなく，Ｂ所有の土地をＣに売却した。この場合，Ｃは，上記定款の定めがあることを知っていたときは，過失なく理事会の承認を経たものと誤信した場合でも，当該土地の所有権を取得することができない。

学習記録	／	／	／	／	／	／	／	／	／

重要度　A　**知識型**　　**正解　(3)**

(1)　誤　　代理人が，形式的には代理権の範囲内の行為であるが，代理権を濫用して自己又は第三者の利益を図った場合でも，代理の効果は，原則として本人に帰属する。しかし，相手方が代理人の権限濫用の意図を知り，又は知ることができたときは，107条により，本人はその行為について責任を負わない。本肢では，相手方CはAが自己の遊興費として費消する目的について悪意であることから，本人Bは，その行為につき責任を負わず，Cからの貸金返還請求を拒むことができる。

(2)　平成29年法改正により削除

(3)　正　　代理人が，本人のためにすることを示さないでした意思表示は，自己のためにしたものとみなされる（100本文）。これは，代理人が代理意思を有しているが，顕名を欠いて自己名義で行った場合の相手方を保護する趣旨である。このような趣旨からは，相手方が，代理人が本人のためにすることを知り，又は知ることができたときは，相手方保護の問題は生じず，有効な代理行為となる（100但書）。本肢では，相手方Cは，代理人Aが本人Bのためにマンションを購入する契約を締結することを知っていたのであるから，Aの行為は有効な代理行為となり，Bは，マンションの所有権を取得することができる。

(4)　誤　　761条は，夫婦の日常家事について，単に連帯債務を負う旨を定めただけでなく，夫婦が相互に相手を代理する権限を有することを定めたものと解されている。しかし，761条の代理権を基本代理権として110条の表見代理の成立を認めることは，夫婦の財産的独立を損なうとして否定される。ただし，第三者が，代理人の行為が当該夫婦の日常の家事に関する法律行為の範囲内に属すると信ずるにつき正当の理由があるときは，110条の趣旨を類推適用することにより第三者は保護される（最判昭44.12.18）。本肢では，CがAの土地売却権限がないことにつき善意無過失であったにすぎず，土地売却が日常家事に関する法律行為の範囲内に属すると信ずるにつき正当な理由があったとはいえないことから，相手方Cは，土地所有権を取得することはできない。

(5)　誤　　一般社団法人との取引の相手方は，理事の代理権に加えられた制限を過失なく知らなかった場合には，一般社団法人及び一般財団法人に関する法律77条5項により保護される。しかし，本条の善意が認められない場合であっても，当該具体的行為につき適法に法人を代表する権限を有するものと信じ，かつ，そう信じるにつき正当の理由があるときには，相手方は，110条の類推適用により保護される（最判昭60.11.29）。本肢では，Cは，事前に理事会の承認を要する旨の定款の定めを知っているが，過失なく理事会の承認を経たものと誤信しているため，当該土地の所有権を取得することができる。

6−13(19−5)　代理一般

次の対話は，ＡがＢに売買契約締結のための代理権を授与した場合における本人Ａ，代理人Ｂ及び復代理人Ｃの三者の法律関係に関する教授と学生との対話である。教授の質問に対する次の(ア)から(オ)までの学生の解答のうち，判例の趣旨に照らし正しいものの組合せは，後記(1)から(5)までのうちどれか。

教授：　代理人Ｂが復代理人Ｃを選任する行為は，どのように行われますか。

学生：(ア)　復代理人の選任行為は，代理人の代理行為の一環として行われるものですから，代理人は，復代理人を選任する際，本人のためにすることを示して行う必要があります。したがって，代理人Ｂは，本人Ａの名で復代理人Ｃを選任します。

教授：　復代理人Ｃが選任されると，代理人Ｂの代理権はどのようになりますか。

学生：(イ)　復代理人は，代理人の権限の範囲内で直接本人を代理しますので，代理人の権限と復代理人の権限が重複してしまいます。そこで，復代理人Ｃが選任されると，代理人Ｂの代理権は停止し，復代理人Ｃの任務が終了すると，代理人Ｂの代理権は復活します。

教授：　復代理人Ｃが委任事務の処理に当たって金銭等を受領したとします。復代理人Ｃは，この受領した金銭をだれに引き渡す義務を負いますか。

学生：(ウ)　復代理人Ｃは，委任事務の処理に当たって，本人Ａに対して受領物を引き渡す義務を負うほか，代理人Ｂに対しても受領物を引き渡す義務を負います。もっとも，復代理人Ｃが代理人Ｂに受領物を引き渡したときは，本人Ａに対する受領物引渡義務は，消滅します。

教授：　代理人Ｂは，復代理人Ｃを解任することができますか。

学生：(エ)　解任することができます。ただし，復代理人Ｃが本人Ａの許諾を得て選任された者である場合には，本人Ａの同意がなければ，代理人Ｂは，復代理人Ｃを解任することはできません。

教授：　代理人Ｂが死亡した場合には，復代理人Ｃの代理権はどのようになりますか。

学生：(オ)　復代理人の代理権は，代理人の代理権を前提としていますから，代理人Ｂが死亡してその代理権が消滅した場合には，復代理人Ｃの代理権も消滅します。このことは，復代理人Ｃが本人Ａの指名に従って選任された場合も同じです。

(1)　(ア)(イ)　　(2)　(ア)(エ)　　(3)　(イ)(オ)　　(4)　(ウ)(エ)　　(5)　(ウ)(オ)

学習記録	／	／	／	／	／	／	／	／	／

重要度　A	知識型		正解　(5)

(ア)　誤　　復代理とは，代理人が，自己の権限内の行為を行わせるため，自己の名でさらに代理人を選任して，本人を代理させることである。したがって，代理人Ｂは，「本人Ａ」の名で復代理人Ｃを選任するのではない。

(イ)　誤　　復代理人は，その権限の範囲内の行為について本人を代表し，本人及び第三者に対して，その権限の範囲内において，代理人と同一の権利を有し，義務を負う（106Ⅰ・Ⅱ）。よって，復代理人は代理人の権限の範囲内で直接本人を代理し，代理人の権限と重複する。しかし，復任行為は代理権の全面的譲渡ではないから，復代理人選任後も代理人は代理権を失わず，代理人・復代理人は同等の立場でともに本人を代理することになる。したがって，復代理人Ｃが選任された場合に，代理人Ｂの代理権が停止するということはなく，復代理人Ｃの任務が終了すると，代理人Ｂの代理権が復活するということもない。

(ウ)　正　　判例は，「復代理人が代理行為の結果相手方から金銭等を受領した場合には，復代理人は，代理人に対して引渡義務を負う（646）ほか，本人に対しても106条２項により引渡義務を負うことになるが，かかる場合において復代理人が代理人に受領物を引渡したときは，代理人に対する引渡義務は消滅し，それとともに，本人に対する引渡義務もまた消滅する」（最判昭51.4.9）とした。

(エ)　誤　　復代理人は，代理人によって選任される（104・105）。代理人・復代理人間には委任契約（643以下）等の内部関係が存続し，復代理人は代理人の監督下に置かれる。そうだとすると，「委任は，各当事者がいつでもその解除をすることができる。」（651Ⅰ）のであるから，たとえ復代理人Ｃが本人Ａの許諾を得て選任された者であっても，本人の同意の有無を問わず，代理人Ｂは，復代理人Ｃを解任することができる。

(オ)　正　　代理人の死亡は，代理権消滅事由の一つである（111Ⅰ②）。そして，復代理関係は原代理人の代理権の存在を前提とするので，原代理人の代理権の消滅は復代理関係の消滅事由となる。このことは，復代理人Ｃが本人Ａの指名に従って選任された場合でも異ならない。

以上から，正しいものは(ウ)(オ)であり，正解は(5)となる。

6－14(22－5)　代理一般

Ａの代理人であるＢは，Ｃに対し物品甲を売却した（なお，この売却行為は，商行為には当たらないものとする。）。この事例に関する次の(ア)から(オ)までの記述のうち，判例の趣旨に照らし誤っているものの組合せは，後記(1)から(5)までのうちどれか。

(ア)　Ｂが自己又は第三者の利益を図るために物品甲を売却した場合であっても，それが客観的にＢの代理権の範囲内の行為であり，ＣがＢの意図を知らず，かつ，知らないことに過失がなかったときは，Ｂがした意思表示は，Ａに対して効力を生ずる。

(イ)　Ｂは，Ａのためにする意思をもってＣに対し物品甲を売却したが，その際，Ａの代理人であることをＣに告げなかった。この場合において，ＢがＡのためにする意思をもって売買契約を締結していたことをＣが知り，又は知ることができたときは，Ｂがした意思表示は，Ａに対して効力を生ずる。

(ウ)　Ｂの意思表示がＣの詐欺によるものであったときは，Ｂは，その意思表示を取り消すことができるが，Ａは，Ｂによる意思表示を取り消すことができない。

(エ)　Ｂは，Ａのためにする意思をもってＣに対し物品甲を売却したが，その際，売買契約書の売主署名欄にＡの氏名のみを記載し，自己の氏名を記載しなかった。この場合において，契約書にＡの氏名だけを記載することをＡがＢに許諾しており，Ｃも契約書に署名したＢではなくＡと契約する意思を有していたときは，Ｂがした意思表示は，Ａに対して効力を生ずる。

(オ)　ＢがＡのためにする意思をもって，Ａの代理人であることを示して，Ｃに対し物品甲を売却した場合であっても，Ｂが未成年者であるときは，Ｂがした意思表示は，Ａに対して効力を生じない。

(1)　(ア)(イ)　　(2)　(ア)(ウ)　　(3)　(イ)(エ)　　(4)　(ウ)(オ)　　(5)　(エ)(オ)

学習記録	／	／	／	／	／	／	／	／	／

重要度　A	知識型		正解　(4)

(ア) 正　　代理人が自己又は第三者の利益を図る目的で代理権の範囲内の行為をした場合において，相手方がその目的を知り，又は知ることができたときは，その行為は，代理権を有しない者がした行為とみなす（107）。よって，Ｂの行為が客観的にＢの代理権の範囲内であり，ＣがＢの代理権濫用の意図を知らず，かつ，知らないことに過失がなかったときは，Ｂがした意思表示はＡに対して効力を生ずる。

(イ) 正　　代理人が本人のためにすることを示さないでした意思表示は，代理人自身のためにしたものとみなされる（100本文）。もっとも，相手方が，代理人が本人のためにすることを知り，又は知ることができたときは，本人に対して効力を生ずる（100但書）。よって，ＢはＡの代理人であることをＣに告げていないが，ＢがＡのためにする意思をもっていたことをＣが知り，又は知ることができたときは，Ｂがした意思表示は，Ａに対して効力を生ずる。

(ウ) 誤　　代理人が詐欺，強迫を受けた場合は，101条１項の適用により，瑕疵ある意思表示の法律行為として本人に効果が帰属する。そのため，その法律行為の取消権は代理人ではなく本人に帰属するため，本人が当該意思表示を取り消すことができる。代理人が取り消せるか否かは，代理権の範囲による。よって，ＢがＣの詐欺により意思表示をしているときは，ＡはＢによる意思表示を取り消すことができるが，Ｂは当然に取り消すことができるわけではない。

(エ) 正　　代理人が本人のためにする意思をもって直接本人名義で代理行為をした場合に，契約書に本人の氏名のみを記載することを本人が代理人に対して許諾し，相手方も本人と契約する意思を有していた場合には，契約の効力は本人と相手方間で生ずる（大判大9.4.27）。よって，ＢがＡのためにする意思をもってＡのみの氏名を契約書に表示してＣと物品の売却行為をしており，Ａの氏名だけを契約書に記載することをＡが許諾し，ＣもＡと契約する意思を有しているので，Ｂがした意思表示はＡに対して効力を生ずる。

(オ) 誤　　制限行為能力者が代理人としてした行為は，行為能力の制限によっては取り消すことができない（102本文）。よって，代理人のＢが未成年者であっても，Ｂがした意思表示の効果はＡに対して効力を生ずる。

以上から，誤っているものは(ウ)(オ)であり，正解は(4)となる。

6−15(26−5)　代理一般

次の対話は，代理に関する教授と学生との対話である。教授の質問に対する次の(ア)から(オ)までの学生の解答のうち，判例の趣旨に照らし正しいものの組合せは，後記(1)から(5)までのうち，どれか。

なお，対話の事例における各行為は，商行為に当たらないものとする。

教授：　まず，ＡがＢ所有の甲建物を売却するための代理権をＢから授与されているという事例を前提に考えてみましょう。ＡがＢの代理人であることを示さずに，自らがＢであると称して，Ｃとの間で甲建物の売買契約を締結した場合に，ＢＣ間に契約は成立しますか。

学生：(ア)　ＡはＢの代理人であることを示していないので，たとえＡがＢのためにする意思を有していたとしても，ＢＣ間に売買契約は成立せず，ＡＣ間に売買契約が成立することになります。

教授：　では，同じ事例で，ＡがＢのためにする意思を有していたものの，Ｂの代理人であることを示さずに，Ｃとの間で甲建物の売買契約を締結し，その契約書の売主の署名欄にＡの名前だけを書いた場合は，どうなりますか。

学生：(イ)　ＣにおいてＡがＢのために売買契約を締結することを知ることができたときは，ＢＣ間に売買契約が成立します。

教授：　では，同じ事例で，ＡがＢの代理人であることを示して，Ｃとの間で甲建物の売買契約を締結したものの，Ａが，当初から，Ｃから受け取った売買代金を着服するつもりであったときは，どうなりますか。

学生：(ウ)　代理の要件に欠けるところはないので，たとえＣがＡの意図を知っていた場合であっても，ＢＣ間に売買契約が成立します。

教授：　次に，事例を変えて，今度は，ＡがＢから代理権を授与されていないにもかかわらず，Ｂの代理人として，Ｃとの間でＢ所有の甲建物の売買契約を締結した場合を前提に考えてみましょう。Ｃが，ＡがＢから代理権を授与されていないことを知らず，また，知らないことについて過失はあったものの，それが重大な過失でなかった場合に，Ｃは，Ａに対し，無権代理人の責任を追及することができますか。

学生：(エ)　Ｃに過失があったとしても，それが重大な過失でなければ，Ａに対して無権代理人の責任を追及することができます。

教授：　では，この場合に，Ｃは，甲建物の売買契約を取り消すことができますか。

学生：(オ)　Ａの無権代理について善意であるＣは，Ｂが無権代理の追認をしない間は，売買契約を取り消すことができます。

(1)　(ア)(ウ)　　(2)　(ア)(エ)　　(3)　(イ)(ウ)　　(4)　(イ)(オ)　　(5)　(エ)(オ)

学習記録									
	／	／	／	／	／	／	／	／	／

重要度　A	知識型	

正解　(4)

(ア)　誤　　代理人が本人のためにすることを示さないでした意思表示は，自己のためにしたものとみなす（100本文）。この点，代理人が代理権の範囲内で，本人名義で行為をする場合において，代理意思を有するときは，顕名の要件を満たし，有効な代理となる（大判大9.4.27，大判大10.7.13）。よって，AがBの代理人であることを示さずに，自らがBであると称して，Cとの間で甲建物の売買契約を締結した場合，有効な代理となるため，BC間に売買契約が成立する。

(イ)　正　　代理人が本人のためにすることを示さないでした意思表示は，自己のためにしたものとみなす（100本文）。ただし，相手方が，代理人が本人のためにすることを知り，又は知ることができたときは，本人に対して直接にその効力を生ずる（100但書・99Ⅰ）。よって，AがBのためにする意思を有していたものの，Bの代理人であることを示さずに，Cとの間で代理権の範囲内で甲建物の売買契約を締結した場合，CにおいてAがBのために売買契約を締結することを知ることができたときは，BC間に売買契約が成立する。

(ウ)　誤　　代理人が自己又は第三者の利益を図る目的で代理権の範囲内の行為をした場合において，相手方がその目的を知り，又は知ることができたときは，その行為は，代理権を有しない者がした行為とみなす（107）。この点，無権代理に関する法律効果は，代理人自身に帰属しないのは当然のこと，本人にも帰属しない。もっとも，特に契約の無権代理の場合，本人の追認があれば遡って本人に効果が帰属するという，いわば浮動的状態にあるもので，無効ではなく効果不帰属であるにすぎない。本肢は，本来「BC間に売買契約が有効に成立します」と表現されるべきであり，この表現であれば，疑義なく本肢は誤りであるといえるが，他の肢との整合性より，本肢は誤りであると評価する。

(エ)　誤　　他人の代理人として契約をした者が代理権を有しないことを相手方が知っていたとき，若しくは過失によって知らなかったとき（当該代理人が自己に代理権がないことを知っていたときを除く）は，相手方は無権代理人の責任を追及することができない（117Ⅱ①②）。そして，この過失は，重過失に限定されるものではなく，軽過失も含む（最判昭62.7.7）。すなわち，無権代理人の相手方は善意・無過失である場合に限り，117条の無権代理人の責任追及をすることができる。

(オ)　正　　無権代理人がした契約は，本人が追認をしない間は，契約締結時に代理権を有しないことについて善意の相手方は取り消すことができる（115）。

以上から，正しいものは(イ)(オ)であり，正解は(4)となる。

6−16(30−5)　代理一般

次の記述は，代理に関する教授と学生との対話である。教授の質問に対する次の(ア)から(オ)までの学生の解答のうち，判例の趣旨に照らし正しいものの組合せは，後記(1)から(5)までのうち，どれか。

教授：　ＡとＢとの間で，Ａの代理人としてＡの所有する甲不動産をＣに売り渡す契約を締結する権限をＢに与える委任契約を締結したという事例を前提として，代理について考えてみましょう。Ｂに代理権を授与した後，Ａが破産手続開始の決定を受けた場合において，Ｂの代理権は消滅しますか。

学生：(ア)　本人が破産手続開始の決定を受けたことは代理権の消滅事由とされていませんので，Ｂの代理権は消滅しません。

教授：　Ｂが，Ａの許諾を得て復代理人Ｄを選任した場合において，その後，Ｂの代理権が消滅したときは，Ｄの代理権は消滅しますか。

学生：(イ)　Ｄの代理権は，Ｂの代理権を基礎とするものですので，Ｂの代理権が消滅すれば，Ｄの代理権も消滅します。

教授：　Ｂが，Ｃからも代理権を授与され，ＡとＣ双方の代理人としてＡＣ間の売買契約を締結した場合には，当該売買契約の効力はどうなりますか。

学生：(ウ)　ＡＣ間の売買契約は，無効となり，追認することもできません。

教授：　Ｂが，Ａから授与された代理権の範囲内でＡの代理人としてＣとの間でＡの所有する甲不動産を売り渡す契約を締結したものの，その際，ＢがＣから受け取った売買代金を着服する意図を有していた場合には，当該契約の効力は，Ａに帰属しますか。

学生：(エ)　Ｃが，Ｂの代金着服の意図を知らなかったのであれば，知らなかったことについてＣに過失があったとしても，当該契約の効力は，Ａに帰属します。

教授：　それでは，ＡとＢとの間で，Ａの代理人としてＣの占有する高名な乙絵画を買い受ける契約を締結する権限をＢに与える委任契約を締結していたものとします。Ｂが，Ａの指図に従いＣとの間で乙絵画の売買契約を締結してその引渡しを受けたものの，Ｃが乙絵画について無権利者であった場合に，Ａは乙絵画を即時取得することができますか。

学生：(オ)　Ｃが無権利者であることについて，Ｂが善意無過失であったとしても，Ａが善意無過失でなければ，Ａは乙絵画を即時取得することができません。

(1)　(ア)(イ)　　(2)　(ア)(ウ)　　(3)　(イ)(オ)　　(4)　(ウ)(エ)　　(5)　(エ)(オ)

学習記録	／	／	／	／	／	／	／	／	／

重要度　A	知識型			正解　(3)

(ア)　誤　　当事者が破産手続開始の決定を受けたことは，委任の終了事由である(653②)。そして，委任による代理権は，委任の終了によって消滅する（111 Ⅱ)。

(イ)　正　　復代理人の代理権は，原代理人の代理権に基づくものであることから，原代理人の代理権が消滅することによって消滅する。よって，Bの代理権が消滅したときは，Dの代理権も消滅する。

(ウ)　誤　　自己契約及び双方代理は原則として禁止されるが，自己契約及び双方代理の禁止に反する契約も全くの無効とはならず，無権代理行為として，本人はこれを追認することができる（108 Ⅰ本文･113 Ⅰ)。したがって，AC間の売買契約は，無効となり，追認することもできないとする点で，本肢は誤っている。

(エ)　誤　　代理人が自己又は第三者の利益を図るために代理権の権限内の行為をした場合，相手方が代理人の意図を知り，又は知ることができたときに限り，107条により無権代理行為とみなされる。したがって，知らなかったことについてCに過失があったとしても，当該契約の効力はAに帰属するという点で，本肢は誤っている。

(オ)　正　　代理人が本人から特定の法律行為をすることを委託された場合において，その行為をしたときは，本人は，自ら知っていた事情及び過失によって知らなかった事情について，代理人が知らなかったことを主張することができない（101Ⅲ)。よって，Cが無権利者であることについて，Bが善意無過失であったとしても，Aが善意無過失でなければ，Aは乙絵画を即時取得することができない。

以上から，正しいものは(イ)(オ)であり，正解は(3)となる。

7-4(3-1)　無権代理及び表見代理

甲からコピー機賃借に関する代理権を与えられた乙が，丙との間でコピー機を買い受ける契約をした場合に関する次の記述のうち，誤っているものはどれか。

(1)　丙が乙に売買契約締結の代理権があると信じるにつき正当な事由がある場合において，甲は丙からの請求を拒否することができない。

(2)　丙が乙に代理権がないことを知っていた場合，丙は乙との契約を取り消すことができない。

(3)　丙が乙に代理権がないことを知っていた場合，丙は甲に対して売買契約を追認するや否やを催告することはできない。

(4)　丙が乙に代理権がないことを知っており，甲が売買契約の追認を拒絶した場合，丙は甲及び乙のいずれに対しても，代金の支払を請求することはできない。

(5)　乙が未成年者である場合，丙は乙が代理権なきことを知っているか知っていないかにかかわらず，乙に対して履行の請求又は損害賠償を請求することはできない。

学習記録	／	／	／	／	／	／	／	／	／

重要度 A | **知識型** | **要 *Check!*** | **正解　(3)**

(1)　正　　乙は，甲からコピー機の賃貸借契約締結の代理権しか付与されていないにもかかわらず，丙と当該権限を越えて売買契約を締結している。したがって，当該契約は無権代理となり，本人たる甲の追認がない限り，当該契約の効果は本人に帰属しないのが原則である（113Ⅰ）。しかし，①基本権限が存在し，②代理人がその権限を逸脱した事項につき代理行為をし，③代理権限ありと相手方が誤信し，かつ，そう誤信するにつき正当な理由があるときには，取引の安全を図り相手方を保護する必要がある。このような場合には110条の表見代理が成立し，本人は無権代理を理由として自分への効果帰属を拒否することはできない。本肢では，コピー機賃借に関する基本権限があり，乙がその権限を逸脱した売買契約締結という事項につき代理行為をし，丙が乙に売買契約締結の代理権があると信じるにつき正当な理由がある。したがって，甲は丙からの請求を拒否することはできない。

(2)　正　　無権代理の相手方の不安定な地位を解消する制度として，相手方に取消権が認められている（115本文）。この取消権は，相手方が無権代理であることにつき悪意である場合には認められない（115但書）。この取消しは本人からの追認の余地を奪い，無権代理行為を効果不帰属に確定するものであるが，無権代理につき悪意である者についてまでこのような権能を付与する必要はないからである。したがって，無権代理につき悪意の丙は取消権を行使できない。

(3)　誤　　相手方の催告権は，取消権（115）と異なり，相手方が無権代理であることにつき悪意である場合にも認められる（114）。したがって，丙は無権代理につき悪意であっても催告権を有する。

(4)　正　　本人が追認拒絶すると，当該代理行為の効果は本人に帰属しないことに確定する。したがって，丙は甲に代金請求をすることはできない。また，相手方が無権代理につき悪意・有過失（無権代理人が自己に代理権がないことを知っていたときを除く）である場合には，相手方は無権代理人に対してもその責任を追及することはできない（117Ⅱ①②）。したがって，無権代理につき悪意の丙は乙に対しても代金支払を請求することができない。

(5)　正　　無権代理人が制限行為能力者である場合には，制限行為能力者保護の見地から，相手方は無権代理について善意・無過失であっても，無権代理人としての履行ないし損害賠償の請求をすることができない（117Ⅱ③）。したがって，乙が未成年者である場合には，丙は乙に対して履行の請求又は損害賠償を請求することはできない。

7-5(6-4)　無権代理及び表見代理

代理に関する次の記述のうち，判例の趣旨に照らし正しいものは幾つあるか。（改）

(ア) 代理人が，自己又は第三者の利益を図るため，代理権の範囲内の行為をした場合には，相手方が代理人のそのような意図を知らず，かつ知らなかったことにつき重大な過失がなかったときに限り，本人はその代理人の行為につき，責任を負う。

(イ) 無権代理人は，相手方が無権代理人に対して民法第 117 条の規定によりした履行請求に対して表見代理が成立することを主張・立証して自己の責任を免れることはできない。

(ウ) 妻が夫の代理人として第三者とした法律行為は，妻が夫から特に代理権を与えられておらず，かつその法律行為が日常の家事に関するものでない場合であっても，第三者においてその行為がその夫婦の日常の家事に関する法律行為に属すると信ずるにつき正当の理由があるときには，夫に対して効力を生ずる。

(エ) 代理人の代理権が消滅した後にその者が為した無権代理行為につき，民法第 112 条の表見代理が成立するためには，代理権が消滅する前にその代理人が当該本人を代理して相手方と取引行為をしたことがあることを要する。

(オ) 本人が無権代理人を相続した場合であっても，無権代理行為の追認を拒絶したときには，本人は無権代理人が相手方に対して負うべき履行又は損害賠償の債務を相続することはない。

(1)　1 個　　(2)　2 個　　(3)　3 個　　(4)　4 個　　(5)　5 個

学習記録	／	／	／	／	／	／	／	／	／

重要度　A	知識型	要 *Check!*	正解　(2)

(ア)　誤　　代理人が自己又は第三者の利益を図る目的で代理権の範囲内の行為をした場合において，相手方がその目的を知り，又は知ることができたとき（相手方が悪意・有過失の場合）は，その行為は，代理権を有しない者がした行為とみなされる（107）。したがって，相手方が代理人の意図を知らず，かつ知らなかったことにつき重大な過失がなかったときに限り，本人は責任を負うとしている点で，本肢は誤っている。

(イ)　正　　表見代理の要件と無権代理の要件の両者が存する場合，相手方は前者の主張をしないで，117 条による無権代理人の責任を問うことができるが，その際，無権代理人は，表見代理が成立することを主張・立証して自己の責任を免れることはできないとするのが判例である（最判昭 62.7.7）。表見代理制度は，あくまで相手方の保護を目的とする制度であるからである。

(ウ)　正　　761 条から，夫婦の日常家事債務については夫婦が相互に他方を代理する権限を有するものと解されている。そこで，夫婦の一方が日常の家事に関する代理権の範囲を越えて第三者と法律行為をした場合において，このような代理権の存在を基礎として 110 条の表見代理の成立が肯定され得るかが問題となる。判例は，このような場合にその代理権の存在を基礎として広く一般的に同条の表見代理の成立を肯定することは夫婦の財産的独立を損なうことを理由に否定する。ただし，当該越権行為の相手方である第三者においてその行為が当該夫婦の日常の家事に関する法律行為の範囲内に属すると信ずるにつき正当の理由があるときには，110 条の趣旨を類推適用することにより第三者は保護される（最判昭 44.12.18）。

(エ)　誤　　112 条の表見代理が成立するためには，相手方が代理権の消滅する前に，代理人と取引したことがあることを要するものではなく，それは相手方の善意・無過失を認定する一資料にすぎないと解するのが判例である（最判昭 44.7.25）。

(オ)　誤　　本人が無権代理人を相続した場合については，本人が本人たる地位に基づき，追認を拒絶することは何ら信義則に反することはない。そこで，本人が追認を拒絶した場合において，相手方が善意・無過失のとき，無権代理人の地位を相続した者として（896），本人は，117 条の無権代理人の責任（履行責任又は損害賠償責任）を負うべきかが問題となる。この点につき，判例は，無権代理により連帯保証した者を本人が相続した事案につき，「民法 117 条による無権代理人の債務が相続の対象となることは明らかであって，このことは本人が無権代理人を相続した場合でも異ならないから，本人は相続により無権代理人の右債務を承継するのであり，本人として無権代理行為の追認を拒絶できる地位にあったからといって右債務を免れることはできない」と解している（最判昭 48.7.3）。取引の安全（相手方の保護）を考慮したものと解される。

以上から，正しいものは(イ)(ウ)の２個であり，正解は(2)となる。

7−6(7−4)　無権代理及び表見代理

Ａは，何らの権限もないのに，Ｂの代理人と称して，Ｃとの間にＢ所有の不動産を売り渡す契約を締結した。この場合におけるＢの追認に関する次の記述のうち，正しいものの組合せは，後記⑴から⑸までのうちどれか。(改)

㈠ ＣがＢに対して相当の期間内にＡの行為につき追認をするか否かを確答すべき旨の催告をした場合において，Ｂがその期間内に確答をしなかったときは，Ｂが追認をしたものとみなされる。

(イ) ＡＣ間の売買が錯誤によって取り消すことができるときは，Ｂは，Ａの無権代理行為を追認することができない。

(ウ) ＢがＡに対して追認する意思表示をした場合において，Ｃがこれを知らなかったときは，ＣはＡに対して，無権代理行為を取り消すことができる。

(エ) ＡＣ間の売買が合意されたときにＡの無権限を知らなかったＣがこれを取り消した後においては，Ｂは追認をすることができない。

(オ) ＢがＣに対して追認をする意思表示をした場合において，契約の効力が発生する時期について別段の意思表示がされなかったときは，契約の効力は追認した時から生じる。

(1)　(ア)(ウ)　　(2)　(ア)(オ)　　(3)　(イ)(エ)　　(4)　(イ)(オ)　　(5)　(ウ)(エ)

学習記録	／	／	／	／	／	／	／	／	／

重要度　A	知識型	要 *Check!*		正解　(5)

(ア)　誤　　無権代理の相手方が本人に対し，相当の期間を定めて催告した場合において，本人がその期間内に確答をしなかった場合には，本人は追認を拒絶したものとみなされる（114後段）。本人は追認する意思を有していないのが通常だからである。

(イ)　誤　　無権代理の本人による追認は，無権代理人に代理権があったのと同様の効果を生じさせるものにすぎず，代理行為の瑕疵までも治癒するものではない。したがって，無権代理行為に錯誤があっても追認することは可能である。なお，本人が追認をした後の法律関係は，代理行為に瑕疵があった場合と同様の関係になる。すなわち，代理において代理行為の瑕疵の有無は代理人について決するので（101Ⅰ），代理人に錯誤がある場合には代理行為は取り消すことができ，本人はその取消しを主張することができる。

(ウ)　正　　無権代理の本人は，相手方又は無権代理人のいずれに対しても追認をすることができる（113Ⅰ）が，相手方がそれを知らない間は，相手方に対抗することができない（113Ⅱ，最判昭47.12.22）。したがって，相手方は，本人が代理人に対し追認したとしても，それを知らない間は，なお追認がなかったものとして取消権を行使できる（115本文）。

(エ)　正　　無権代理の相手方は，本人が追認又は追認拒絶をするまでの間，不安定な地位に置かれる。そこで法は，不安定な状態から相手方を救うために，催告権（114）・取消権（115）を認めている。このような趣旨から，相手方が取消権を行使した後は確定的に無効となり，本人は追認をすることができない。

(オ)　誤　　追認の効果は，別段の意思表示がない限り，追認の時からでなく，契約の時にさかのぼって効力が生じる（116本文）。

以上から，正しいものは(ウ)(エ)であり，正解は(5)となる。

7-7(8-3)　無権代理及び表見代理

「無権代理人が本人を他の相続人と共同に相続した場合において，無権代理行為を追認する権利は，その性質上，相続人全員に不可分的に帰属するところ，無権代理行為の追認は，本人に対して効力を生じていなかった法律行為を本人に対する関係において有効なものにするという効果を生じさせるものであるから，共同相続人が共同してこれを行使しない限り，無権代理行為が有効となるものではない」という見解と明らかに矛盾する見解は次のうちどれか。

⑴　無権代理人が本人を相続したときは，無権代理人としての資格と本人の相続人としての資格が融合し，無権代理行為は無権代理人の相続分の限度において有効となる。

⑵　無権代理行為の追認は，共同相続人に準共有されている追認権又は追認拒絶権の処分に当たる。

⑶　共同相続人のうち無権代理人を除くその他の相続人全員が追認した場合，無権代理人が追認を拒絶することは，信義則上許されない。

⑷　無権代理人以外の共同相続人の一人が追認を拒絶した場合であっても，相手方は無権代理人に対し，無権代理人としての責任を追及できる。

⑸　共同相続人の全員が追認をした場合には，相手方は無権代理人の責任を追及することができない。

学習記録	／	／	／	／	／	／	／	／	／

重要度　A　**推論型**　**要 *Check!***　　**正解　(1)**

(1)　明らかに矛盾する　　設問の見解（最判平5.1.21）は，本人の死亡により，本人の追認権は共同相続人全員に不可分的に帰属するから，共同相続人全員が共同して行使しない限り無権代理行為が有効となるものではないとしている。これに対して，本肢は，無権代理行為は共同相続人中の無権代理人の相続分の限度で有効となるとしているので，設問の見解とは明らかに矛盾している。

(2)　矛盾しない　　所有権以外の財産権を数人で有する場合には，共有に関する規定が準用される（264，準共有）。したがって，共同相続人に準共有されている追認権又は追認拒絶権の処分については共有物の変更に関する規定（251）が準用されることになり，共同相続人全員が共同してのみ行使することができることになる。したがって，設問の見解とは矛盾しない。

(3)　矛盾しない　　共同相続人中無権代理人以外の他の相続人が追認したときに，無権代理人が信義則上追認を拒絶することは許されるかという問題と，無権代理行為の追認は共同相続人が共同してのみ行使し得るという考え方は，直接関係をもつものではなく，設問の見解と本肢の見解とが明らかに矛盾するものであるとはいえない。

(4)　矛盾しない　　設問の見解は，無権代理行為の追認は共同相続人全員が共同して行使しなければ有効とはならないとしているから，本肢のように，無権代理人以外の共同相続人の一人が追認を拒絶すれば無権代理行為は有効とはならず，相手方は無権代理人の責任を追及することができる（117 I）。したがって，設問の見解とは矛盾しない。

(5)　矛盾しない　　共同相続人の全員が追認をすれば，無権代理行為は初めから有効だったことに確定し（116），無権代理人の責任を追及することができなくなるという本肢の見解は，設問の見解に立った上で追認した結果についてのものであるから，設問の見解とは矛盾しない。

7-8(9-3)　無権代理及び表見代理

無権代理人がした契約の追認に関する次の記述のうち，正しいものはどれか。

(1)　本人が無権代理人に対して契約を追認した場合でも，相手方は，その追認があったことを知らないときは，無権代理であることを理由として契約を取り消すことができる。

(2)　本人は，無権代理人が本人の利益を図る意思で契約した場合に限り，契約を追認することができる。

(3)　相手方が本人に対して相当の期間を定めて契約を追認するか否かを催告したが，応答のないままその期間が経過した場合，本人は，契約を追認したものとみなされる。

(4)　本人は，契約を遡及的に有効とするか，将来に向かってのみ有効とするかを選択して，契約を追認することができる。

(5)　本人は，契約の追認を拒絶した後でも，改めて契約を追認することができる。

学習記録	／	／	／	／	／	／	／	／	／

重要度　A　知識型　要 *Check!*　　**正解　(1)**

⑴　正　　追認は相手方のある単独行為である。その相手方は無権代理人でも代理行為の相手方でもよいが，無権代理人に対して追認した場合は，相手方が追認を知らないと相手方に対しては追認の効果を主張できない(113Ⅱ)。したがって，無権代理人に対して追認の意思表示がされた場合，相手方は，追認を知らない限りなお無権代理であることを理由として契約を取り消すことができる(115)。

⑵　誤　　追認は，代理権なくしてされた代理行為の効果を法的に自己に帰属させることを内容とする意思表示であって，代理行為が本人の利益を図る意図でされたか否かという経済的な事情は，別段要件として要求されない。したがって，無権代理人が本人の利益を図る意思で契約した場合でなくても，本人は追認することができる。

⑶　誤　　無権代理行為がされた場合において，相手方の相当の期間を定めた催告にもかかわらず本人がその期間内に確答をしないときは，追認拒絶が擬制される（114後段）のであって，追認が擬制されるものではない。

⑷　誤　　116条は，追認は「別段の意思表示がないときは，契約の時にさかのぼってその効力を生ずる」と規定する。問題はここにいう「別段の意思表示」とは本人の意思表示のみでよいのか，それとも相手方との合意も必要とするのかであるが，一般に後者と解されている。したがって，本人の一方的意思のみによって，遡及的に有効とするか，将来に向かってのみ有効とするかを選択することはできない。

⑸　誤　　本人が追認を拒絶すると，代理行為の効果は本人に帰属しないことに確定する。したがって，その後本人が改めて追認の意思表示をしても，もはや追認の効果は生じない。

7−9(10−2)　無権代理及び表見代理

無権代理と表見代理との関係について，「無権代理人の責任の要件と表見代理の要件がともに存在する場合においても，表見代理の主張をすると否とは相手方の自由であると解すべきであるから，相手方は，表見代理の主張をしないで，直ちに無権代理人に対し民法117条の責任を問うことができ，この場合には，無権代理人は，表見代理が成立することを抗弁として主張することはできない。」という見解がある。次の(ア)から(オ)までの記述のうち，この見解の根拠となり得ないものの組合せは，後記(1)から(5)までのうちどれか。

(ア)　表見代理は，善意の相手方を保護するための制度である。

(イ)　表見代理が成立する場合には，相手方は，有権代理が成立した場合と同様の効果を収めることができる。

(ウ)　表見代理の立証は，一般に困難である場合が少なくない。

(エ)　無権代理人は，自ら代理権なく代理行為をしたものである。

(オ)　無権代理人の責任は，表見代理によっては保護を受けることのできない相手方を救済するためのものである。

(1)　(ア)(ウ)　　(2)　(ア)(エ)　　(3)　(イ)(ウ)　　(4)　(イ)(オ)　　(5)　(エ)(オ)

学習記録	／	／	／	／	／	／	／	／	／

重要度 A　**推論型**　**要 *Check!***　　**正解　(4)**

表見代理の要件と117条（無権代理人の責任）の要件の双方を満たす場合に，相手方が表見代理の主張をすることなく117条の責任を選択し主張することが許されるかの問題については，肯定説（自由選択説）と否定説（表見代理優先説）とが対立するところである。設問の見解は，自由選択説をとる最判昭62.7.7の判旨の一部である。

(ア)　根拠となり得る　　本肢の「表見代理は，善意の相手方を保護するための制度である」という観点からは，表見代理の主張をするか否かは保護を受ける相手方の自由意思に任されるべきであり，また相手方が表見代理による保護を欲することなくあえて117条の責任を追及するのであれば，その意思を尊重すべきであり，無権代理人が表見代理の成立を抗弁として主張することはできないこととなる。よって，本肢の記述は設問見解の根拠となり得る。

(イ)　根拠となり得ない　　本肢の「表見代理が成立する場合には，相手方は，有権代理が成立した場合と同様の効果を収めることができる」という観点からは，表見代理が成立する場合，相手方は期待していた法律効果を得ることができるのだから，その保護としてはそれだけで十分であり，これに加えて相手方に117条の主張を認める必要性はないことになる。すなわち，本肢の記述は，表見代理の要件が満たされる場合に相手方が表見代理の主張をすることなく117条の責任を選択して主張することを許容すべき必要性を否定するものといえる。よって，本肢の記述は，このような選択を許容すべきであると主張する設問見解の根拠とはなり得ない。

(ウ)　根拠となり得る　　本肢のように「表見代理の立証」が「一般に困難」であるとすれば，表見代理による本人への請求のみを認めるのでは，相手方の救済として不十分であり，相手方の保護のためには117条の責任を選択的に主張することを認める必要性が出てくる。よって，本肢の記述は自由選択説をとるべきことの必要性を述べるものであるから，設問見解の根拠となり得る。

(エ)　根拠となり得る　　自由選択説に対しては，表見代理優先説から，“相手方に表見代理と無権代理人の責任との選択的主張を認めると，その保護に厚すぎる”との批判がされ，これに対しては，自由選択説より，“たとえ相手方の保護が厚くなったとしても，別段何人をも不当に犠牲にした上でのことではないから，問題はない”と反論する。本肢の指摘する「無権代理人は，自ら代理権なく代理行為をした」という事情は，無権代理人には117条の責任を追及されても仕方のない事情があるという指摘であり，別段何人をも不当に犠牲にした上でのことではないとする自由選択説の反論を根拠付けるものである。よって，本肢の記述は自由選択説をとる設問見解の根拠となり得る。

(オ)　根拠となり得ない　　本肢の「無権代理人の責任は，表見代理によっては保護を受けることのできない相手方を救済するためのものである」との理解は，無権代理人の責任を表見代理不成立の場合の補充的制度ととらえるものである。このような補充的性格を認めるということは表見代理と無権代理人の責任との選択的主張を否定することであり，まさに両者の要件をともに満たす場合には表見代理を優先的に適用すべきとする説の理解そのものといえる。よって本肢の記述は，表見代理が成立する限り117条の主張を認めない表見代理優先説の論拠であり，自由選択説をとる設問見解の根拠とはなり得ない。

以上から，設問見解の根拠となり得ないものは(イ)(オ)であり，正解は(4)となる。

MEMO

7−10(13−3)　無権代理及び表見代理

Ａが，実父Ｂを代理する権限がないのに，Ｂの代理人と称してＣから金員を借り受けた。この事例に関する次の(ア)から(オ)までの記述のうち，判例の趣旨に照らして正しいものの組合せは，後記(1)から(5)までのうちどれか。なお，Ｃには，Ａに代理権がないことを知らなかったことに過失があるものとする。

(ア)　Ｂが死亡し，ＡがＢを単独で相続した場合，Ｃは，Ａに対し，貸金の返還を請求することができる。

(イ)　Ａが死亡し，ＢがＡを単独で相続した場合，Ｃは，Ｂに対し，貸金の返還を請求することができる。

(ウ)　Ｂが死亡し，ＡがＢの子Ｄと共にＢを相続した場合，Ｄが無権代理行為の追認を拒絶しているとしても，Ｃは，Ａに対し，Ａの相続分の限度で貸金の返還を請求することができる。

(エ)　Ｂが死亡し，ＡがＢの子Ｄと共にＢを相続した場合，Ｄが無権代理行為を追認したときは，Ｃは，Ａ及びＤに対し，貸金の返還を請求することができる。

(オ)　Ｂが無権代理行為の追認を拒絶した後に死亡し，ＡがＢを単独で相続した場合，Ｃは，Ａに対し，貸金の返還を請求することができる。

(1)　(ア)(ウ)　　(2)　(ア)(エ)　　(3)　(イ)(エ)　　(4)　(イ)(オ)　　(5)　(ウ)(オ)

学習記録	／	／	／	／	／	／	／	／	／

重要度 A	知識型	要 *Check!*	正解 (2)

(ア) 正　　無権代理人が，本人を単独相続した場合，本人が自ら法律行為をしたのと同様な法律上の地位を生じたものと扱われる(最判昭40.6.18)。したがって，Aによる無権代理の瑕疵は治癒され，Cは，Aに対し，貸金の返還を請求することができる。

(イ) 誤　　本人が無権代理人を相続した場合は，相続人たる本人が被相続人の無権代理行為の追認を拒絶しても，何ら信義則に反するところはないから，被相続人の無権代理行為は一般に本人の相続により当然有効となるものではない(最判昭37.4.20)。したがって，本人Bは，Aの無権代理行為の追認を拒絶することができる。また，本人が無権代理人を相続する場合，117条の要件が満たされていれば，本人は無権代理人の責任を承継することになるが（896本文，最判昭48.7.3)，本肢では，Cには，Aに代理権がないことを知らなかったことに過失があるので，無権代理人の責任は発生せず（117Ⅱ②)，Bがこの責任を承継することもない。よって，Cは，BがAの無権代理行為を追認しない限り(113Ⅰ)，Bに対し，貸金の返還を請求することができない。

(ウ) 誤　　無権代理人が本人を他の共同相続人とともに相続した場合は，他の共同相続人全員の追認がない限り，無権代理行為は，無権代理人の相続分に相当する部分においても当然に有効となるものではない。追認権は，性質上共同相続人に不可分的に帰属し，全員が共同して行使しなければならないからである(最判平5.1.21)。本肢では，共同相続人Dが無権代理行為の追認を拒絶している以上，Cは，Aに対し，Aの相続分の限度であっても貸金の返還を請求することができない。

(エ) 正　　無権代理人が本人を他の共同相続人とともに相続した場合において，他の共同相続人全員が無権代理行為の追認をしている場合に無権代理人が追認を拒絶することは信義則上許されない（前掲最判平5.1.21)。本肢では，共同相続人Dが無権代理行為を追認しているから，無権代理人Aは，信義則上追認拒絶できない。したがって，金銭消費貸借契約は，A及びDに有効に効果帰属し（113Ⅰ)，Cは，A及びDに対し，貸金の返還を請求することができる。

(オ) 誤　　本人が無権代理行為の追認を拒絶した場合には，その後に無権代理人が本人を相続したとしても，無権代理行為が有効になるものではない（最判平10.7.17)。本人の追認拒絶により，無権代理の効果は本人に帰属しないことに確定し，その後は，本人であっても追認により有効とすることはできないからである。本肢では，本人Bが無権代理行為の追認を拒絶した後に死亡している。したがって，金銭消費貸借契約は無効に確定しており，無権代理人AがBを単独で相続したとしても，Cは，Aに対し，貸金の返還を請求することができない。なお，過失のあるCは，無権代理人の履行責任の追及としても，Aに対し貸金の返還を請求することができない（117Ⅱ②，(イ)の解説参照)。

以上から，正しいものは(ア)(エ)であり，正解は(2)となる。

7-11(14-2)　無権代理及び表見代理

Ａは，代理権がないにもかかわらず，Ｂのためにすることを示して，Ｃとの間でＢ所有の甲土地を売却する旨の契約（以下「本件売買契約」という。）を締結した。この事例に関する次の(ア)から(オ)までの記述のうち，判例の趣旨に照らして誤っているものの組合せは，後記(1)から(5)までのうちどれか。

(ア)　Ｂは，Ａから甲土地の売買代金の一部を受領した。この場合，Ｂは，Ａの無権代理行為を追認したものとみなされる。

(イ)　Ｃは，Ｂに対し，本件売買契約を取り消すとの意思表示をした。この場合，Ｃは，Ａに対し，無権代理人としての責任を追及して本件売買契約の履行を求めることができる。

(ウ)　ＣがＡに対し，無権代理人としての責任を追及した。この場合，Ａは，自己の代理行為につき表見代理が成立することを主張して無権代理人としての責任を免れることができる。

(エ)　Ｃは，本件売買契約を締結したときに，Ａに代理権がないことを知っていた。この場合，Ｃは，本件売買契約を取り消すことはできない。

(オ)　Ｃは，Ａに対し，無権代理人の責任に基づく損害賠償を請求した。この場合，Ｃは，甲土地を転売することによって得られるはずであった利益に相当する額を請求することができる。

(1)　(ア)(エ)　　(2)　(ア)(オ)　　(3)　(イ)(ウ)　　(4)　(イ)(エ)　　(5)　(ウ)(オ)

学習記録	／	／	／	／	／	／	／	／	／

重要度 A	知識型	要 *Check!*	正解 (3)

(ア) 誤　　追認したものとみなすとする125条（法定追認）は，無権代理には類推適用されない（最判昭54.12.14)。したがって，追認したものとみなされるわけではない。

(イ) 誤　　無権代理による契約を取り消した相手方は，無権代理人としての責任（117）を追及することはできない。相手方が取消権を行使すると，そもそも無権代理行為による契約がなかったことになるからである。

(ウ) 誤　　無権代理人の責任は表見代理の成立しない場合における補充的な責任ではなく，両者は互いに独立した制度であり，相手方は，無権代理行為が表見代理の成立要件を満たしている場合でも，表見代理の成立を主張せずに，無権代理人に対してその責任を追及することができる。その場合，無権代理人は，表見代理の成立を主張して，無権代理人としての責任を免れることはできない（最判昭62.7.7)。

(エ) 正　　契約当時において代理権のないことを知っている相手方は，無権代理による契約を取り消すことはできない（115但書)。取消権を認めた趣旨は，不安定な地位に置かれる相手方を保護することにあるので，代理権のないことを知っている相手方まで保護する必要はないからである。

(オ) 正　　無権代理人の責任の内容である損害賠償責任（117 I）は，履行利益（契約が履行されたならば債権者が得られたであろう利益）の賠償を意味する（最判昭32.12.5)。そして，買主が目的物を転売することによって得られる利益は履行利益に当たるから，相手方Cは，無権代理人Aに対して，甲土地の転売利益相当額の損害賠償を請求することができる。

以上から，誤っているものは(ア)(イ)(ウ)であり，これらのうち(イ)(ウ)を含む(3)が正解となる。

7−12(15−6)　無権代理及び表見代理

次の二つの事例に関する下記(ア)から(オ)までの記述のうち，判例の趣旨に照らし二つの事例の双方に当てはまるものの組合せは，後記(1)から(5)までのうちどれか。

事例Ⅰ　Ａは，Ｂの承諾を得ないで，Ｂのためにすることを示して，Ｂ所有の絵画をＣに売却した。
事例Ⅱ　Ａは，Ｂの承諾を得ないで，自己のものであるとして，Ｂ所有の絵画をＣに売却した。

(ア)　ＣがＡの無権限について善意かつ無過失の場合，Ｃは，絵画を即時取得することができる。

(イ)　ＢがＣに対して追認をすると，Ｃは，売却時にさかのぼって絵画の所有権を取得することになる。

(ウ)　ＢがＡを相続した場合において，ＣがＡの無権限について悪意のときは，Ｂは，絵画の引渡義務の履行を拒むことができる。

(エ)　Ａが絵画の所有権をＣに移転することができなかった場合において，ＣがＡの無権限について悪意のときは，Ｃは，Ａに対し，売買契約の債務不履行に基づく損害賠償請求をすることはできない。

(オ)　Ａは，自分が無権限であることについて善意である場合において，絵画の所有権をＣに移転することができないときは，Ｃとの売買契約を解除することができる。

(1)　(ア)(イ)　(2)　(ア)(エ)　(3)　(イ)(ウ)　(4)　(ウ)(オ)　(5)　(エ)(オ)

学習記録	／	／	／	／	／	／	／	／	／

重要度　A	知識型	要 *Check!*

正解　(3)

(ア)　事例Ⅱにのみ当てはまる　　事例Ⅰは無権代理行為の事例であり，無権代理には即時取得（192）の適用はない。無権代理は取引行為そのものに瑕疵があるため，前主の占有に対する信頼を保護する公信力の問題ではないからである。それゆえ，事例Ⅰの場合，Cは，Aの無権限について善意かつ無過失であっても，絵画を即時取得することはできない。これに対して，事例Ⅱは無権利者による処分行為の事例（他人物売買）であるから，Cは，Aの無権限について善意かつ無過失であるときは，絵画を即時取得することができる。したがって，本肢は，事例Ⅱにのみ当てはまる。

(イ)　双方の事例に当てはまる　　無権代理行為（事例Ⅰ）を本人が追認した場合，その効力は契約時にさかのぼって生じる（116）。また，116条は，無権利者のした処分行為（事例Ⅱ）を真の権利者が追認した場合にも類推適用される（最判昭37.8.10）。他人物の処分と無権代理人による処分は社会的事実として区別しがたいからである。それゆえ，双方の事例において，BがCに対して追認すると，Cは，売却時にさかのぼって絵画の所有権を取得する。したがって，本肢は，双方の事例に当てはまる。

(ウ)　双方の事例に当てはまる　　無権代理行為（事例Ⅰ）において，本人が無権代理人を相続した場合，本人は無権代理行為の追認を拒絶することができる（最判昭37.4.20）。相続人である本人が被相続人の無権代理行為の追認を拒絶しても，信義則（１Ⅱ）に反することはないからである。一方，無権代理人の責任について，Cが，Aに代理権がないことについて悪意であるため，責任を負わないことになる（117Ⅱ①）。また，無権利者のした処分行為（事例Ⅱ）において，真の権利者が無権利者を相続した場合も，真の権利者は，相続前と同様，その権利の移転につき諾否の自由を保有し，信義則に反する特別の事情のない限り，売買契約上の売主としての履行義務を拒絶することができる（最判昭49.9.4）。他人物の処分と無権代理人による処分は社会的事実として区別し難いからである。それゆえ，双方の事例において，BがAを相続した場合において，CがAの無権限について悪意のときは，Bは，絵画の引渡義務の履行を拒むことができる。したがって，本肢は，双方の事例に当てはまる。

(エ)　事例Ⅰにのみ当てはまる　　無権代理（事例Ⅰ）の場合，無権代理人と相手方は契約の当事者ではない（契約の当事者は本人と相手方である）から，Aが絵画の所有権をCに移転することができなかった場合でも，Cは，Aに対して，売買契約の債務不履行に基づく損害賠償請求をすることはできない。これに対し，他人物売買（事例Ⅱ）の場合，目的物の所有権を買主に移転させることができなかった点について売主に帰責事由があるときは，買主が悪意であっても，債務不履行に基づく損害賠償請求をすることができる（561・415）。それゆえ，事例Ⅱの場合，Ａが絵画の所有権をＣに移転することができなかった場合において，ＣがＡの無権限について悪意のときであっても，Ｃは，Ａに対して，売買契約の債務不履行に基づく損害賠償請求をすることができる場合がある。したがって，本肢は，事例Ⅰにのみ当てはまる。

(オ)　双方の事例にあてはまらない　　無権代理人（事例Ⅰ）には，無権代理行為の解除権は認められていないので，Ａは，自分が無権限であることについて善意である場合でも，絵画の所有権をＣに移転することができないときに，Ｃとの売買契約を解除することはできない。また，他人物売買の善意の売主（事例Ⅱ）についても，善意の売主の解除権は否定されている。したがって，Ａは，自分が無権限であることについて善意である場合でも，絵画の所有権をＣに移転することができないときに，Ｃとの売買契約を解除することはできない。よって，本肢は，双方の事例に当てはまらない。

以上から，二つの事例の双方に当てはまるものは(イ)(ウ)であり，正解は(3)となる。

MEMO

7−13(17−5)　無権代理及び表見代理

表見代理が成立する場合においても無権代理人の責任に関する規定が適用されるか否かについては,適用を肯定する見解（甲説）と適用を否定する見解（乙説）とがある。次の㋐から㋔までの記述のうち,「この見解」が甲説を指すものの組合せは，後記⑴から⑸までのうちどれか。

㋐　この見解は，本人及び無権代理人のいずれについても無権代理行為の相手方からの責任の追及を免れさせる理由がないと考えられることをその根拠とする。

㋑　この見解は，無権代理人の責任を，表見代理が成立しない場合の補充的責任であると位置付ける。

㋒　この見解は，無権代理行為の相手方に対して，有権代理の場合以上の保護を与える必要はないと考えられることをその根拠とする。

㋓　この見解に対しては，表見代理が成立する場合において紛争を最終的に解決するためには，無権代理行為の相手方が本人に対し，さらには，本人が無権代理人に対し，それぞれ訴えを提起しなければならなくなり，紛争の解決方法としてう遠であるとの指摘がある。

㋔　この見解は，表見代理が成立するか否かは不確実であるから，無権代理行為の相手方が本人に対して常に表見代理の主張をしなければならないとすると，無権代理行為の相手方に過大な負担を課すことになることをその根拠とする。

⑴　㋐㋓　　⑵　㋐㋔　　⑶　㋑㋒　　⑷　㋑㋓　　⑸　㋒㋔

学習記録	／	／	／	／	／	／	／	／	／

重要度 A　**推論型**　**要 *Check!***　　**正解　(2)**

表見代理が成立する場合においても無権代理人の責任に関する規定が適用されるかについて，相手方は表見代理の責任追及と無権代理人の責任追及を選択的に主張することができ，無権代理人の責任に関する規定が適用されるとする見解（甲説）（最判昭 33.6.17）と，表見代理が成立する場合，無権代理人の責任を追及することができない，すなわち，無権代理人の責任に関する規定が適用されないとする見解（乙説）とがある。

(ア)　甲説を指す　　本肢は，本人及び無権代理人のいずれについても無権代理行為の相手方からの責任追及を免れさせる理由がないことを根拠とするものであり，本人，無権代理人のいずれに対しても，相手方からの責任追及を認めるべきとする見解である。したがって，「この見解」は，相手方は表見代理の責任追及と無権代理人の責任追及を選択的に主張することができ，無権代理人の責任に関する規定が適用されるとする甲説を指す。

(イ)　乙説を指す　　本肢は，無権代理人の責任を，表見代理が成立しない場合の補充的責任であると位置付けるものであるため，表見代理が成立することを前提とする本問においては，無権代理人の責任は認められないことになる。したがって，「この見解」は，無権代理人の責任に関する規定が適用されないとする乙説を指す。

(ウ)　乙説を指す　　本肢は，無権代理の相手方に対して，有権代理の場合以上の保護を与える必要はないとすることを根拠としている。そして，有権代理の場合は，代理人は無権代理人ではないため，無権代理人の責任に関する規定は適用されない。とすると，無権代理の場合も，有権代理の場合に認められていない無権代理人の責任に関する規定を適用して相手方を保護する必要はないと考えられる。したがって，「この見解」は，無権代理人の責任に関する規定が適用されないとする乙説を指す。

(エ)　乙説を指す　　本肢は，表見代理が成立する場合には，紛争を最終的に解決するためには，無権代理行為の相手方が本人に対し，さらには，本人が無権代理人に対してそれぞれ訴えを提起しなければならなくなるとしており，このように処理することになるのは，無権代理行為の相手方が直接無権代理人に対して責任追及することができない場合である。したがって，「この見解」は，無権代理人の責任に関する規定が適用されないとする乙説を指す。

(オ)　甲説を指す　　本肢は，無権代理行為の相手方が本人に対して常に表見代理の主張をしなければならないとすると，相手方に過大な負担を課すことになるとしている。相手方が本人に対して常に表見代理の主張をしなければならないとするのは，相手方が無権代理人に対して責任追及することができないとする乙説からの帰結であり，本肢の見解は，その不都合性に対する批判を自説の根拠としている。したがって，「この見解」は，無権代理人の責任に関する規定が適用されるとする甲説を指す。

以上から，「この見解」が甲説を指すものは(ア)(オ)であり，正解は(2)となる。

MEMO

7−14(20−6)　無権代理及び表見代理

次の記述は，無権代理と相続に関する教授と学生との対話である。教授の質問に対する次の(ア)から(オ)までの学生の解答のうち，判例の趣旨に照らし誤っているものの組合せは，後記(1)から(5)までのうちどれか。

教授：　無権代理人Ａが，父親Ｂを代理して，第三者Ｃに対し，Ｂ所有の不動産を売り渡したという事例を前提として，無権代理と相続について考えてみましょう。

まず，Ｂが追認も追認拒絶もしないまま死亡し，ＡがＢを単独相続した場合，ＢＣ間の売買契約の効力はどうなりますか。

学生：(ア)　この場合，無権代理人が本人の地位を単独相続し，本人と無権代理人の地位が同一に帰するに至っていますので，ＢＣ間の売買契約は当然に有効になります。

教授：　Ｂが，死亡する前に，Ｃに対してＡの無権代理行為の追認を拒絶していた場合には，どうなりますか。

学生：(イ)　無権代理人がした行為は，本人が追認を拒絶すれば無権代理行為の効力が本人に及ばないことが確定しますので，本人であるＢが無権代理行為の追認を拒絶した場合には，その後に無権代理人であるＡが本人であるＢを相続したとしても，ＢＣ間の売買契約は当然に有効になるものではありません。

教授：　それでは，Ｂが追認も追認拒絶もしないまま死亡し，Ｂの子であるＡ，Ｄ及びＥが共同相続をした場合には，どうなるでしょうか。

学生：(ウ)　この場合，無権代理人が本人の地位を共同相続した場合ですので，他の共同相続人全員が共同して無権代理行為を追認しない限り，無権代理人の相続分に相当する部分においても，ＢＣ間の売買契約は当然に有効となるものではありません。

教授：　では，Ａが死亡してＢがＡを単独で相続した場合は，どうでしょうか。

学生：(エ)　この場合，無権代理人の地位を相続した本人が無権代理行為の追認を拒絶しても，何ら信義に反するところはありませんから，ＢＣ間の売買契約は当然に有効となるものではありません。また，ＢがＡの民法第117条による無権代理人の責任を相続することもありません。

教授：　では，Ａが死亡し，Ｂ及びＡの母親Ｆが共同相続した後，Ｂが追認も追認拒絶もしないまま死亡し，ＦがＢを単独相続した場合は，どうでしょうか。

学生：(オ)　この場合，無権代理人の地位を本人と共に相続した者が，さらに本人の地位を相続していますが，その者は，自ら無権代理行為をしたわけではありませんから，無権代理行為を追認することを拒絶しても，何ら信義に反するところはないため，ＢＣ間の売買契約は当然に有効となるものではありません。

(1)　(ア)(イ)　　(2)　(ア)(オ)　　(3)　(イ)(ウ)　　(4)　(ウ)(エ)　　(5)　(エ)(オ)

学習記録	／	／	／	／	／	／	／	／	／

MEMO

重要度　A	知識型	要 *Check!*	正解　(5)

(ア)　正　　本人が死亡し，無権代理人が本人の地位を単独相続した場合には，本人が自ら法律行為をしたのと同様の法律上の地位を生ずる（最判昭 40.6.18）。なぜなら，本人と無権代理人の地位が相続により一体となり，追認があったのと同様に無権代理が治癒されるからである。したがって，ＡがＢを単独相続した場合，ＢＣ間の売買契約は当然に有効になる。

(イ)　正　　無権代理人がした行為は，本人が追認を拒絶すれば無権代理行為の効力が本人に及ばないことが確定し，その後に無権代理人が本人を相続しても追認拒絶の効果に何らの影響も及ぼさない（最判平 10.7.17）。なぜなら，本人の追認拒絶により，無権代理の効果は本人に帰属しないことに確定し，その後は，本人であっても追認により有効とすることはできないからである。したがって，本人Ｂが無権代理行為の追認を拒絶した場合は，その後に無権代理人Ａが本人であるＢを相続しても，ＢＣ間の売買契約は当然に有効にはならない。

(ウ)　正　　無権代理人が本人を他の共同相続人とともに共同相続した場合，他の共同相続人全員が無権代理行為を追認しているのに無権代理人のみが追認を拒絶することは信義則上許されない。しかし，他の共同相続人の全員又は一部が追認をしないときは，無権代理行為は無権代理人の相続分に相当する部分においても，有効とならない（最判平 5.1.21）。なぜなら，無権代理行為を追認する権利は，その性質上相続人全員に不可分的に帰属するからである。

(エ)　誤　　相続人である本人が被相続人の無権代理行為の追認を拒絶しても何ら信義則に反するものではないから，被相続人の無権代理行為は本人の相続により当然有効となるものではない（最判昭 37.4.20）。しかし，無権代理人が 117 条により相手方に債務を負担している場合，本人は相続により無権代理人の債務を承継するのであって，無権代理行為の追認を拒絶できる地位にあったからといって，債務を免れることはできない（最判昭 48.7.3）。したがって，前半は正しいが，本人Ｂが無権代理人Ａの 117 条による無権代理人の責任を相続することがないとする点で，後半は誤っている。

(オ)　誤　　無権代理人を本人とともに相続した者がその後に本人を相続した場合には，当該相続人は本人の資格で無権代理行為の追認を拒絶する余地はなく，本人が自ら法律行為をしたのと同様の地位・効果が生ずる（最判昭 63.3.1）。なぜなら，無権代理人の地位を相続した者が本人の地位を取得した以上，無権代理人が本人を相続した場合と同様と考えられるからである。したがって，ＢＣ間の売買契約は当然に有効となるものではないとする点で，誤っている。

以上から，誤っているものは(エ)(オ)であり，正解は(5)となる。

7－15(23－6)　無権代理及び表見代理

次の対話は，無権代理に関する教授と学生との対話である。教授の質問に対する次の(ア)から(オ)までの学生の解答のうち，判例の趣旨に照らし正しいものの組合せは，後記(1)から(5)までのうちどれか。

教授：　Ａの代理人であると称するＢが，Ｃとの間で，Ａが所有する甲建物の売買契約（以下「本件売買契約」という。）を締結したところ，Ｂが代理権を有していなかったという事例を考えてください。
　この事例において，Ｃは，どのような法的手段をとることが考えられますか。

学生：(ア)　Ｃは，Ａに対して本件売買契約を追認するか否かの催告を行うことができ，また，Ａの追認がない間は，Ｂが代理権を有しないことについてＣが善意か悪意かを問わず，契約を取り消すことができます。

教授：　それでは，事例において，ＢがＣから受け取った売買代金をＡ名義の預金口座に入金し，Ａがこれを認識しながら６か月間そのままにしていたという場合には，Ａは，なお追認を拒絶することができるでしょうか。

学生：(イ)　追認があったかどうかが問題になりますが，黙示の追認がなかったとしても，取り消すことができる行為の法定追認について定めた規定の類推適用により，本件売買契約を追認したものとみなされますので，Ａは，もはや追認を拒絶することができなくなります。

教授：　では，事例において，本件売買契約を締結した後に，Ｂの無権代理によるＣへの甲建物の売却を知らないＤに対してＡが甲建物を売却し，その後，ＡがＢの無権代理行為を追認した場合には，ＣとＤのどちらが甲建物の所有権を取得しますか。

学生：(ウ)　ＡがＢの無権代理行為を追認しても，第三者の権利を害することはできませんので，追認の遡及効は制限され，対抗要件の具備を問うまでもなくＤが所有権を取得します。

教授：　では，事例において，ＢがＡの子であったと仮定し，ＡがＢの無権代理行為の追認を拒絶した後に死亡し，ＢがＡを単独相続した場合は，どうなりますか。

学生：(エ)　Ａが追認を拒絶することにより，Ｂの無権代理による売買契約の効力がＡに及ばないことが確定しますので，その後にＢがＡを相続しても，Ｂは，追認拒絶の効果を主張することができます。

教授：　事例において，Ａが追認を拒絶した場合，Ｃが民法第117条第１項に基づいてＢに対して損害賠償を請求するためには，Ｂに故意又は過失があることを立証する必要がありますか。

学生：(オ)　無権代理人の損害賠償責任の性質は，不法行為責任ではなく，法律が特別に認めた無過失責任であると考えられますので，Ｃは，Ｂの故意又は過失を立証する必要はありません。

（参考）

民法

（無権代理人の責任）

第117条　他人の代理人として契約をした者は，自己の代理権を証明したとき，又は本人の追認を得たときを除き，相手方の選択に従い，相手方に対して履行又は損害賠償の責任を負う。

2　（略）

(1)　(ア)(ウ)　　(2)　(ア)(オ)　　(3)　(イ)(ウ)　　(4)　(イ)(エ)　　(5)　(エ)(オ)

学習記録	／	／	／	／	／	／	／	／	／

MEMO

重要度　A	知識型	要 *Check!*		正解　(5)

⑦　誤　　無権代理人がした契約において，相手方は，本人に対し，相当の期間を定めて，その期間内に追認をするかどうかを確答すべき旨の催告をすることができる（114前段）。また，無権代理人がした契約は，本人が追認をしない間は，善意の相手方は取り消すことができる（115）。よって，Cは，Aに対して本件売買契約を追認するか否かの催告を行うことができるが，Aの追認がない間は，Bが無権代理であることについてCが善意の場合にのみ，契約を取り消すことができる。

(イ)　誤　　125条の法定追認の規定は，無権代理行為の追認には類推適用されない（最判昭54.12.14）。よって，Aは，なお追認を拒絶することができる。なお，追認は黙示に行ってもよく，例えば，無権代理人がした契約の履行を本人が相手方に請求するのは黙示の追認となる（大判大3.10.3）。

(ウ)　誤　　権利の取得を第三者に対抗するために対抗要件の具備が必要とされる権利について無権代理人の行為と第三者の行為が競合する場合は，対抗要件の有無又はその前後によって権利の優劣が決せられ，116条ただし書の適用はない。よって，Aの無権代理人BがCに対してA所有の甲建物を売却した後に，当該事実を知らないDに対してAが甲建物を売却し，その後，AがBの無権代理行為を追認した場合，Dは，対抗要件を具備していなければCに対して所有権取得を主張することができないし，対抗要件を具備していれば177条によりCに対して所有権取得を主張することができる。

(エ)　正　　無権代理人がした行為は，本人が追認を拒絶すれば無権代理行為の効力が本人に及ばないことが確定し，その後に無権代理人が本人を相続しても追認拒絶の効果に何らの影響も及ぼさない（最判平10.7.17）。なぜなら，本人の追認拒絶により，無権代理の効果は本人に帰属しないことが確定し，その後は，本人であっても追認により有効とすることはできないからである。よって，AがBの無権代理行為の追認を拒絶した後に死亡し，その後にBがAを単独相続しても，Bは追認拒絶の効果を主張することができる。

(オ)　正　　無権代理人の責任は，無権代理人が相手方に対し代理権がある旨を表示し又は自己を代理人であると信じさせるような行為をした事実を責任の根拠として，相手方の保護と取引の安全並びに代理制度の信用保持のために，法律が特別に認めた無過失責任である（最判昭62.7.7）。よって，Cは，Bの故意又は過失を立証することを要しない。

以上から，正しいものは(エ)(オ)であり，正解は(5)となる。

7−16(28−5)　無権代理及び表見代理

Ａは，Ｂから代理権を授与されていないにもかかわらず，Ｂの代理人と称して，Ｃとの間でＢ所有の甲土地の売買契約（以下「本件売買契約」という。）を締結した。この事例に関する次の(ア)から(オ)までの記述のうち，判例の趣旨に照らし誤っているものの組合せは，後記(1)から(5)までのうち，どれか。

なお，本件売買契約に関する行為は，商行為には当たらないものとする。

(ア)　本件売買契約の締結後にＢがＡに対して追認をした場合において，追認の事実をＣが知らないときは，これをＣに対抗することができない。

(イ)　本件売買契約の締結後にＣがＢに対し相当の期間内に追認をするかどうかを確答すべき旨の催告をした場合において，Ｂがその期間内に確答をしないときは，Ｂは，本件売買契約に基づく責任を負う。

(ウ)　本件売買契約の締結後にＢが追認を拒絶した場合には，その後にＡがＢを単独で相続したとしても，本件売買契約は有効にならない。

(エ)　本件売買契約の締結後にＡが他の相続人と共にＢを共同相続した場合には，当該他の相続人が追認を拒絶したとしても，Ａの相続分に相当する部分において，本件売買契約は有効になる。

(オ)　本件売買契約の締結後にＡがＢから甲土地の譲渡を受けた場合においても，Ｃは，その選択に従い，Ａに対し，履行の請求又は損害賠償の請求をすることができる。

(1)　(ア)(イ)　(2)　(ア)(オ)　(3)　(イ)(エ)　(4)　(ウ)(エ)　(5)　(ウ)(オ)

学習記録	／	／	／	／	／	／	／	／	／

重要度 A	知識型	要 *Check!*

正解　(3)

(ア) 正　無権代理行為の追認が，無権代理人に対してされた場合には，相手方がその事実を知るまでは，相手方に対して追認したことを主張することはできない（113 Ⅱ）。よって，追認の事実を知らないCに対しては，追認の事実を対抗することはできない。

(イ) 誤　無権代理行為の相手方は，本人に対し，相当の期間を定めて，その期間内に追認をするかどうかを確答すべき旨の催告をすることができる（114 前段）。そして，この場合において，本人がその期間内に確答をしないときは，追認を拒絶したものとみなされる（114 後段）。よって，Bは追認を拒絶したものとみなされるので，本件売買契約に基づく責任は負わない。

(ウ) 正　本人が無権代理行為の追認を拒絶した場合には，その後に無権代理人が本人を相続したとしても，無権代理行為が有効になるものではない（最判平10.7.17）。なぜなら，無権代理人がした行為は，本人がその追認をしなければ本人に対してその効力を生ぜず（113 Ⅰ），本人が追認を拒絶すれば無権代理行為の効力が本人に及ばないことが確定し，追認拒絶の後は本人であっても追認によって無権代理行為を有効とすることができず，追認拒絶の後に無権代理人が本人を相続したとしても，追認拒絶の効果に何ら影響を及ぼすものではないからである（同判例）。よって，本件売買契約の締結後にBが追認を拒絶した場合には，その後にAがBを単独で相続したとしても，本件売買契約は有効にならない。

(エ) 誤　無権代理人が本人を他の相続人とともに共同相続した場合，他の共同相続人全員の追認がない限り，無権代理行為は，無権代理人の相続分に相当する部分においても，当然に有効となるものではない（最判平 5.1.21）。なぜなら，無権代理行為を追認する権利は，その性質上相続人全員に不可分的に帰属するところ，無権代理行為の追認は，本人に対して効力を生じていなかった法律行為を本人に対する関係において有効なものとするという効果を生じさせるものであるから，共同相続人全員が共同してこれを行使しない限り，無権代理行為が有効となるものではないと解すべきであるからである（同判例）。

(オ) 正　無権代理人が本人所有の不動産を売り渡したところ，その後本人から当該不動産の譲渡を受け，その所有権を取得するに至った場合でも，当該無権代理人は，117 条の定めるところにより，相手方の選択に従い履行又は損害賠償の責任を負う（最判昭 41.4.26）。よって，Cは，その選択に従い，Aに対し，履行の請求又は損害賠償の請求をすることができる。

以上から，誤っているものは(イ)(エ)であり，正解は(3)となる。

7−17(R2−5)　無権代理及び表見代理

Ａが，父親Ｂから代理権を授与されていないのに，Ｂの代理人として，第三者との間で，Ｂ所有の甲建物を売る契約（以下「本件売買契約」という。）を締結した。この事例に関する次の(ア)から(オ)までの記述のうち，判例の趣旨に照らし誤っているものの組合せは，後記(1)から(5)までのうち，どれか。

なお，本件売買契約の締結は，商行為に当たらないものとする。

(ア)　本件売買契約の締結後にＢが追認も追認拒絶もしないまま死亡し，ＡがＢを単独で相続した場合には，本件売買契約の効果は，当然にＡに帰属する。

(イ)　本件売買契約の締結後にＢが追認も追認拒絶もしないまま死亡し，Ａが他の相続人Ｃと共にＢを相続した場合には，Ｃが追認しない限り，本件売買契約は，Ａの相続分に相当する部分においても，当然には有効とならない。

(ウ)　本件売買契約の締結後にＡが死亡し，ＢがＡを単独で相続した場合であっても，本件売買契約は当然には有効とならない。

(エ)　本件売買契約の締結後にＡが死亡し，ＢがＡを単独で相続した場合であっても，Ｂは，民法第117条第１項による無権代理人の責任を負わない。

(オ)　本件売買契約の締結後にＡが死亡し，Ｂが他の相続人Ｃと共にＡを相続し，その後，ＣがＢを単独で相続した場合には，Ｃは，本件売買契約の追認を拒絶することができる。

（参考）

民法

第117条　他人の代理人として契約をした者は，自己の代理権を証明したとき，又は本人の追認を得たときを除き，相手方の選択に従い，相手方に対して履行又は損害賠償の責任を負う。

2　（略）

(1)　(ア)(イ)　　(2)　(ア)(オ)　　(3)　(イ)(ウ)　　(4)　(ウ)(エ)　　(5)　(エ)(オ)

学習記録	／	／	／	／	／	／	／	／	／

重要度　A　**知識型**　**要 *Check!***　　**正解　(5)**

㈠　正　　無権代理人が本人を相続し，本人と代理人の資格が同一人に帰するに至った場合においては，本人が自ら法律行為をしたのと同様な法律上の地位を生ずる（最判昭 40.6.18）。なぜなら，本人と無権代理人の地位が相続により一体となり，追認があったのと同様に無権代理が治癒されるからである。よって，Ｂが追認も追認拒絶もしないまま死亡し，ＡがＢを単独で相続した場合には，売買契約の効果は，当然にＡに帰属する。

㈡　正　　無権代理人が本人を他の相続人と共に共同相続した場合，他の共同相続人全員の追認がない限り，無権代理行為は，無権代理人の相続分に相当する部分においても，当然に有効となるものではない（最判平 5.1.21）。なぜなら，無権代理行為を追認する権利は，その性質上相続人全員に不可分的に帰属するところ，無権代理行為の追認は，本人に対して効力を生じていなかった法律行為を本人に対する関係において有効なものとするという効果を生じさせるものであるから，共同相続人全員が共同してこれを行使しない限り，無権代理行為が有効となるものではないと解すべきであるからである（同判例）。よって，Ｂが追認も追認拒絶もしないまま死亡し，Ａが他の相続人Ｃと共にＢを相続した場合には，Ｃが追認しない限り，売買契約は，Ａの相続分に相当する部分においても，当然には有効とならない。

㈢　正　　本人が無権代理人を単独相続した場合，被相続人の無権代理行為は本人の相続により当然に有効となるものではない（最判昭 37.4.20）。なぜなら，相続人である本人が被相続人の無権代理行為の追認を拒絶しても，何ら信義に反するところはないからである（同判例）。よって，ＢがＡを単独で相続した場合であっても，売買契約は当然には有効とならない。

㈣　誤　　117 条による無権代理人の債務が相続の対象となることは明らかであって，このことは本人が無権代理人を相続した場合でも異ならないから，本人は相続により無権代理人の当該債務を承継するのであり，本人として無権代理行為の追認を拒絶できる地位にあったからといって当該債務を免れることはできない（最判昭 48.7.3）。したがって，ＢがＡを単独で相続した場合であっても，Ｂは，117 条１項による無権代理人の責任を負わないとする点で，本肢は誤っている。

㈤　誤　　無権代理人を本人と共に相続した者がその後更に本人を相続した場合においては，当該相続人は本人の資格で無権代理行為の追認を拒絶する余地はなく，本人が自ら法律行為をしたと同様の法律上の地位ないし効果を生ずる（最判昭 63.3.1）。よって，Ｂが他の相続人Ｃと共にＡを相続し，その後，ＣがＢを単独で相続した場合には，Ｃは，売買契約の追認を拒絶することができない。

以上から，誤っているものは㈣㈤であり，正解は(5)となる。

8−1(5−8)　無効及び取消し

甲所有の高価な壺の乙に対する売却に関する法律関係についての次の記述のうち，正しいものは，幾つあるか。(改)

(ア) 平成 29 年法改正により削除

(イ) 甲は，未成年者であるが，親権者丙の同意を得ないで乙に壺を売却した場合には，甲は，成年者となる前は，丙の同意を得たときでも，売買契約を追認することができない。

(ウ) 甲は，成年被後見人であるが，乙に壺を売却した。甲は，成年後見人丙の同意を得ていたから，その売買契約を取り消すことはできない。

(エ) 甲は，未成年者であるが，親権者丙の同意を得ないで，乙に壺を売却した。その後，丙がその売買契約を追認したときは，当該売買契約は追認のときから有効となる。

(オ) 甲は，被保佐人であるが，保佐人丙の同意を得ないで，乙に壺を売却した。甲は，丙の同意がなければ，自ら売買契約を取り消すことはできない。

(1)　0 個　　(2)　1 個　　(3)　2 個　　(4)　3 個　　(5)　4 個

学習記録	／	／	／	／	／	／	／	／	／

重要度　C	知識型			正解　(1)

(ア)　平成29年法改正により削除

(イ)　誤　　未成年者は，意思能力を有する限り，法定代理人の同意を得て，未成年者自ら完全に有効な法律行為をすることができるので，法定代理人の同意を得れば，未成年者も有効な追認をすることができる（124 Ⅱ②）。

(ウ)　誤　　「日用品の購入その他日常生活に関する行為」を除き，成年被後見人の行為は，それが成年後見人の同意を得てした法律行為であっても，常に取り消すことができる（９）。成年被後見人は意思能力を欠く常況にあるのに，事前に成年後見人が同意を与えて単独で行動させることは，成年被後見人の保護に欠け，また取消しの相手方にも不測の損害を与えることになって危険であるからである。

(エ)　誤　　追認権者である未成年者の法定代理人が取り消し得べき行為を追認したときは，それまで一応有効であった法律行為は，確定的に有効となり，以後取り消すことのできない行為となる（122）。本肢のように，追認の時から有効となるわけではない。なぜなら，取り消し得べき行為も取り消されるまでは初めから一応有効なものとして存在するのであり，追認によってはじめて有効となるものではないからである。

(オ)　誤　　被保佐人が高価な壺を売却する行為は，「重要な財産に関する権利の得喪を目的とする行為」（13Ⅰ③）に当たるので，被保佐人が保佐人の同意を得ずにかかる行為をした場合には，取り消すことができる行為となる（13Ⅳ）。そして，この場合，被保佐人も単独で有効に取消権を行使することができ（120Ⅰ），取消権の行使につき保佐人の同意を要しない。

以上から，正しいものはなく，正解は(1)となる。

8-3(16-6)　無効及び取消し

次の対話は，無効及び取消しに関する学生の対話である。次の(1)から(5)までの下線部分の発言のうち，判例の趣旨に照らし正しいものは，どれか。(改)

学生Ａ：　ある法律行為の効力が否定される場合として，「無効」と「取消し」とがある。「無効」である法律行為は，その効果が当初から生じないから，既に給付をした場合には，相手方に対して不当利得返還請求をすることができる。(1)平成 29 年法改正により削除

○ 学生Ｂ：　(2)「無効」は，永久に主張することができるけれど，「取消し」は，行為の時から５年が経過すると主張することができなくなるという点も違うね。

学生Ａ：　「無効」と「取消し」を主張することができる者の範囲は，どうかな。

学生Ｂ：　「取消し」が可能な法律行為は，取消権者によってのみ取り消すことができるので，だれからでも「取消し」を主張することができるものではないよ。これに対して，「無効」である法律行為は，何人の主張も待たず，絶対的に効力のないものと扱われるから，(3)「無効」を主張することができる者や「無効」を主張することができる相手方が限定される場合はないよ。

学生Ａ：　ところで，「取消し」が可能な法律行為については，民法は，追認によって初めから有効であったものとみなすとしているよね。「無効」である法律行為についても，「無効」であることを知って追認した場合には，初めから有効であったものとみなされるのだったかな。

学生Ｂ：　(4)「無効」である法律行為を追認した場合には，新たな行為をしたものとみなされ，初めから有効であったとされることはないのが原則だが，無権代理行為を追認したときは，初めから有効であったものとみなされるよ。

○ 学生Ａ：　取消権者が義務を履行した場合には，相手方は，その法律行為はもはや取り消されないものと考えるだろうから，その信頼を保護する必要があるね。

学生Ｂ：　その場合には，追認をしたものとみなされて，取り消すことができなくなるよ。ただ，相手方が信頼を抱くのは，取消権者が積極的な行為をした場合に限られるから，(5)相手方が履行をして取消権者がこれを受領しても，それだけでは追認とはみなされないよ。

学習記録	／	／	／	／	／	／	／	／	／

重要度　C	知識型			正解　(4)

(1) 平成29年法改正により削除

(2) 誤　無効とされる法律行為は，そもそも何らの主張を必要とせず効力が生じないため，無効主張の期間について定めた規定はない。よって，無効は永久に主張することができるとする点で本肢前半は正しい。しかし，取消しの主張期間については126条が規定しており,「追認をすることができる時から5年間」取消権者は取消しを主張することができる。よって，取消しについて「行為の時から5年」とする点で，本肢後半は誤っている。

(3) 誤　相手方と通じてした虚偽の意思表示は，無効である。この意思表示の無効は，善意の第三者に対抗することができない（94 Ⅱ）。つまり，無効主張できる相手方が限定される場合が存在するため，本肢は誤っている。

(4) 正　無効な行為は，追認によっても，その効力を生じない（119本文）。ただし，当事者がその行為の無効であることを知って追認した場合には，新たな行為をしたものとみなされる（119但書）。しかし，無権代理行為の追認に関しては116条が「契約の時にさかのぼってその効力を生ずる」と規定しており，初めから有効であったとみなされる。

(5) 誤　債務の全部又は一部の履行は法定追認事由である（125①）。この法定追認事由につき，判例は，取消権者が債務者として履行した場合に限らず，取消権者が債権者として受領した場合も含むとする（大判昭8.4.28）。したがって，取消権者が履行を受領した場合は法定追認事由に当たらないとする点で，本肢は誤っている。

8-4(25-5)　無効及び取消し

無効又は取消しに関する次の(ア)から(オ)までの記述のうち，判例の趣旨に照らし正しいものの組合せは，後記(1)から(5)までのうち，どれか。

(ア)　当事者が無効な行為を追認したときは，当該追認は，当該行為の時に遡ってその効力を生ずる。

(イ)　他人の子を自己の嫡出子として出生の届出をしても，その届出は，嫡出子の出生の届出としては無効であるが，その届出が当該他人の子を自己の養子とする意図でされたものであるときは，その届出をもって養子縁組の届出があったものとされる。

(ウ)　主たる債務者が行為能力の制限によってその債務を生じさせた行為を取り消すことができる場合であっても，当該債務の保証人が当該行為を取り消すことはできない。

(エ)　制限行為能力者が行為能力の制限によって取り消すことができる行為によって生じた債務を行為能力者となった後に承認した場合であっても，当該行為が取り消すことができるものであることを当該制限行為能力者が知らないときは，当該行為を追認したものとはならない。

(オ)　取り消すことができる行為について追認をすることができる取消権者が当該行為から生じた債務の債務者として履行をした場合には，法定追認の効力が生ずるが，当該行為について当該取消権者が債権者として履行を受けた場合には，法定追認の効力は生じない。

(1)　(ア)(イ)　(2)　(ア)(オ)　(3)　(イ)(ウ)　(4)　(ウ)(エ)　(5)　(エ)(オ)

学習記録	／	／	／	／	／	／	／	／	／

重要度　C	知識型		正解　(4)

(ア)　誤　　無効な行為は，追認によっても，その効力を生じないが，当事者がその行為の無効であることを知って追認をしたときは，追認の時に，従前の行為と同一内容の行為を新たにしたものとみなされる（119）。

(イ)　誤　　他人の子を自己の嫡出子として出生の届出をしても，その届出は虚偽の届出であるから，嫡出子の出生の届出としては無効である。また，養子縁組は，戸籍法の定めに従い，届出をすることによってその効力を生ずるものであり（799・739・800参照），これは強行法規であるから，他人の子を自己の嫡出子とする出生届をもって養子縁組の届出があったものとみなすことはできない（最判昭25.12.28）。

(ウ)　正　　保証債務は，主たる債務に付随するものであるから，保証人は，主たる債務者が有する抗弁権を援用することができる。しかし，行為能力の制限によって取り消すことができる行為は，制限行為能力者（他の制限行為能力者の法定代理人としてした行為にあっては，当該他の制限行為能力者を含む。）又はその代理人，承継人若しくは同意をすることができる者に限り，取り消すことができる（120Ⅰ）。したがって，保証人は取消権者ではないため，主たる債務者が行為能力の制限によってその債務を生じさせた行為を取り消すことができる場合であっても，保証人がこれを取り消すことはできない。

(エ)　正　　追認は，原則，取消しの原因となっていた状況が消滅し，かつ，取消権を有することを知った後にしなければ効力を生じない（124Ⅰ）。よって，制限行為能力者が行為能力の制限によって取り消すことができる行為によって生じた債務を，行為能力者となった後に承認した場合であっても，当該行為が取り消すことができるものであることを知らないときは，当該行為を追認したものとはならない。

(オ)　誤　　取り消すことができる行為について，社会一般から追認と認められる一定の事実があった場合に，法律上当然に追認があったものとみなすことを法定追認という（125）。そして，125条1号には，取り消すことができる行為につき，全部又は一部の履行があることが挙げられており，これには，取消権者が債務者として自ら履行する場合だけでなく，債権者として受領する場合も含まれる（大判昭8.4.28）。

以上から，正しいものは(ウ)(エ)であり，正解は(4)となる。

8－5(30－4)　無効及び取消し

無効又は取消しに関する次の(ア)から(オ)までの記述のうち，判例の趣旨に照らし誤っているものの組合せは，後記(1)から(5)までのうち，どれか。(改)

(ア)　被保佐人Ａは，その所有する甲土地を，保佐人Ｂの同意を得ずにＣに売却した。この場合において，Ａは，Ｂの同意がなくても，Ｃとの間の甲土地の売買契約を取り消すことができる。

(イ)　Ａは，その所有する甲土地のＢへの売却がＢの詐欺によることに気付いた後，甲土地の売買代金債権をＢの詐欺につき善意無過失のＣに譲渡した。この場合において，Ａは，Ｂの詐欺を理由に，Ｂとの間の甲土地の売買契約を取り消すことができる。

(ウ)　Ａは，その所有する甲土地をＢの強迫によりＢに売却し，Ｂへの所有権の移転の登記を経由した。その後，Ｂが甲土地をＢの強迫について善意のＣに売却し，Ｃへの所有権の移転の登記を経由した。この場合において，Ａは，Ｂの強迫を理由にＢとの間の甲土地の売買契約を取り消して，Ｃに対し，甲土地の返還を請求することができない。

(エ)　Ａは，その所有する甲土地を錯誤によりＢに売却した。その錯誤がＡの重大な過失によるものであった場合であっても，ＢがＡの錯誤を認識していたときは，Ａは，錯誤を理由として，Ｂとの間の甲土地の売買契約を取り消すことができる。

(オ)　Ａは，その所有する甲土地のＢへの売却をＢとの間で仮装した。その後，Ｂが当該仮装の事実について善意無過失のＣに甲土地を譲渡した場合において，Ａは，Ｃに対し，虚偽表示を理由に，甲土地の返還を請求することができない。

(1)　(ア)(ウ)　　(2)　(ア)(オ)　　(3)　(イ)(ウ)　　(4)　(イ)(エ)　　(5)　(エ)(オ)

学習記録	／	／	／	／	／	／	／	／	／

重要度　C	知識型		正解(3)

(ア)　正　　被保佐人が，不動産その他重要な財産に関する権利の得喪を目的とする行為をするには，保佐人の同意を得なければならず（13Ⅰ③），同意又はこれに代わる許可を得ないでしたものは，取り消すことができる（13Ⅳ）。そして，行為能力の制限によって取り消すことができる行為は，制限行為能力者（他の制限行為能力者の法定代理人としてした行為にあっては，当該他の制限行為能力者を含む。）又はその代理人，承継人若しくは同意をすることができる者に限り，取り消すことができる（120Ⅰ）。よって，被保佐人Aは，保佐人Bの同意がなくても，Cとの間の甲土地の売買契約を取り消すことができる。

(イ)　誤　　追認は，取消しの原因となっていた状況が消滅し，かつ，取消権を有することを知った後にしなければ効力を生じない（124Ⅰ）。そして，追認をすることができる時以後に，取り消すことができる行為によって取得した権利の全部又は一部を譲渡したときは，追認したものとみなされる（125⑤）。本肢において，Aが，甲土地のBへの売却がBの詐欺によることに気付いた後，甲土地の売買代金債権をBの詐欺につき善意無過失のCに譲渡する行為は，125条5号に規定される「取り消すことができる行為によって取得した権利の全部又は一部の譲渡」に該当する。したがって，Aは，Bの詐欺を理由に，Bとの間の甲土地の売買契約を取り消すことができるとする点で，本肢は誤っている。

(ウ)　誤　　強迫を理由とする取消しの効果は，善意無過失の第三者にも主張することができる（96Ⅲ反対解釈，大判明39.12.13）。したがって，Aは，Bの強迫を理由にBとの間の甲土地の売買契約を取り消して，Cに対し，甲土地の返還を請求することができないとする点で，本肢は誤っている。

(エ)　正　　錯誤が表意者の重大な過失によるものであった場合に，相手方が表意者に錯誤があることを知り，又は重大な過失によって知らなかった場合は，自ら錯誤による取消しを主張することができる（95Ⅲ①）。したがって，BがAの錯誤を認識していたときは，Aは錯誤を理由として，Bとの間の甲土地の売買契約の取消しを主張することができる。

(オ)　正　　相手方と通じてした虚偽の意思表示は，無効であるが（94Ⅰ），その無効を善意の第三者に対抗することはできない（94Ⅱ）。なお，94条2項の「第三者」は善意であることが要求されているが，その善意につき無過失であることは要求されていない（大判昭12.8.10）。

以上から，誤っているものは(イ)(ウ)であり，正解は(3)となる。

9-2(2-16)　条件及び期限

条件に関する次の記述のうち，正しいものはどれか。

(1)　停止条件付法律行為について条件が成就した場合，初めから効力を有していたものとみなされる。

(2)　相殺の意思表示に，条件を付すことができる。

(3)　条件成就により不利益を受ける当事者が故意に成就を妨げた場合，第三者は条件を成就したものとみなすことができる。

(4)　不法行為をしないことを停止条件とする法律行為は，無効である。

(5)　法律行為の当時，停止条件の不成就が既に確定していた場合に，当事者がそれを知らなかったときは，無条件の法律行為となる。

学習記録	／	／	／	／	／	／	／	／	／

重要度　C	知識型		正解　(4)

(1)　誤　　停止条件付法律行為は，条件成就の時まで法律行為の効力発生が停止しているため，原則として条件成就時に効力が発生する（127Ⅰ）。ただ，私的自治における当事者の意思の尊重の観点から，法は，当事者の意思表示による遡及効を例外的に認めている（127Ⅲ）。

(2)　誤　　相殺の意思表示に条件を付すならば，相殺がされるか否かが不明確となり，相手方の法律上の地位を著しく不安定にすることになる。そこで，相殺の意思表示には，条件を付すことが禁止されている（506Ⅰ後段）。

(3)　誤　　条件の成就により不利益を受ける当事者が故意に条件成就を妨げた場合，その当事者に条件不成就による利益を付与することは，契約の相手方の利益を不当に害し契約関係を支配する信義則（１Ⅱ）に反する。そこで，契約関係にある相手方に条件成就を擬制する権利を与え，その保護を図ったのである（130Ⅰ）。したがって，第三者が条件成就を擬制することはできない。

(4)　正　　不法行為をしないことを停止条件とすることは，それを法律行為の効果と対価的関係に置くことになる。とすれば，法律効果の利益を放棄しさえすれば，不法行為をしても構わないという心理状態を生じやすくなり，かえって不法行為を助長するおそれがあるので，このような条件だけでなく法律行為全体が無効となるものとした（132後段）。

(5)　誤　　停止条件付きの法律行為は，不成就に確定すれば法的効果が発生することはなく法律上，無意味であるから無効となる（131Ⅱ）。この効果は，当事者の主観により左右されるものではない。

9-3(14-3)　条件及び期限

次の対話は，条件と期限に関する学生ＡとＢとの対話である。□部分に挿入する語句を下記語群の中から選択して対話を完成させた場合，一度も使用されない語句の組合せとして最も適切なものは，後記(1)から(5)までのうちどれか。ただし，一つの語句を複数回使用してもよい。

学生Ａ：　条件と期限とは，どこが違うの。例えば，事業が軌道にのったら返すという約束で，ＸがＹから無償で住宅を提供してもらったときは，どう考えればいいの。

学生Ｂ：　この約束は，ＹからＸに対し□付の□がされたと考えるべきで，事業が軌道にのる見込みがなくなったら，ＸはＹに住宅を返さなければならない。

学生Ａ：　でも，将来事業が軌道にのるかどうかは確実ではないから，ＹからＸに対する□付の□がされたとみることもできるような気がするんだけど。

学生Ｂ：　どちらの考え方でも，□場合にＸがＹに住宅を返さなければならない点は，同じだよね。でも，君のように考えると，□場合を除き，Ｘが死亡したときは，Ｘの相続人が住宅の所有権を取得することになるよね。

語群：確定期限　　不確定期限　　解除条件　　停止条件　　使用貸借
　　　贈与　　事業の成功が確定した　　事業の失敗が確定した

(1)　確定期限　停止条件　事業の失敗が確定した

(2)　不確定期限　停止条件　贈与　事業の成功が確定した

(3)　不確定期限　解除条件　事業の成功が確定した

(4)　確定期限　解除条件　使用貸借　事業の失敗が確定した

(5)　確定期限　解除条件　事業の成功が確定した

学習記録	／	／	／	／	／	／	／	／	／

重要度　C	推論型			正解　(1)

学生Bの第1発言　「不確定期限」「使用貸借」の順で入る　　事業が軌道にのったら返すという約束で，XがYから無償で住宅を提供してもらうという契約において，「事業が軌道にのったら」という付款を条件と考えた場合，事業が軌道にのったらXはYに住宅を返還しなければならないので,「事業が軌道にのったら」という付款は解除条件ということになる。そうすると，事業が軌道にのる見込みがなくなったときは，解除条件が不成就に確定することになるので，XはYに住宅を返還する必要はないということになる。これに対して，「事業が軌道にのったら」という付款を期限（事業が軌道にのるかどうかは不確実であるから不確定期限となる）と考えた場合，当事者は，「事業が軌道にのるまでは住宅の返還を猶予するが，事業が軌道にのる見込みがなくなったときは，住宅を返還しなければならない。」と考えていることになる。Bは，「事業が軌道にのる見込みがなくなったら，XはYに住宅を返さなければならない。」と述べているので，本件の付款を解除条件ではなく不確定期限と考えていることになる。また，不確定期限と考えると，Xは，将来必ず住宅をYに返還しなければならないので，XがYから無償で住宅を提供してもらうという契約は使用貸借ということになる。したがって，Bは，XY間の契約を不確定期限付の使用貸借と考えていることになる。

学生Aの第2発言　「解除条件」「贈与」の順で入る　　条件とは，将来発生するかどうかが不確実な事実をいう。Aは「将来事業が軌道にのるかどうかは確実ではない」と述べているので,Aは本件付款を条件と考えていることになる（事業が軌道にのったらXはYに住宅を返還しなければならないので，解除条件となる)。また，Aは，Bの見解とは逆の見解をとるのであるから，「事業が軌道にのる見込みがなくなったら，XはYに住宅を返す必要はない。」と考えていることになる。そして,事業が軌道にのる見込みがなくなった場合,すなわち,解除条件の不成就が確定した場合において，XYの契約を使用貸借と考えると，無条件の使用貸借契約となり，期限の定めのないものとなるにすぎないから，返還する必要がある（593）のに対し，贈与と考えると返還する必要はない。したがって，Aは，XY間の契約を解除条件付の贈与と考えていることになる。

学生Bの第2発言　いずれにも「事業の成功が確定した」が入る　　XYの契約が不確定期限付の使用貸借であっても解除条件付の贈与であっても，事業の成功が確定した場合には，期限の到来又は解除条件の成就ということになるので，XがYに住宅を返さなければならない点では同じである。したがって，最初の空欄には「事業の成功が確定した」が入る。そして，Aは，XY間の契約を解除条件付の贈与と考えているので，受贈者であるXが死亡した場合には，その相続人が住宅の所有権を取得することになる。これに対して，使用貸借と考えると，借主の死亡は契約の終了原因である（597 Ⅲ）から，借主であるＸが死亡した場合でも，相続は生じず，また，使用貸借である以上，所有権の取得ということもあり得ない。ただし，ＸＹ間の契約を解除条件付の贈与と考えても，事業の成功が確定したときは，解除条件が成就したことになり，契約の効力は消滅するので，Ｘの相続人が住宅の所有権を取得することはない。したがって，２番目の空欄にも「事業の成功が確定した」が入る。

以上から，使用されない語句は，「確定期限」「停止条件」「事業の失敗が確定した」であり，正解は⑴となる。

MEMO

9-4(17-6)　条件及び期限

条件に関する次の(ア)から(オ)までの記述のうち，その（　　）内に「停止条件」又は「解除条件」のいずれかの語を入れて文章を完成させた場合において，「停止条件」の語を入れたときにのみ適切な文章となるものの組合せは，後記(1)から(5)までのうちどれか。

(ア)　（　　）が付された場合には，条件成就の効果は，特約がない限り条件成就の時に発生し，遡及しない。

(イ)　不法な行為をしないことをもって（　　）とする法律行為は，無効である。

(ウ)　債務者の意思のみにより（　　）が成就するような法律行為は，無効である。

(エ)　社会通念上，実現が不可能な（　　）を付した法律行為は，無効である。

(オ)　法律行為の当時，既に条件が成就していた場合において，その条件が（　　）であるときは，その法律行為は，無効である。

(1)　(ア)(イ)　　(2)　(ア)(オ)　　(3)　(イ)(ウ)　　(4)　(ウ)(エ)　　(5)　(エ)(オ)

学習記録	／	／	／	／	／	／	／	／	／

重要度　C	知識型			正解　(4)

(ア)「停止条件」の語を入れたときにのみ適切な文章となるものでない
停止条件又は解除条件が付された場合には，いずれの場合でも，条件成就の効果は，特約がない限り条件成就の時に発生し（127Ⅰ・Ⅱ），遡及しない。したがって，「停止条件」及び「解除条件」のいずれの語を入れても適切な文章になる。

(イ)「停止条件」の語を入れたときにのみ適切な文章となるものでない
不法な行為をしないことをもって停止条件とする法律行為及び解除条件とする法律行為（不法条件）は，ともに無効である（132後段）。その理由は，不法な行為をしないことは社会秩序維持の要請上当然であり，これを条件とすることは，当事者が不法な行為を承認することを前提とする点で，公序良俗に反するからである。

(ウ)「停止条件」の語を入れたときにのみ適切な文章となるものである
債務者の意思のみで停止条件が成就する法律行為（純粋随意停止条件）は無効である（134）が，債務者の意思のみで解除条件が成就する法律行為（純粋随意解除条件）は有効である（134反対解釈）。純粋随意停止条件について法律行為が無効であるのは，気が向けば支払うというように，債務者の意思だけで停止条件が成就するような法律行為は，法律行為の効力を認める実益がないため，いわゆる自然債務の一種であると解されるからである。また，純粋随意解除条件について法律行為が有効であるのは，純粋随意停止条件の場合と異なり，債務者が新たに法律行為の効力を消滅させるまでは，法律行為の効力を認める実益があるからである。

(エ)「停止条件」の語を入れたときにのみ適切な文章となるものである
社会通念上，実現が不可能な停止条件を付した法律行為（不能停止条件）は無効である（133Ⅰ）が，社会通念上，実現が不可能な解除条件を付した法律行為（不能解除条件）は無条件となり（133Ⅱ）有効である。不能停止条件については，条件が成就し法律行為の効力が発生する可能性がないため，法律行為の効力を認める実益がないからである。これに対して，不能解除条件については，不能停止条件の場合と異なり，いったん発生した法律行為の効力が，条件が成就し消滅することがないというだけであり，法律行為の効力を認める実益があるからである。

(オ)「停止条件」の語を入れたときにのみ適切な文章となるものでない
法律行為の当時，既に条件が成就していた場合において，その条件が停止条件であるとき（既成停止条件）は，その法律行為は無条件となり，有効であるが，その条件が解除条件であるとき（既成解除条件）は，その法律行為は無効である（131Ⅰ）。既成停止条件は，将来の事実に関する条件でないので，本来の条件ではないが，既成条件が成就している以上，当事者の合理的意思として法律行為の効力を認める意思であると解されるからである。次に，既成解除条件は，既成停止条件の場合と異なり，これを認めると，法律行為の効力が発生すると同時に消滅することになり，実益がないからである。

以上から，「停止条件」の語を入れたときにのみ適切な文章となるものは(ウ)(エ)であり，正解は(4)となる。

MEMO

9−5(21−4)　条件及び期限

次の対話は，条件及び期限に関する教授と学生との対話である。教授の質問に対する次の(ア)から(オ)までの学生の解答のうち，判例の趣旨に照らし正しいものの組合せは，後記(1)から(5)までのうちどれか。(改)

教授：　法律行為をするに当たって，その効力を制約するために条件又は期限を定めることがありますが，条件と期限とはどのように区別されますか。

学生：(ア)　発生するか否かが不確実な事実にかからせるものは条件であり，発生することが確実な事実にかからせるものは期限です。したがって，例えば，債務者が出世した時に借金を返済するといういわゆる出世払の約定は，債務に停止条件を付したものであるといえます。

教授：　条件となる事実が不法か否かは，法律行為の効力にどのような影響を与えますか。

学生：(イ)　不法な事実を条件とすることはできず，例えば，他人を殺害することを条件として金員を支払う旨の契約は，無効となります。もっとも，不法な行為をしないことを条件とする場合は，不法な結果の発生を容認することにはならないので，そのような条件を付した法律行為は，無効とはなりません。

教授：　条件の成就によって利益を受ける当事者が信義則に反するような方法で条件を成就させた場合，そのまま条件が成就したものとして扱うことは不都合に思われますが，どのように考えればよいでしょうか。

学生：(ウ)　そのような場合には条件が成就していないものとみなすことができます。

教授：　期限の利益を受ける者は，これを放棄することができますが，債務者と債権者の双方が期限の利益を享受している場合，債務者は，期限の利益を放棄することができますか。

学生：(エ)　債務者は，債権者の喪失する利益をてん補すれば，期限の利益を放棄することができます。例えば，銀行は，定期預金の預金者に対して，その返還時期までの間の約定利息を支払えば，期限の利益を放棄することができます。

教授：　解除条件が成就した場合，その条件が付された法律行為の効力はどのようになりますか。

学生：(オ)　解除条件が成就した場合には，当然に，その条件が付された法律行為が成立した時にさかのぼって，その法律行為の効力が消滅します。

(1)　(ア)(イ)　　(2)　(ア)(オ)　　(3)　(イ)(ウ)　　(4)　(ウ)(エ)　　(5)　(エ)(オ)

学習記録	／	／	／	／	／	／	／	／	／

重要度　C	知識型		正解　(4)

(ア) 誤　条件とは，法律行為の発生又は消滅を，将来の成否不確実な事実にかからせる，という内容の意思表示である。これに対して，期限とは，法律行為の効力の発生・消滅又は債務の履行を，将来到来することが確実な事実の発生にかからせる，という内容の意思表示である。したがって，前段は正しい。もっとも，出世払いに関して判例は，「出世したら返してくれ，しなかったら返さなくていい」などという契約は通常はしないという理由で，不確定期限だと解している（大判大4.3.24）。

(イ) 誤　不法な条件を付した法律行為は無効である（132前段）。したがって，他人を殺害することを条件として金員を支払う旨の契約は無効となる。また，不法な行為をしないことを条件とするものも同様に無効である（132後段）。よって，前段は正しく，後段は誤っている。

(ウ) 正　条件が成就する事によって利益を受ける当事者が不正にその条件を成就させたときは，相手方は，その条件が成就しなかったものとみなすことができる（130Ⅱ）。

(エ) 正　期限の利益は，放棄することができる。ただし，これによって相手方の利益を害することはできない（136Ⅱ）。この点，銀行への定期預金は，預金者・銀行間の返還時期の定めのある消費寄託契約（666）である。そして，消費寄託契約において，当事者が返還の時期を定めた場合，寄託者は，受寄者がその時期の前に返還をしたことによって損害を受けたときは，受寄者に対し，その賠償を請求することができる（666Ⅲ・591Ⅲ）。したがって，銀行は，定期預金の利息を支払えば，期限の利益を放棄して預金者に対して期限前に弁済をすることができる（大判昭9.9.15）。

(オ) 誤　解除条件が成就した場合には，解除条件が成就した時にその効力を失うのが原則である（127Ⅱ）。もっとも，当事者の意思により効果を条件が成就した以前にさかのぼらせることができる（同Ⅲ）。したがって，解除条件が成就した場合には，当然に，その条件が付された法律行為が成立した時にさかのぼって，その法律行為の効力が消滅するわけではない。

以上から，正しいものは(ウ)(エ)であり，正解は(4)となる。

9−6(24−5)　条件及び期限

条件又は期限に関する次の(ア)から(オ)までの記述のうち，判例の趣旨に照らしＸのＹに対する請求が認められるものの組合せは，後記(1)から(5)までのうちどれか。

(ア)　Ｘは，Ａに対する貸金債権を有していたところ，その弁済をＡが結婚するまで猶予するため，Ａとの間で，その弁済期をＡが結婚する時と定めた。その後，Ａは結婚しないまま，死亡した。Ｘは，Ａの唯一の相続人であるＹに対し，当該貸金債権の弁済を請求した。

○

(イ)　Ｙは，Ｘとの間で，Ｘ所有の甲カメラが壊れたら，Ｙ所有の乙カメラをＸに贈与する旨を約した。その後，Ｘは，Ｘの妻であるＡに甲カメラを壊すように依頼し，Ａが故意に甲カメラを壊した。Ｘは，甲カメラが壊れたとして，Ｙに対し，乙カメラの引渡しを請求した。

(ウ)　Ｙは，Ｘとの間で，Ｙが交際中のＡと結婚したら，Ｙ所有の甲自動車をＸに贈与する旨を約した。その後，Ｙは，Ａから結婚の申込みを受けたが，仕事の都合から回答を保留し，これがきっかけとなって，結局，ＹとＡとの関係が破綻し，ＹがＡと結婚する見込みはなくなった。Ｘは，Ｙに対し，甲自動車の引渡しを請求した。

(エ)　Ｘは，Ｙに対し，利息を年１割，元本及び利息の弁済期を契約時から１年後として，金銭を貸し付けた。Ｘは，Ｙに対し，契約時から半年を経過した日に，同日から弁済期までの半年分の利息の支払請求権を放棄して，当該貸金債権の元本と契約時から同日の前日までの半年分の利息の支払を請求した。

(オ)　Ｙは，Ｘとの間で，Ｘが半年後に実施される資格試験に合格したら，Ｙ所有の甲時計をＸに贈与する旨を約した。その後，Ｙは，故意に甲時計を壊した。Ｘは，これを知り，当該資格試験に合格した後，Ｙに対し，不法行為に基づく甲時計の価額相当分の損害賠償を請求した。

○

(1)　(ア)(ウ)　　(2)　(ア)(オ)　　(3)　(イ)(エ)　　(4)　(イ)(オ)　　(5)　(ウ)(エ)

学習記録	／	／	／	／	／	／	／	／	／

重要度　C	知識型	

正解　(2)

(ア)　認められる　　不確定期限と条件との区別については，契約当事者の意思解釈の問題であるとするのが，判例・通説の考え方であるところ，本肢におけるXはAによる弁済をAが結婚するまで猶予するつもりであったにすぎず，結婚しないなら弁済しなくてよいと考えているわけではなく，結婚しないことが確定したら猶予しない趣旨であるため，不確定期限である。本肢において，Aは結婚しないまま死亡しており，結婚しないことが確定しているので，もはや弁済は猶予されず，Aの相続人Yは弁済を拒絶できない。したがって，XのYに対する請求は認められる。

(イ)　認められない　　条件が成就する事によって利益を受ける当事者が不正にその条件を成就させたときは，相手方は，その条件が成就しなかったものとみなすことができる（130Ⅱ)。本肢において，「甲カメラが壊れること」という条件の成就によって利益を受けるXが妻Aを利用して故意に甲カメラを壊し，条件を成就させているので，Yは条件が成就していないものとみなすことができる。したがって，XのYに対する請求は認められない。

(ウ)　認められない　　条件が成就することによって不利益を受ける当事者が故意にその条件の成就を妨げたときは，相手方は，その条件が成就したものとみなすことができる（130Ⅰ)。本肢において，仕事の都合から回答を保留し，これがきっかけとなって，YとAとの関係が破綻し，条件である結婚の見込みがなくなっているため，Yが故意に条件の成就を妨げたというわけではない。したがって，XのYに対する請求は認められない。

(エ)　認められない　　期限の利益は放棄することができるが（136Ⅱ本文)，これによって相手方の利益を害することはできず（136Ⅱ但書)，相手方の被る不利益を填補することができてはじめて放棄できると解されている。本肢において，Xは半年分の利息支払請求権を放棄して，当事者間で定めた弁済期よりも半年前にYから弁済を受けようとしているが，利息支払請求権を放棄しても，Yの被る「弁済期よりも半年前に弁済しなければならない」という不利益を填補することはできない。したがって，Xによる期限の利益の放棄は認められず，XのYに対する請求は認められない。

(オ)　認められる　　条件付法律行為の各当事者は，条件の成否が未定である間は，条件が成就した場合にその法律行為から生ずべき相手方の利益を害することができず（128)，一方当事者が有する条件付権利を侵害した他方当事者は不法行為に基づく損害賠償責任を負う（709)。そして，当該損害賠償請求権は条件成就の時に確定的に生じ，条件成就前には損害賠償を請求できないと解されている。本肢において，Xは，「資格試験の合格」を条件とする贈与契約に基づく甲時計の引渡請求権を有しており，Yは故意に甲時計を壊すことによってXの有する条件付権利を侵害している。また，Xは資格試験に合格しているため「資格試験の合格」という条件が成就している。したがって，XのYに対する請求は認められる。

以上から，XのYに対する請求が認められるものは(ア)(オ)であり，正解は(2)となる。

MEMO

9−7(31−5)　条件及び期限

条件に関する次の(ア)から(オ)までの記述のうち，誤っているものの組合せは，後記(1)から(5)までのうち，どれか。

(ア)　ある事実が発生しないことを停止条件とする法律行為は，無効となる。

(イ)　不法な停止条件を付した法律行為は，無効となる。

(ウ)　解除条件が成就しないことが法律行為の時に既に確定していた場合には，その法律行為は，無効となる。

(エ)　単に債務者の意思のみに係る停止条件を付した法律行為は，無効となる。

(オ)　不能の解除条件を付した法律行為は，無条件となる。

(1)　(ア)(ウ)　　(2)　(ア)(オ)　　(3)　(イ)(ウ)　　(4)　(イ)(エ)　　(5)　(エ)(オ)

学習記録	／	／	／	／	／	／	／	／	／

重要度　C	知識型			正解　(1)

(ア)　誤　　条件が成就することにより，法律行為の効力が発生する条件を「停止条件」という。この点，ある事実が発生しないことを停止条件とする法律行為も有効となり得る。したがって，ある事実が発生しないことを停止条件とする法律行為は，無効となるとする点で，本肢は誤っている。

(イ)　正　　不法な条件を付した法律行為は，無効とされる（132前段）。この点，ここにいう「条件」には，停止条件及び解除条件の両方が含まれる。

(ウ)　誤　　条件が成就することにより，既に発生している法律行為の効力が消滅する条件を「解除条件」という。この点，条件が成就しないことが法律行為の時に既に確定していた場合において，その条件が解除条件であるときは，その法律行為は無条件とされる（131 Ⅱ）。したがって，その法律行為は無効となるとする点で，本肢は誤っている。

(エ)　正　　停止条件付法律行為は，その条件が単に債務者の意思のみに係るときは，無効とされる（134）。なぜなら，このような行為に，当事者が法的拘束力を生じさせる意思があるとは考えられないからである。

(オ)　正　　不能の解除条件を付した法律行為は，無条件とされる（133 Ⅱ）。なお，条件が不能であることを当事者が知らない間であっても，その効果は，当然に無条件とされる。

以上から，誤っているものは(ア)(ウ)であり，正解は(1)となる。

9−8(R2−6)　条件及び期限

次の対話は，条件と期限に関する教授と学生との対話である。教授の質問に対する次の(ア)から(オ)までの学生の解答のうち，判例の趣旨に照らし誤っているものの組合せは，後記(1)から(5)までのうち，どれか。

教授：　条件も期限も，法律行為の効力の発生又は消滅等を一定の事実にかからしめる法律行為の付款ですが，条件と期限には，どのような違いがありますか。

学生：(ア)　条件は，実現するかどうか不確実な事実にかからしめるものであり，期限は，将来必ず実現する事実にかからしめるものである点で異なります。

教授：　例えば，「自分が出世したら返済する」と約束して借金するような，いわゆる出世払い特約の場合には，条件と期限のどちらに該当するでしょうか。

学生：(イ)　出世するかどうかは不確実ですから，出世払い特約の内容に，出世の見込みがなくなったときには返済しなければならないということが含まれていた場合でも，条件に該当します。

教授：　条件や期限を付することができない法律行為はありますか。

学生：(ウ)　例えば，婚姻や縁組，認知には，始期を付することはできますが，条件を付することはできません。

教授：　では，訴訟外で相殺の意思表示をする場合に，その意思表示に条件や期限を付することはできますか。

学生：(エ)　訴訟外でする相殺の意思表示には，条件も期限も付することができません。

教授：　条件の成就や期限の到来の効果を条件成就や期限到来の時以前に遡らせることはできますか。

学生：(オ)　条件については，当事者において，これが成就した場合の効果を成就した時以前に遡らせる意思を表示したときはその意思に従うことになりますが，期限については，その効果を期限が到来した時以前に遡らせることはできません。

(1)　(ア)(ウ)　　(2)　(ア)(エ)　　(3)　(イ)(ウ)　　(4)　(イ)(オ)　　(5)　(エ)(オ)

学習記録	／	／	／	／	／	／	／	／	／

重要度　C	知識型			正解　(3)

(ア)　正　　条件とは，法律行為の効力の発生又は消滅を，将来の成否不確実な事実にかからせる法律行為の付款である。また，期限とは，法律行為の効力の発生・消滅又は債務の履行を，将来到来することの確実な事実の生起にかからせる法律行為の付款である。

(イ)　誤　　不確定期限とは，法律行為の効力の発生や消滅又は債務の履行を，将来発生することは確実であるが，その時期が不確定な事実にかからせるという，法律行為の付款である。この点，判例は，いわゆる出世払いの約定が付された消費貸借は，既に発生している債務の履行を当該約定によって出世の時まで猶予するものであり，不確定期限付法律行為であるとする（大判大 4.3.24）。よって，出世払い特約は，条件ではなく期限に該当する。

(ウ)　誤　　婚姻，縁組，認知などの身分行為に条件又は期限を付することはできない。よって，婚姻や縁組，認知には，条件を付することも，期限である始期を付けることもできない。

(エ)　正　　相殺は，当事者の一方から相手方に対する意思表示によってする（506 Ⅰ前段）。この点，訴訟上であっても，訴訟外であっても，相殺の意思表示には，条件又は期限を付することができない（506 Ⅰ後段）。なぜなら，相殺の意思表示に条件を付するのは一方的意思表示によって相手方の地位を不安定にすることになり，また，相殺には遡及効があるため期限を付しても無意味であるからである。

(オ)　正　　当事者が条件が成就した場合の効果をその成就した時以前にさかのぼらせる意思を表示したときは，その意思に従う（127 Ⅲ）。一方で，条件と異なり，期限には遡及効を付すことができない。なぜなら，期限の到来に遡及効を与えることは自己矛盾であるからである。

以上から，誤っているものは(イ)(ウ)であり，正解は(3)となる。

10−2(元−2)　時　効

消滅時効に関する次の記述のうち，判例の趣旨に従えば，誤っているものは，幾つあるか。(改)

(ア)　主たる債務について消滅時効が完成した場合には，主たる債務者が時効の援用をしないときでも，その連帯保証人は，主たる債務につき時効を援用することができる。

(イ)　債務者は消滅時効完成前に時効の利益を放棄することができない。

(ウ)　主たる債務者が債務を承認した場合でも，その連帯保証人については，時効更新の効力が及ばない。

(エ)　債権者が債務者に対し債権の支払請求訴訟を提起した場合に，訴えが却下されたときは時効の完成猶予の効力を生じない。

(オ)　債務者は消滅時効完成後に債務を承認した場合には，その当時時効が完成していたことを知らなかったときでも，時効を援用することはできない。

(1)　１個　　(2)　２個　　(3)　３個　　(4)　４個　　(5)　５個

学習記録	／	／	／	／	／	／	／	／	／

重要度　A	知識型	要 *Check!*	正解　(2)

(ア)　正　　消滅時効の援用権者は，保証人，物上保証人，第三取得者その他権利の消滅について正当な利益を有する者（145）であり，連帯保証人も「保証人」に含まれる。したがって，連帯保証人は，主たる債務につき時効を援用することができる。

(イ)　正　　時効完成前に時効の利益の放棄はすることができない (146)。これは，永続した事実状態の尊重という時効制度の趣旨を当初から当事者個人の意思によって排斥することを禁じ，また，債務者の窮状につけ込む債権者の放棄の強要を防止することを目的とするものである。なお，明文では時効完成後の放棄の可否について言及していないが，前述の146条の趣旨及び反対解釈により，可能と解されている。

(ウ)　誤　　保証債務は付従性を有する。保証債務の付従性とは，主たる債務の履行を担保するという保証債務の特質から，主たる債務に生じた事由が保証債務にも影響することの総称である。そして，連帯保証も保証であることに変わりはないから，主たる債務に生じた事由が連帯保証債務に影響する。このことは請求以外の時効の完成猶予及び更新事由についても当てはまる（457Ⅰ)。本肢は承認（152 Ⅰ）について問うているが，これも同様である。

(エ)　誤　　債権の支払請求訴訟の提起は，時効の完成猶予事由としての裁判上の請求に当たる（147 Ⅰ①)。そして，確定判決又は確定判決と同一の効力を有するものによって権利が確定することなくその事由が終了した場合にあっては，その終了の時から６か月を経過するまでの間は，時効の完成は猶予される（147 Ⅰ柱書括弧書)。この点，147条１項柱書括弧書の規定は，同項各号の手続について却下などにより権利が確定することなく終了した場合においても，６か月間はいわゆる裁判上の催告と同様の時効の完成猶予の効力を認め，その間に催告以外の新たな手続をすれば，時効は完成しないことを意味するものとされている。したがって，訴えが却下されたときは時効の完成猶予の効力を生じないとする点で，本肢は誤っている。

(オ)　正　　消滅時効完成後に債務者が時効の援用と矛盾するような行為をした場合は，信義則（１Ⅱ）に基づいて時効の援用を許さないのが判例の一貫した態度である (最大判昭41.4.20)。これによれば，債務者が時効完成を知らずに承認等をしたとしても，以後時効の援用は許されないことになる。

以上から，誤っているものは(ウ)(エ)の２個であり，正解は(2)となる。

10-3(5-3)　時　効

時効に関する次の記述のうち，判例の趣旨に照らし，正しいものは，幾つあるか。(改)

(ア)　主たる債務者がなした時効利益の放棄は，保証人に対しても効力を生ずるので，保証人は，時効を援用することができない。

(イ)　債務者が消滅時効が完成した後に債務を承認した場合，承認した時点において債務者が時効完成の事実を知らないときは，消滅時効を援用することができる。

(ウ)　特定物である寄託物の返還請求権の消滅時効の起算点は，寄託期間の定めのある場合は，その期間満了時，寄託期間の定めのない場合は，寄託の時である。

(エ)　被保佐人が保佐人の同意なしになした債務の承認は，時効更新の効果を生じない。

(オ)　所有権に基づく登記手続請求の訴えにおいて，被告が自己の所有権を主張し，請求棄却の判決を求め，その主張が判決で認められた場合は，原告の取得時効の完成猶予の効果を生じる。

(1)　１個　　(2)　２個　　(3)　３個　　(4)　４個　　(5)　５個

学習記録	／	／	／	／	／	／	／	／	／

重要度 A | **知識型** | **要 *Check!*** | **正解 (2)**

(ア) 誤　時効利益の放棄は，時効の援用と同様，放棄した者のみにその効力を生ずる（相対効）。時効の利益を放棄するかどうかは各人の意思にゆだねられるべきだからである。したがって，主たる債務者が時効利益を放棄しても，保証人に対してはその効力を及ぼさない。それゆえ，保証人は，自分に対する関係で，主たる債務の消滅時効を援用して，保証債務の消滅を主張することができる（大判昭 6.6.4）。そして，保証人は権利の消滅について正当な利益を有する者として，消滅時効の援用権者に含まれる（145）。

(イ) 誤　債務者が，自己の負担する債務について時効が完成した後に，債権者に対し債務の承認をした以上，時効完成の事実を知らなかったときでも，以後その債務についてその完成した消滅時効の援用をすることは許されない（時効援用権の喪失，最大判昭 41.4.20）。時効の完成後，債務者が債務の承認をすることは，時効による債務消滅の主張と相容れない行為であり，相手方においても債務者はもはや時効の援用をしない趣旨であると考えるであろうから，その後においては債務者に時効の援用を認めないものと解するのが，信義則に照らし相当だからである。

(ウ) 正　消滅時効は，債権者が権利を行使することができることを知った時，又は権利を行使することができる時から進行を開始する（166 Ⅰ）。期間の定めのない債権については，債権者はいつでも履行を請求することができるから，債権成立の時から消滅時効は進行を開始する。特定物の寄託に関する寄託物の返還請求権についても，寄託期間の定めのないときは，寄託者はいつでも寄託物の返還を請求できるから，消滅時効は寄託の時から進行を開始するとするのが判例である（大判大 9.11.27）。他方，寄託期間の定めのある場合でも，寄託は寄託者のための制度であるから，寄託者はいつでも寄託物の返還を請求することができる（662 Ⅰ）。しかし，判例は，寄託期間の定めのある場合については，寄託期間内は消滅時効は進行を開始しないとし，期間満了時から進行を開始すると解している（大判昭 5.7.2）。

(エ) 誤　時効更新のための債務の承認をするには，相手方の権利についての処分につき行為能力の制限を受けていないこと又は権限があることを要しない（152 Ⅱ）。承認は，時効の利益を受けるべき当事者が権利者に対して権利の現状を知っていることを表示する「観念の通知」にすぎず，効果意思に基づいて権利を放棄したり，新たな義務を負担するものではないからである。ただし，管理能力又は権限があることは必要である（152 Ⅱ反対解釈）。被保佐人は管理能力を有するから，保佐人の同意を得ることなく，単独で債務の承認をすることができ，それにより時効中断（現:時効更新）の効果を生ずる（大判大 7.10.9）。

なお，成年被後見人や未成年者は管理能力を有しないから，成年被後見人は時効更新のための債務の承認をすることができず，また未成年者は単独ではすることができない。

(オ)　正　　所有権に基づく登記手続請求訴訟において，被告が自己に所有権があることを主張して，それが判決によって認められた場合には，この主張は，147 条１項１号の「裁判上の請求」に準じるものとして，原告のための取得時効を中断する（現：完成猶予）効力を生ずる（最大判昭 43.11.13）。

以上から，正しいものは(ウ)(オ)の２個であり，正解は(2)となる。

MEMO

10−4(8−2)　時　効

次の対話は時効の援用に関する教授と学生の問答である。教授の問いに対する学生の答えの中からそれぞれ１つずつ選んで答えが一貫したものとなるようにする場合，適切な組合せは後記(1)〜(5)までのうちどれか。

教授：　時効の援用の性質について君はどのように考えますか。
学生：(ア)　時効は実体法上の権利の得喪とは無関係であり，時効の援用は時効の完成という事実を法定の証拠として裁判所に提出するものと考えます。
　　　(イ)　時効は，その援用を停止条件として権利の得喪を生じさせるものであり，時効の援用により実体法上の権利の得喪が確定するものと考えます。
教授：　では，裁判上消滅時効を援用した債務者がその債務を弁済した場合，債務者は債権者に対してその返還を請求できますか。
学生：(ウ)　できます。
　　　(エ)　できません。
教授：　それはなぜですか。
学生：(オ)　非債弁済になるからです。
　　　(カ)　不法原因給付になるからです。
　　　(キ)　自然債務の弁済になるからです。
教授：　それでは，この事例で債務者が債権者に対して反対債権を有していた場合，債権者は，債務者が消滅時効を援用した債権による相殺をすることができますか。
学生：(ク)　時効の援用前に相殺適状となっている場合には相殺できます。
　　　(ケ)　時効の援用後に相殺適状になった場合でも相殺できます。

(1)　(ア)(ウ)(オ)(ク)　　(2)　(ア)(エ)(カ)(ク)　　(3)　(ア)(エ)(キ)(ケ)　　(4)　(イ)(ウ)(オ)(ケ)
(5)　(イ)(エ)(カ)(ケ)

学習記録	／	／	／	／	／	／	／	／	／

重要度　A	推論型	要 *Check!*

正解　(3)

時効の援用（145）の性質について㋐の立場に立つと，時効の援用は権利の得喪という法定の証拠を裁判所に提出する行為にすぎず，実体法上の権利の消滅とは無関係であるというのだから，消滅時効が援用された債務について，債権者は法律上訴求できないが，逆に，債務者が時効を援用した後弁済し，それを債権者が債務の履行として受領すれば債務者はその返還を請求できないということになる（自然債務）。この立場は，「法定証拠提出説」である。

これに対し，㋑の立場に立つと，時効の援用によって確定的に実体法上の権利が消滅しているから，時効援用後の債務の弁済は非債弁済となり，債務者は給付した物の返還を請求することはできなくなる（705）。この立場は，「不確定効果説」の「停止条件説」（判例）である。

なお，消滅時効援用後に弁済しても，公序良俗に反する（90）ものではないから，不法原因給付（708）の問題とはならない。

次に，時効の援用の性質について，㋐の立場に立てば援用後も実体法上の権利は消滅しないから，援用後に相殺適状になれば，当事者の相殺に対する期待も出てくるし，これを保護する必要もあるから，相殺することができるということになる。

これに対し，㋑の立場に立つと，援用によって実体法上権利が消滅してしまうことになるから，時効援用後に相殺適状になるということはあり得ず，この場合には相殺することはできないことになる。

援用前に相殺適状になっている場合には，どちらの立場に立っても相殺することができる。

以上から，成り立ち得る組合せは，㋐㋓㋖㋗，㋐㋓㋖㋘，㋑㋓㋔㋗の三つであるが，本問にある組合せは㋐㋓㋖㋘だけであり，正解は(3)となる。

10-6(10-3)　時　効

Aは，Bに対し，自己所有の甲土地を売却し，代金と引換えに甲土地を引き渡したが，その後，Cに対しても甲土地を売却し，代金と引換えに甲土地の所有権移転登記を経由した。この場合におけるBの甲土地の取得時効の成否に関する次の記述のうち，判例の趣旨に照らし正しいものはどれか。

(1)　Bは，A所有の甲土地を買い受けた時点で甲土地の所有権を取得しており，その引渡しを受けた時点で「他人の物の占有」を開始したとはいえないので，この時点から時効期間を起算することはできない。

(2)　Bは，甲土地の引渡しを受けた時点で善意・無過失であったとしても，AC間の売買及び登記の経由があったことを知ったときは，その時点で悪意となるので，10年間の占有による取得時効は成立しない。

(3)　Bは，甲土地の引渡しを受けた時点で所有の意思を有していたとしても，AC間の売買及び登記の経由があったことを知ったときは，その時点で所有の意思を失うので取得時効は成立しない。

(4)　Bは，甲土地の引渡しを受けた後に，他人により占有を奪われたとしても，占有回収の訴えを提起して占有を回復した場合には，継続して占有したものと扱われるので，占有を奪われていた期間も，時効期間に算入される。

(5)　Bが引渡しを受けた後に甲土地を第三者に賃貸した場合には，Bは，直接占有を失うので，取得時効は成立しない。

学習記録	／	／	／	／	／	／	／	／	／

重要度 A | **知識型** | **要 *Check!*** | **正解　(4)**

(1) 誤　　時効取得の目的物につき162条は「他人の物」と規定するが，有効な売買により取得した所有権に基づき買主が占有する物（自己物）についても時効取得は認められる（最判昭44.12.18，最判昭42.7.21）。取得時効は目的物を継続して占有するという事実状態を尊重しようとする制度であるから，所有権に基づいて占有する者であっても十分その趣旨は妥当するし，登記を経由していないなどのために所有権の立証が困難であったり，所有権の取得を第三者に対抗できないなどの場合には取得時効を認める実益があるからである。そして，162条が時効取得の対象物を他人の物としたのは，通常の場合において，自己の物について取得時効を援用することは無意味であるからにほかならないのであって，同条は自己の物について取得時効の援用を許さない趣旨ではないからである（上記42年判決）。よって本肢においても，「他人の物の占有」を開始したといえ，この時点から時効期間を起算できる。

(2) 誤　　162条２項は10年の取得時効の要件として「占有の開始の時」に善意であり，かつ，過失がないことを要求するが，占有の開始の時点で善意・無過失であれば，後に悪意に転じてもよい（大判明44.4.7）。したがって，Ｂが甲土地の引渡しを受けた時点で善意・無過失であるにもかかわらず，後に悪意に転じたことを理由として162条２項の適用を否定する本肢は誤りである。

(3) 誤　　取得時効の要件である「所有の意思」(162) とは，所有者がすることができるのと同様の排他的支配を事実上行おうとする意思をいい，その有無は，占有を生じさせた原因である事実，すなわち権原の性質によって客観的に決せられる（最判昭45.10.29）。本肢において，たとえＢが，占有を取得した後に自己と対抗関係にある第三者Ｃが登記を取得した事実を知ったとしても，占有を生じさせた権原の性質上Ｂに所有者がするのと同様の排他的支配を事実上行おうとする意思が客観的に認められることに変わりはない以上，Ｂは所有の意思を失うものではない。したがって，Ｂがかかる事実を知ったことをもってＢの所有の意思を否定する本肢は誤りである。

(4) 正　　占有者が「他人によってその占有を奪われた」ときは時効は中断する (164) が，「占有者が占有回収の訴えを提起した」ときは占有は失われなかったものとして取り扱われる（203但書）。もっとも，単に占有者が占有回収の訴えを提起したという事実のみでは足らず，これに勝訴して現実に占有を回復したときにはじめて，占有権が消滅しなかったと擬制される（最判昭44.12.2）。本肢の記述は，「占有回収の訴えを提起して占有を回復した場合には継続して占有したものと扱われる」としているから，正しい。

(5)　誤　　時効は永続する事実状態を権利関係に高める制度であるから，取得時効の要件としての占有は，自己占有のみならず代理占有も含み，両者は，いずれも物に対する事実的支配としての性質を同じくするものとして併せて主張することができると解される。物の占有者Bが占有の途中で第三者に物を賃貸した場合，賃貸人は，社会通念上，賃借人を通じて当該物に対し事実的支配を有すると認められ，代理占有を取得する。よって，本人Bは，それまでの自己占有とその後の代理占有を併せた期間，占有を継続しているものとして，時効取得することができる。

MEMO

10−7(11−2)　時　効

次の対話は，債権の消滅時効に関する教授と学生の対話である。教授の質問に対する次の(ア)から(オ)までの学生の回答のうち，判例の趣旨に照らし誤っているものの組合せは，後記(1)から(5)までのうちどれか。(改)

教授：　債務者は，時効の利益を時効の完成前に放棄することができますか。

学生：(ア)　はい。時効の利益は，期限の利益と同様に，それにより利益を受ける債務者のために存するので，債務者は，債務の発生後は，いつでも時効の利益を放棄することができます。

教授：　それでは，時効の完成前に，被保佐人が，保佐人の同意を得ずに債務の承認をした場合，時効は更新されますか。

学生：(イ)　はい。時効の更新の効力を生ずべき債務の承認をするためには，処分の能力又は権限があることは要しないので，保佐人の同意は不要です。

教授：　時効完成後に債務者が債務の存在を承認した場合，債務者は，時効の利益を放棄したことになりますか。

学生：(ウ)　いいえ。債務者が時効の完成を知った上で債務の存在を承認したのでなければ，時効の利益の放棄には当たりません。

教授：　それでは，債務者が時効の完成を知らずに債務の分割弁済を約束した場合，債務者は，時効を援用することができますか。

学生：(エ)　はい。債務の分割弁済の約束は，それが時効の完成前にされたときは，債務の承認として時効の更新事由となりますが，時効の完成後にされたときは，時効の利益の放棄には当たらないので，債務者は，時効を援用することができます。

教授：　債務者は，いったん時効の利益を放棄した後は，もはや時効を援用することができないのでしょうか。

学生：(オ)　いいえ。時効の利益を放棄した時点から再び時効は進行するので，再度時効が完成すれば，債務者は，時効を援用することができます。

(1)　(ア)(イ)　　(2)　(ア)(エ)　　(3)　(イ)(オ)　　(4)　(ウ)(エ)　　(5)　(ウ)(オ)

学習記録	／	／	／	／	／	／	／	／	／

重要度　A　知識型　要 *Check!*　　正解　(2)

(ア)　誤　　債務者は時効完成前に時効利益を放棄することはできない（146）。時効完成前の時効利益の放棄が許されるとすれば，契約上の債権の場合，強い立場にある債権者は，常に時効利益放棄の特約をとりつけることになり，時効制度が無意味なものとなるおそれがあるし，また，永続した事実状態を尊重して法的安定性を図るという公益目的のための時効制度を，個人の意思によってあらかじめ排斥できるのは不当だからである。なお，時効完成後の放棄は，146条の反対解釈，及び，当事者の援用を待って時効の効果が生ずると定めた145条の趣旨に合致することから，当然に有効である。

(イ)　正　　時効の完成前に債務の承認をすると時効は更新されるが，この承認をするには管理能力があれば足り，処分能力は不要であると解される（152 Ⅱの反対解釈）。そして，被保佐人は管理能力を有するから，被保佐人は単独で時効更新の効力を生ずべき債務の承認をすることができ，保佐人の同意は不要である（大判大 7.10.9）。

(ウ)　正　　時効利益の放棄は，時効の利益を受けない旨の意思表示であるから，時効の完成を知った上でこれをする必要がある（大判大 3.4.25）。

(エ)　誤　　時効更新事由としての承認（152 Ⅰ）とは，時効により利益を受ける当事者が時効によって権利を失う者に対して権利の存在を承認する行為である。債務の分割弁済の約束は，債務の存在を前提とするものなので，承認に当たる。したがって，時効完成前にされた債務の分割弁済の約束が，債務の承認として時効更新事由となるとしている点は正しい。また，(ウ)の解説で述べたように，時効利益の放棄は時効の完成を知った上ですべきものであるから，時効完成後に債務者が時効完成を知らずにした債務分割弁済の約束が，時効利益の放棄に当たらないとしている点も正しい。しかし，時効完成後に債務者が債務を承認した以上，時効完成の事実を知らなかったとしても，その後，その債務について完成した消滅時効を援用することは信義則上許されない（最大判昭41.4.20）。本肢の場合，債務者は時効完成後に債務を承認しているので，もはや時効を援用することができない。

(オ)　正　　債務者が消滅時効の完成後に債務を承認した場合でも，その承認以後再び時効は進行するので，債務者は再度時効が完成すれば時効を援用することができる（最判昭 45.5.21）。この判例は，援用権喪失の事案であるが，放棄の場合も同様に解されている。

以上から，誤っているものは(ア)(エ)であり，正解は(2)となる。

10-10(15-7)　時　効

時効に関する次の(ア)から(オ)までの記述のうち，判例の趣旨に照らし正しいものは，幾つあるか。(改)

(ア)　訴えの提起は，時効の完成猶予事由であり，その訴えが却下され，又は棄却されても，時効の完成猶予の効力が生ずるが，訴えの取下げがあったときは，時効の完成猶予の効力を生じない。

(イ)　時効の完成後，時効の利益を受ける者が時効によって権利を失う者に対して権利の存在を認めたとしても，時効の完成を知らなかったときは，時効を援用することができる。

(ウ)　平成29年法改正により削除

(エ)　時効が更新された場合には，それまでに経過した期間は法律上は無意味なものとなり，時効の更新事由が終了した時から，新たに時効期間が進行を開始するが，時効の完成が猶予された場合には，時効の完成が一定期間猶予されるだけであり，時効の完成猶予事由が終了しても，新たに時効期間が進行を開始することはない。

(オ)　時効の利益を受ける者が時効によって権利を失う者に対してする承認は，時効の更新事由であり，例えば，債務者である銀行が銀行内の帳簿に利息の元金組入れの記載をした場合が，これに該当する。

(1)　0個　(2)　1個　(3)　2個　(4)　3個　(5)　4個

学習記録	／	／	／	／	／	／	／	／	／

重要度　A	知識型	要 *Check!*	正解　(2)

㋐　誤　　訴えの提起（裁判上の請求）は，時効の完成猶予事由である（147Ⅰ①）。そして，裁判上の請求が，訴えの却下や取下げなど，確定判決又は確定判決と同一の効力を有するものにより権利が確定することなく終了した場合には，その終了時から６か月間は，時効の完成は猶予される（147Ⅰ括弧書）。したがって，訴えの取下げがあったときは，時効の完成猶予の効力を生じないとする点で，本肢は誤っている。

㋑　誤　　時効完成後，時効の利益を受ける者が時効によって権利を失う者に対して権利の存在を認めた場合には，時効の完成を知らなかったとしても，時効を援用することはできない（最大判昭41.4.20）。時効完成後に債務を承認する行為があった場合には，相手方も債務者はもはや時効を援用しないとの期待を抱くから，債務者がその債務について時効を援用することは信義則上許されないとしたのである。

㋒　平成29年法改正により削除

㋓　正　　時効が更新された場合には，それまでに経過した期間は法律上は無意味なものとなり，時効の更新事由が終了した時から，新たに時効期間が進行を開始する（147Ⅱ参照）が，時効の完成が猶予された場合には，時効の完成が一定期間猶予される（147Ⅰ参照）だけであり，時効の完成猶予事由が終了しても，新たに時効期間が進行を開始することはない。

㋔　誤　　時効の更新事由としての承認（152Ⅰ）は，権利の存在の認識を積極的に権利者に表示することである。したがって，債務者である銀行が銀行内の帳簿に利息の元金組入れの記載をしても，権利の存在の認識を積極的に権利者に表示するものではないので，ここにいう「承認」には該当しない（大判大5.10.13）。

以上から，正しいものは㋓の１個であり，正解は(2)となる。

10-11(16-7)　時　効

消滅時効に関する次の(ア)から(オ)までの記述のうち，判例の趣旨に照らし誤っているものは幾つあるか。なお，民法166条1項1号については考慮しないものとする。(改)

(ア)　期限の定めのない貸金債権の消滅時効は，金銭消費貸借契約が成立した時から進行する。

(イ)　債務不履行によって生ずる損害賠償請求権の消滅時効は，本来の債務の履行を請求し得る時から進行する。

(ウ)　契約の解除による原状回復請求権は，解除によって新たに発生するものであるから，その消滅時効は，解除の時から進行する。

(エ)　割賦払債務について，債務者が割賦金の支払を怠ったときは債権者の請求により直ちに残債務全額を弁済すべき旨の約定がある場合には，残債務全額についての消滅時効は，債務者が割賦金の支払を怠った時から進行する。

(オ)　債権者不確知を原因とする弁済供託をした場合には，供託者が供託金取戻請求権を行使する法律上の障害は，供託の時から存在しないから，その消滅時効は，供託の時から進行する。

(参考)
民法
(債権等の消滅時効)
第166条　債権は，次に掲げる場合には，時効によって消滅する。
一　債権者が権利を行使することができることを知った時から5年間行使しないとき。

(1)　1個　　(2)　2個　　(3)　3個　　(4)　4個　　(5)　5個

学習記録	／	／	／	／	／	／	／	／	／

重要度 A	知識型	要 *Check!*	正解　(3)

(ア) 誤　　期限の定めのない債権の消滅時効は，原則，債権成立時から進行する。例外として，期限の定めのない金銭消費貸借契約による貸金債権の消滅時効は，金銭消費貸借契約が成立してから相当の期間を経過した時から進行すると解されている。

(イ) 正　　債務不履行によって生じる損害賠償請求権の消滅時効は，本来の債務の履行を請求し得る時から進行する（最判昭 35.11.1，最判平 10.4.24）。

(ウ) 正　　契約の解除による原状回復請求権は，解除によって新たに発生するものであるから，消滅時効は解除の時から進行する（大判大 7.4.13）。

(エ) 誤　　債務者が割賦金の支払を怠ったときは債権者の請求により直ちに残債務全額を弁済すべき旨の約定がある割賦払債務につき，１回の不履行があったとしても，各割賦金債務の消滅時効は約定弁済期の到来ごとに順次進行し，債権者が特に残債務全額の弁済を求める意思表示をしたときに限り，その時から残債務全額についての消滅時効が進行する（請求時説，最判昭 42.6.23）。債務者が割賦金の支払を怠った時から，当然に，残債務全額についての消滅時効が進行するわけではない。

(オ) 誤　　弁済供託における供託金取戻請求権の消滅時効は，過失なくして債権者を確知することができないことを原因とする弁済供託の場合を含め，供託者が免責の効果を受ける必要が消滅した時から進行する（最判平 13.11.27）。供託の基礎となった債務につき免責の効果を受ける必要がある間は，供託者に供託物取戻請求権の行使を期待することはできないからである。

以上から，誤っているものは(ア)(エ)(オ)の３個であり，正解は(3)となる。

法務省が発表した平成 16 年度司法書士試験多肢択一式試験問題の正解では肢(エ)(オ)を誤った肢としていたが，肢(ア)も上記のとおり，誤りと考えられる。法務省から(エ)(オ)のみが正解肢となる根拠が発表されていないため，本書ではLEC の見解に基づき，(ア)(エ)(オ)が誤っているものとして(3)を正解とした。

10－12(17－7)　時　効

Ａは，Ｂとの間で，Ａ所有の絵画をＢに贈与する旨の契約を締結し，その旨の書面を作成したが，その直後に，その契約の締結の際にＢが詐欺を行っていたことに気が付いた。しかし，Ｂから履行の請求がなかったことから，そのまま８年が経過したところ，ＢがＡに対し，絵画の引渡しを求める訴えを提起した。そこで，Ａは，Ｂの詐欺を理由に本件贈与契約を取り消す旨の意思表示をしたが，Ｂは，追認ができる時から５年が経過しているとして，取消権の消滅時効を援用した。

このような事案に関しては，「実体法上の権利が，何人かの請求に対抗して防御的な形態で訴訟に表れた場合には，期間の制限に服することはない。」として，Ａの取消権が消滅時効にかかることはないとする考え方がある。次の(ア)から(オ)までの記述のうち，この考え方についての記述として適切でないものの組合せは，後記(1)から(5)までのうちどれか。

(ア)　消滅時効の制度は，現状維持の要請に基礎を置くものであるが，この考え方も，同様に現状維持の要請に合致するものである。

(イ)　この考え方を採用すると，当事者に対し，長期間が経過した後に過去の事実の存否に関する証拠を収集しなければならないという困難を強いることになる。

(ウ)　この考え方を採用すると，取消権の原因を作出した者が，取消権が消滅するのを待って契約の履行を求めることにより，相手方の取消権の行使を封じることができるという不合理な結論が導かれる。

(エ)　この考え方は，消滅時効の期間が満了する前に相殺適状にあった債権をもって消滅時効の完成後にする相殺が許容されていることと同様の思想に基づくものである。

(オ)　この考え方は，保証人の催告の抗弁権等，権利の性質上，他者からの請求があった場合にのみ行使することができる権利に限り期間制限にかかることはないとするものである。

(1)　(ア)(イ)　(2)　(ア)(エ)　(3)　(イ)(オ)　(4)　(ウ)(エ)　(5)　(ウ)(オ)

学習記録	／	／	／	／	／	／	／	／	／

重要度　A	推論型	要 *Check!*

正解　(5)

本問は，取消権のような形成権が防御的に抗弁としてはたらく場合，期間制限にかからないといえるか（抗弁権の永久性）に関する学説の対立が問題となっている。この点，期間制限にかかるとする見解と，本問のように権利が抗弁権としてはたらく場合には，期間制限にかからないとする見解がある。

(ア)　適切である　　本肢は，権利が抗弁としてはたらく場合には，その行使を認めることが現状維持の要請に合致するというものである。すなわち，取消権の行使を認めることにより，絵画の引渡請求を否定することで，ＢがＡに対して８年間引渡請求をしていないという現状に合致することになる。

(イ)　適切である　　本肢は，当事者に対して長期間経過後に過去の事実の存否に関する証拠を収集しなければならず，困難を強いることになるとする。そして，期間の制限なく取消権の行使を認める設問見解によると，過去の事実である詐欺の事実の存否に関する証拠を収集しなければならないことになる。

(ウ)　適切でない　　本肢は，取消権の原因を作出した者が，取消権が消滅するのを待って契約の履行を求めることにより，相手方の取消権の行使を封じることができるとするものである。そして，このように相手方の取消権の行使を封じることができるのは，取消権が消滅時効の期間制限に服するとする見解による場合である。

(エ)　適切である　　本肢は，消滅時効の期間が満了する前に相殺適状にあった債権をもって消滅時効の完成後に関する相殺が許容されていることと同様の思想に基づくものであるとする。そして，このことを規定する508条は，時効完成前に相殺はされているだろうという当事者間の信頼を保護するという思想に基づくものである。そのため，当事者Ａの信頼を保護するという508条の思想と同様に考えると，ＡはＢから請求されないから取消権を行使しなかったのであり，Ａの取消権の行使を認めるべきであると考えることになる。

(オ)　適切でない　　本肢は，権利の性質上，他者からの請求があった場合にのみ行使することができる権利に「限り」期間制限にかかることはないとしている。これに対して，設問の考え方は，取消権という他者からの請求がなくても行使することができる権利についても期間制限にかからないとしている。

以上から，適切でないものは(ウ)(オ)であり，正解は(5)となる。

10−13(18−7)　時　効

時効又は除斥期間に関する次の(ア)から(オ)までの記述のうち，判例の趣旨に照らし正しいものの組合せは，後記(1)から(5)までのうちどれか。なお，民法166条１項１号については考慮しないものとする。(改)

(ア)　確定期限のある債権の消滅時効は，当該期限が到来した時から進行するが，不確定期限のある債権の消滅時効は，当該期限が到来したことを債権者が知った時から進行する。

(イ)　地上権及び永小作権は，時効によって取得することができるが，地役権は，時効によって取得することができない。

(ウ)　所有権に基づく妨害排除請求権は，時効によって消滅しないが，占有保持の訴えは，妨害が消滅した時から１年を経過した場合には提起することができない。

(エ)　債権は，時効によって消滅するが，時効によって取得できる債権はない。

(オ)　質権は，被担保債権とは別個に時効によって消滅しないが，地上権は，20年間行使しないときは，時効によって消滅する。

(1)　(ア)(エ)　(2)　(ア)(オ)　(3)　(イ)(ウ)　(4)　(イ)(エ)　(5)　(ウ)(オ)

学習記録	／	／	／	／	／	／	／	／	／

重要度　A	知識型	要 *Check!*

正解　(5)

(ア)　誤　　消滅時効は債権者が権利を行使することができることを知った時，又は権利を行使することができる時から進行する（166Ⅰ①・②）。確定期限のある債権は，期限が到来した時から時効が進行する。そして，不確定期限のある債権もまた，期限が到来したことを債権者が知らなくても，期限が到来した時から時効が進行する。

(イ)　誤　　地上権及び永小作権は，時効によって取得することができる（163）。また，地役権も継続的に行使され，かつ，外形上認識することができるものに限り，時効によって取得することができる（283）。

(ウ)　正　　所有権は消滅時効にかからないので，所有権に基づく妨害排除請求権も時効により消滅することはない。一方，占有保持の訴えは妨害が消滅した後１年以内に提起しなければならない（201Ⅰ）から，妨害が消滅した時から１年を経過した場合には提起することができない。

(エ)　誤　　債権は，時効によって消滅する（166Ⅰ）。これに対して，取得時効については，物の占有を要件とするから，占有になじまない権利について取得時効は成立しない。もっとも，不動産賃借権は，債権であるが，不動産を占有して使用するものであるから時効取得することができる（最判昭62.6.5）。

(オ)　正　　質権は，原則として被担保債権とは別個に時効によって消滅しない。これに対して，地上権は，20年間行使しないときは時効によって消滅する（166Ⅱ）。

以上から，正しいものは(ウ)(オ)であり，正解は(5)となる。

10−14(20−7)　時　効

時効の援用権者に関する次の(ア)から(オ)までの記述のうち，判例の趣旨に照らし正しいものの組合せは，後記(1)から(5)までのうちどれか。なお，民法第423条による援用権の代位行使については考慮しないものとする。

(ア)　後順位抵当権者は，先順位抵当権の被担保債権が消滅すると先順位抵当権も消滅し，その把握する担保価値が増大するので，その被担保債権の消滅時効を援用することができる。

(イ)　他人の債務のために自己の所有物件に抵当権を設定した物上保証人は，その被担保債権が消滅すると抵当権も消滅するので，被担保債権の消滅時効を援用することができる。

(ウ)　一般債権者は，執行の場合における配当額が増加する可能性があるので，他の債権者の債権の消滅時効を援用することができる。

(エ)　詐害行為の受益者は，詐害行為取消権を行使する債権者の債権が消滅すれば，詐害行為取消権の行使による利益喪失を免れることができるので，その債権の消滅時効を援用することができる。

(オ)　建物の敷地所有権の帰属につき争いがある場合において，その敷地上の建物の賃借人は，建物の賃貸人が敷地所有権を時効取得すれば賃借権の喪失を免れることができるので，建物の賃貸人による敷地所有権の取得時効を援用することができる。

(1)　(ア)(ウ)　(2)　(ア)(オ)　(3)　(イ)(エ)　(4)　(イ)(オ)　(5)　(ウ)(エ)

学習記録	／	／	／	／	／	／	／	／	／

重要度 A　**知識型**　**要 *Check!***　　**正解　(3)**

(ア)　誤　　後順位抵当権者は先順位抵当権者の被担保債権の消滅時効を援用することはできない（最判平 11.10.21)。後順位抵当権者は，目的物の価格から先順位抵当権の債権額を控除した価額についてのみ優先弁済を受ける地位にあるにすぎず，また先順位抵当権消滅による担保価値増大への期待は，順位上昇によってもたらされる反射的利益にすぎないためである。

(イ)　正　　時効は，当事者（消滅時効にあっては，保証人，物上保証人，第三取得者その他権利の消滅について正当な利益を有する者を含む。）が援用しなければ，裁判所がこれによって裁判をすることができない（145)。

(ウ)　誤　　一般債権者は独自に時効を援用することはできない（大決昭 12.6.30，通説)。なお，この場合において，債務者の資力が自己の債権の弁済を受けるについて十分でない事情にある限り，その債権を保全するに必要な限度で，423 条１項本文の規定により，債務者に代位して他の債権者に対する債務の消滅時効を援用することが許される（最判昭 43.9.26)。

(エ)　正　　保証人，物上保証人，第三取得者その他権利の消滅について正当な利益を有する者は，消滅時効を援用することができる（145)。詐害行為の受益者は，取消債権者の被保全債権が時効消滅すれば利益喪失を免れることができる地位にあるから，債権の消滅によって直接利益を受ける者にあたり（最判平 10.6.22)，本条にいう「正当な利益を有する者」といえ，取消債権者の被保全債権の消滅時効を援用することができる。

(オ)　誤　　土地を時効取得すべき者又はその承継人から，その土地上の建物を賃借しているにすぎない者は，当該土地の取得時効完成によって直接の利益を受ける者ではないため，当該建物の賃貸人による敷地所有権の取得時効を援用することができない（最判昭 44.7.15)。

以上から，正しいものは(イ)(エ)であり，正解は(3)となる。

10−15(21−5)　時　効

時効の完成猶予又は更新に関する次の(ア)から(オ)までの記述のうち，判例の趣旨に照らし正しいものの組合せは，後記(1)から(5)までのうちどれか。(改)

(ア)　未成年者であるAがその債権者Bに対してAの法定代理人Cの同意を得ないでその債務を承認したときは，Cはその承認を取り消すことができず，その債権の消滅時効は更新される。

(イ)　AがBに対する借入債務につきその利息を支払ったときは，その元本債権の消滅時効は更新される。

(ウ)　Aが所有する不動産の強制競売手続において，当該不動産に抵当権を設定していたBが裁判所書記官の催告を受けてその抵当権の被担保債権の届出をしたときは，その被担保債権の消滅時効はその完成が猶予される。

(エ)　Bが，Aに対する債権をCに譲渡し，Aに対してその譲渡の通知をしたときは，その債権の消滅時効は更新される。

(オ)　Aの債権者Bが，債権者代位権に基づき，Aに代位してAのCに対する債権についてCに裁判上の請求をしたときは，AのCに対する当該債権の消滅時効はその完成が猶予される。

(1)　(ア)(イ)　(2)　(ア)(エ)　(3)　(イ)(オ)　(4)　(ウ)(エ)　(5)　(ウ)(オ)

学習記録	／	／	／	／	／	／	／	／	／

重要度 A　**知識型**　**要 *Check!***　　**正解　(3)**

(ア) 誤　　債務の「承認」(152) は財産管理行為の一つであるから，管理能力が必要である (152Ⅱ)。成年被後見人や未成年者は管理能力を有しないので，それらの者の承認は取り消し得る (大判昭13.2.4)。そして，取り消されると時効更新の効力は生じない。

(イ) 正　　「承認」とは，時効利益を受けるべき者が，権利の不存在又は権利の存在を権利者に対して表示することをいう(観念の通知)。利息の支払は,「承認」(156 (現：152)) に当たるので (大判昭3.3.24)，元本債権の消滅時効は更新される。

(ウ) 誤　　競売の換価手続では，裁判所書記官により一定の債権者に対して債権届出の催告がされる (民執49Ⅱ・50) が，この届出が時効の完成猶予事由たる「催告」(150Ⅰ) に当たるかにつき判例は,債権届出は債権計算書の提出であり,その性質は裁判所への資料の提出にすぎないことを理由に時効中断 (現：完成猶予) 事由である「請求ないし催告」に当たらないとする (最判平元.10.13)。

(エ) 誤　　債権者が譲受人に債権を譲渡しその旨を通知しても，時効の完成猶予又は更新事由 (147 ～ 152) には当たらず,時効の完成は猶予又は更新されない。

(オ) 正　　債権者が債権者代位権 (423) に基づいて第三債務者に対し債務者の債権を代位行使して裁判上の請求をしたときは，債務者の第三債務者に対する債権の時効は中断する (現：その完成が猶予される) (大判昭15.3.15)。なお，この場合に債権者の債務者に対する債権の時効の完成が猶予されることはない。

以上から，正しいものは(イ)(オ)であり，正解は(3)となる。

10−16(21−6)　時　効

割賦払の金銭債権について，「債務者が割賦金の支払を怠った場合には，『期限の利益を喪失させる』旨の債権者の意思表示により期限の利益が失われ，債権者は，残債務全部の履行を請求することができる」という特約が付されている場合に，債務者が割賦金の支払を１回怠ったときの残債務の消滅時効の起算点に関して，割賦金の不履行があった時から時効が進行するとの考え方（甲説）と，債権者の請求があった時から進行するとの考え方（乙説）とがある。

それぞれの考え方について述べた次の(ア)から(オ)までの記述のうち，誤っているものの組合せは，後記(1)から(5)までのうちどれか。

(ア)　甲説は，残債務についての履行遅滞の要件と消滅時効の要件とを区別していないと批判される。

(イ)　甲説は，特約の利益を主張せずに当初の約定どおりの割賦払を受けようとする債権者の債権が当初の約定弁済期に達しないうちに時効によって消滅することがあるのは著しく不合理であると批判される。

(ウ)　甲説は，事実上，債権者に残債務全部の履行の請求をすることを強制することになると批判される。

(エ)　乙説は，割賦金の不払があっても債権者が引き続き割賦払を認める場合，割賦金の支払を怠ったことのある債務者が支払を怠ったことのない債務者に比べより多くの消滅時効の利益を受けることになると批判される。

(オ)　乙説は，債権者の意思によって除き得る事情をもって債権の行使を妨げている事情とみるべきではないと批判される。

(1)　(ア)(エ)　　(2)　(ア)(オ)　　(3)　(イ)(ウ)　　(4)　(イ)(エ)　　(5)　(ウ)(オ)

学習記録	／	／	／	／	／	／	／	／	／

重要度　A	推論型	要 *Check!*	正解　(1)

割賦払の金銭債権について，「債務者が割賦金の支払を怠った場合には，『期限の利益を喪失させる』旨の債権者の意思表示により期限の利益が失われ，債権者は，残債務全額の請求をすることができる」という特約が付されている場合において，残債務の消滅時効の起算点については，争いがある。この点につき，割賦金の不履行があった時から残債務全部についての消滅時効が当然に進行を開始するとの見解（即時進行説：甲説）と，債権者が残債務の履行を請求した時から消滅時効が進行するとする見解（最判昭 42.6.23，債権者意思説：乙説）がある。

㈠　誤　　甲説によると，割賦払債務の１回の不履行により，債務者は期限の利益を喪失する結果，残債務は期限のない債務と同様に扱われ，消滅時効は残債務を請求することができる不履行の時から進行し（166Ⅰ②），債務者が履行遅滞に陥る時期は残債務の履行を請求した時であるとする（412Ⅲ参照）。一方，乙説によると，消滅時効の起算点及び履行遅滞の時期は，ともに債権者が残債務の履行を請求した時であるとする。乙説は，甲説から残債務について履行遅滞の要件と消滅時効の要件を区別していないと批判される。

㈡　正　　割賦払債権の消滅時効は，各割賦金支払債務についてその弁済期が到来するごとに個別に進行する。しかし，甲説によると，債務者が支払を怠った時から残債務全部の消滅時効が進行する結果，債権者が当初の約定どおりの割賦払を受けようとする場合，債権者の債権が当初の約定弁済期に達しないうちに時効によって消滅することがあることになり，著しく不合理であると批判される。

㈢　正　　期限の利益を喪失する特約は，債務者の期限の利益（136Ⅰ）を奪うものであり，債権者に有利にはたらくのが本来の姿であるとすれば，債権者は残債務全額を請求するか，従来どおり割賦弁済を請求するかを任意に決定することができるはずである。しかし，甲説によれば，債務者が割賦金の支払を怠った時から，債権者の意思表示にかかわらず，即時に消滅時効が進行することになる。そのため，甲説に対しては，事実上，債権者に消滅時効の完成を防ぐために残債務全部の履行の請求を強制することになるとの批判がされる。

㈣　誤　　甲説によれば，債務者が割賦金の支払を怠った時から即時に残債務全額について消滅時効が進行することになる。しかし，これでは，割賦金の支払を怠った債務者の方が，支払を怠ったことのない債務者に比べてより多くの消滅時効の利益を受けることになってしまう。そこで，甲説に対しては，このような結果になってしまうことは妥当でないとの批判がされる。

⑷　正　　乙説は債権者が改めて残債務の請求をした時から消滅時効が進行するとする。これに対しては，166条１項２号にいう「権利を行使することができる」とは，権利の行使を妨げる事情がないことをいうところ，乙説によると債権者が残債務を請求していないことは権利の行使を妨げる事情に当たると解することになる。しかし，債権者は債務不履行の時からいつでも残債務の請求をすることができるのであるから，債権者が残債務の請求をしていないことは，債権者の意思によって除き得る事情であり，権利の行使を妨げている事情とみるべきではないとの批判がある。

以上から，誤っているものは⑺⑴であり，正解は⑴となる。

MEMO

10−17(21−7)　時　効

取得時効に関する次の(ア)から(オ)までの記述のうち，判例の趣旨に照らし誤っているものの組合せは，後記(1)から(5)までのうちどれか。ただし，占有について，平穏及び公然の要件は満たしているものとする。

(ア)　AがB所有の甲土地に無権原で自宅として乙建物を建て，所有の意思をもって甲土地を15年間占有した後，Aが死亡し，その直後からAの単独相続人であるCが自宅として乙建物に住むようになり，5年間所有の意思をもって甲土地を占有した場合，Cは甲土地の所有権を取得する。

(イ)　AがB所有の甲土地を所有者と称するCから買い受け，これにより甲土地が自己の所有となったものと誤信し，かつ，そう信じたことに過失なく3年間占有した後，甲土地をBの所有であることを知っているDに売却し，Dが7年間甲土地を占有した場合，Dは甲土地の所有権を取得する。

(ウ)　AがB所有の甲土地に無権原で自宅として乙建物を建て，所有の意思をもって甲土地を10年間占有した後，Aが甲土地及び乙建物をCに売却し，Cが5年間占有した。その後，Cが甲土地及び乙建物をDに売却し，Dが5年間甲土地を占有した場合，Dは甲土地の所有権を取得する。

(エ)　AがB所有の甲土地を所有者と称するCから買い受け，これにより甲土地が自己の所有となったものと誤信し，かつ，そう信じたことに過失なく8年間占有した後に，甲土地がB所有の土地であることに気付いた場合，その後2年間甲土地を占有したときであっても，Aは甲土地の所有権を取得しない。

(オ)　AがB所有の甲土地を借りて乙建物を建て，甲土地を15年間占有していたところ，Aが死亡し，Aの単独相続人であるCが甲土地及び乙建物がAの遺産であり自己がこれらを取得したと信じて5年間甲土地を占有した場合，Cは甲土地の所有権を取得する。

(1)　(ア)(ウ)　　(2)　(ア)(オ)　　(3)　(イ)(ウ)　　(4)　(イ)(エ)　　(5)　(エ)(オ)

学習記録	／	／	／	／	／	／	／	／	／

重要度 A　**知識型**　**要 *Check!***　　**正解　(5)**

(ア)　正　　20年間，所有の意思をもって，平穏に，かつ，公然と他人の物を占有した者は,その所有権を取得する（162Ⅰ）。占有者の承継人は,その選択に従い,自己の占有のみを主張し，又は自己の占有に前の占有者の占有を併せて主張することができる（187Ⅰ）。これは相続のような包括承継の場合にも適用され,相続人は，被相続人の占有に自己の占有を併せてこれを主張することができる(最判昭37.5.18)。よって，AがB所有の甲土地を悪意で15年間占有し，その後Aが死亡し，CがAを相続したことにより5年間占有した場合，Cは，取得時効の完成により甲土地の所有権を取得する。

(イ)　正　　10年間，所有の意思をもって，平穏，かつ，公然と他人の物を占有した者は，その占有の始めに善意・無過失であれば，その不動産の所有権を取得する（162Ⅱ）。そして，占有承継人は，前主の占有を併せて主張することもできる（187Ⅰ）。この場合，占有者の善意・無過失については，最初の占有者につきその占有開始の時点においてこれを判定すれば足りる(最判昭53.3.6)。よって，Dは，自己の占有に善意・無過失であるAからの占有を併せて主張すると,10年の取得時効の完成により所有権を取得する（162Ⅱ）。

(ウ)　正　　占有者は，自己の占有に前の占有者の占有を併せて主張することもできる（187Ⅰ）。この場合，前主が数人いるときは，自己の直前の占有者の占有だけでなく，全部又は特定の占有者以下の占有を任意に選択して主張することができる（大判大6.11.8）。よって，Dは，悪意であるAの10年間の占有及びCの5年間の占有に加え自己の5年間の占有を併せて主張すると，占有期間は20年になり，C及びDの占有の善意悪意に関係なく，時効取得の完成により所有権を取得する（162Ⅰ）。

(エ)　誤　　善意の占有者が，占有の途中で悪意となっても，占有の開始時に善意・無過失であれば10年の取得時効（162Ⅱ）は成立する（大判明44.4.7）。よって，Aは，善意・無過失で8年間占有した後に，甲土地がB所有の土地であることに気付き，悪意に転じた後に2年間占有したときは，10年の取得時効の完成により甲土地の所有権を取得する。

(オ)　誤　　所有権の取得時効の要件である占有は，所有の意思をもってする占有（自主占有）であることを要し（162Ⅰ），賃借人の占有は所有の意思をもってする占有に当たらない（他主占有）。また，賃借人の相続人は，被相続人の他主占有を承継するが，新たに相続財産を事実上支配することによって占有を開始し，その占有に所有の意思があると認められる場合には，新権原による自主占有を取得する（185，最判昭46.11.30）。Aの相続人Cが甲土地及び乙建物が

Ａの遺産であり，自己がこれらを取得したと信じて５年間甲土地を占有した場合，前主Ａの占有を併せて主張したときは，他主占有を承継することになり，Ｃは，甲土地の所有権を取得しない。また，Ｃが新権原による自己の占有のみ主張したときは，占有の期間が10年に足りず，Ｃは，甲土地の所有権を取得しない。

以上から，誤っているものは(エ)(オ)であり，正解は(5)となる。

MEMO

10−18(24−6)　時　効

次の対話は，消滅時効に関する教授と学生との対話である。教授の質問に対する次の(ア)から(オ)までの学生の解答のうち，判例の趣旨に照らし正しいものの組合せは，後記(1)から(5)までのうちどれか。（改）

教授：　時効により直接に利益を受ける者は時効を援用することができるのに対し，時効により間接に利益を受ける者は時効を援用することができませんが，具体例としては，どのような者を挙げることができますか。

学生：(ア)　抵当不動産の第三取得者は抵当権の被担保債権の消滅時効を援用することができるのに対し，抵当不動産の後順位抵当権者は先順位抵当権の被担保債権の消滅時効を援用することができません。

教授：　金銭債権の債権者は，債務者の資力が自己の債権の弁済を受けるについて十分でないときは，債務者に代位して，他の債権者に対する債務の消滅時効を援用することができますか。

学生：(イ)　消滅時効の援用は，援用権者の意思にかからしめられているので，金銭債権の債権者は，債務者に代位して他の債権者に対する債務の消滅時効を援用することはできません。

教授：　債務者のした債務の承認によって被担保債権について消滅時効の更新の効力が生じた場合には，物上保証人は，その効力を否定することができますか。

学生：(ウ)　時効の更新は，更新の事由が生じた当事者及びその承継人の間においてのみ，その効力を有するので，物上保証人は，債務者のした債務の承認によって生じた消滅時効の更新の効力を否定することができます。

教授：　主たる債務者が債務の承認をしたことにより消滅時効が更新した場合には，連帯保証人に対しても消滅時効の更新の効力が生じますか。

学生：(エ)　主たる債務が時効によって消滅する前に保証債務が時効によって消滅することは，債権の担保を確保するという観点からは望ましくないので，主たる債務者のした債務の承認による消滅時効の更新の効力は，連帯保証人に対しても生じます。

教授：　連帯債務者のうちの一人が時効の利益を放棄した場合には，他の連帯債務者に対して影響がありますか。

学生：(オ)　連帯債務者のうちの一人が時効の利益を放棄した場合には，他の連帯債務者にもその時効の利益の放棄の効力が及ぶので，他の連帯債務者も，時効の援用をすることができなくなります。

(1)　(ア)(エ)　　(2)　(ア)(オ)　　(3)　(イ)(ウ)　　(4)　(イ)(エ)　　(5)　(ウ)(オ)

学習記録	／	／	／	／	／	／	／	／	／

重要度 A	知識型	要 *Check!*

正解　(1)

(ア)　正　　時効は，当事者（消滅時効にあっては，保証人，物上保証人，第三取得者その他権利の消滅について正当な利益を有する者を含む。）が援用しなければ，裁判所がこれによって裁判することができない（145）。一方，後順位抵当権者は先順位抵当権者の被担保債権の消滅時効を援用することはできない（最判平 11.10.21）。後順位抵当権者は，目的物の価格から先順位抵当権の債権額を控除した価額についてのみ優先弁済を受ける地位にあるにすぎず，また先順位抵当権消滅による担保価値増大への期待は，順位上昇によってもたらされる反射的利益にすぎないためである。

(イ)　誤　　債権者は債務者が他の債権者に対して負っている債務の消滅時効を主張することはできない（大決昭 12.6.30）が，債務者の資力が自己の債権の弁済を受けるについて十分でないときは，その債権を保全するに必要な限度で，423 条１項の規定により，債務者に代位して他の債権者に対する債務の消滅時効を援用することができる（最判昭 43.9.26）。

(ウ)　誤　　物上保証人が，債務者のした債務の承認によって被担保債権について生じた消滅時効の中断（現：更新）の効力を否定することは，担保権の付従性に抵触し，時効による抵当権の消滅に関する 396 条の規定の趣旨にも反し許されない（最判平 7.3.10）。

(エ)　正　　連帯保証も保証債務の一つであり付従性を有するので，主たる債務者について生じた事由はすべて連帯保証人に及ぶ(457 I , 大判昭 7.2.16)。判例は，保証債務の事案であるが，457 条１項について，「457 条１項は，主たる債務が時効によって消滅する前に保証債務が時効によって消滅することを防ぐための規定であり，もっぱら主たる債務の履行を担保することを目的とする保証債務の付従性に基づくものであると解される」としている（最判昭 43.10.17）。そこで，主債務者が消滅時効完成前に債務を承認した場合には，連帯保証人にもその効力が及び，保証債務の消滅時効も更新する。

(オ)　誤　　連帯債務者のうちの一人が時効の利益を放棄した場合，他の連帯債務者に対してはその放棄の効力は及ばない（放棄の相対効，大判昭 6.6.4 参照）。

以上から，正しいものは(ア)(エ)であり，正解は(1)となる。

10-20(26-6)　時　効

Ａは，Ｂとの間で，Ａ所有の中古車をＢに売り渡す旨の売買契約を締結し，売買代金の支払期限を平成15年10月1日と定めた。この事例に関する次の(ア)から(オ)までの記述のうち，判例の趣旨に照らし，平成26年7月6日の時点でＡのＢに対する売買代金債権について消滅時効が完成していないものの組合せは，幾つあるか。

なお，当該売買契約の締結は，商行為に当たらないものとし，民法166条1項1号については考慮しないものとする。(改)

(ア)　Ａは，平成25年9月1日，Ｂに対し，当該売買代金の支払を求める訴えを提起したものの，平成26年3月1日，その訴えを取り下げた。

(イ)　Ａは，平成20年9月1日，後見開始の審判を受け，成年後見人が選任されたものの，平成25年9月1日，当該成年後見人が死亡し，同年11月1日，新たな成年後見人が選任された。

(ウ)　Ａは，平成25年9月1日，Ｂに対し，当該売買代金の支払を求め，民事調停法に基づき調停の申立てをしたものの，平成26年5月1日，調停が不成立によって終了したため，同月15日，Ｂに対し，当該売買代金の支払を求める訴えを提起した。

(エ)　Ａは，平成20年9月1日，Ｂに対し，当該売買代金の支払を求める訴えを提起し，平成21年7月1日，その請求を認容する判決が確定した。

(オ)　Ａは，平成25年9月1日及び同年11月1日の2回にわたり，Ｂに対し，書面により当該売買代金の支払を請求したものの，Ｂがその請求に応じなかったことから，平成26年4月1日，Ｂに対し，当該売買代金の支払を求める訴えを提起した。

(参考)

民法

(債権等の消滅時効)

第166条　債権は，次に掲げる場合には，時効によって消滅する。

一　債権者が権利を行使することができることを知った時から5年間行使しないとき。

(1)　0個　　(2)　1個　　(3)　2個　　(4)　3個　　(5)　4個

学習記録									
	／	／	／	／	／	／	／	／	／

重要度 A	推論型	要 *Check!*	正解　(4)

AのBに対する売買代金債権（以下，本件債権という。）の支払期限は，平成15年10月1日であるから，本来の消滅時効の完成は，支払期限から10年経過した平成25年10月1日の経過時である（166Ⅰ②）。

(ア)　消滅時効が完成していない　　裁判上の請求は時効の完成猶予事由である（147Ⅰ①）。しかし，確定判決又は確定判決と同一の効力を有するものによって権利が確定することなくその事由が終了した場合にあっては，その終了のときから6か月を経過するまでの間は，時効は，完成しない（147Ⅰ本文括弧書）。本肢において，Aは平成25年9月1日，Bに対し，当該売買代金の支払を求める訴えを提起したものの，平成26年3月1日，その訴えを取り下げているため，その日から6か月が経過する平成26年9月1日まで時効はその完成が猶予される。

(イ)　消滅時効が完成している　　本件債権の時効完成の6か月以内（平成25年4月2日0時から平成25年10月1日24時）である平成25年9月1日に成年後見人が死亡し，法定代理人が存在しないことになったため，後任者が就職した平成25年11月1日から6か月が経過する平成26年5月1日経過時まで本件債権の消滅時効は完成しない（158）。本肢において，平成26年5月1日経過までの間に他に時効の完成猶予・更新事由は生じていないため，同日の経過をもって本件債権は時効消滅している。

(ウ)　消滅時効が完成していない　　民事訴訟法275条1項の和解又は民事調停法若しくは家事事件手続法による調停は，時効の完成猶予事由である（147Ⅰ③）。本肢において，民事調停法に基づき調停の申立てをしたものの，平成26年5月1日に調停が不成立によって終了しているが，その後，6か月以内である平成26年5月15日に訴えを提起したため，本件債権について時効の完成猶予の効力が生じている（147Ⅰ本文）。

(エ)　消滅時効が完成していない　　裁判上の請求によって完成猶予された時効は，裁判が確定したことにより，時効は更新される（147Ⅱ）。本肢では，平成21年7月1日に本件債権に基づく請求を認容する判決が確定しているため，その時点から時効は新たに進行を始めているが，平成26年7月6日時点では，再度の時効は完成していない。

(オ)　消滅時効が完成している　　催告があったときは，その時から6か月を経過するまでの間は，時効は，完成しない（150Ⅰ）。6か月未満の間隔で催告を繰り返しても，再度の催告は，時効の完成猶予の効力を有しない（150Ⅱ）。本肢において，平成 25 年９月１日（到達日は不明であるものの便宜，同日中の到達と考える）と同年 11 月１日に催告を行っているが，同年 11 月１日の催告は時効の完成猶予の効力を生じないものであるため，最初の催告の時から６か月が経過する平成 26 年３月１日までに裁判上の請求等を行う必要があったところ（150Ⅰ），Aは平成 26 年４月１日に訴えを提起したものである。よって，平成 26 年３月１日の経過をもって本件債権は消滅時効が完成する。

以上から，問題文の条件により，平成 26 年７月６日の時点で本件債権について消滅時効が完成していないものは㈠㈢㈣の３個であり，正解は⑷となる。

MEMO

10-21(27-6)　時　効

取得時効に関する次の(ア)から(オ)までの記述のうち，判例の趣旨に照らし正しいものの組合せは，後記(1)から(5)までのうち，どれか。

(ア)　建物の所有権を時効により取得したことを原因として所有権の移転の登記をする場合には，その登記原因の日付は，取得時効が完成した日となる。

(イ)　Aが，B所有の甲土地について，Bとの間で使用貸借契約を締結し，その引渡しを受けたが，内心においては，当初から甲土地を時効により取得する意思を有していた場合，Aは，甲土地の占有を20年間継続したとしても，甲土地の所有権を時効により取得することはできない。

(ウ)　甲土地を10年間占有したことを理由として甲土地の所有権を時効により取得したことを主張する者は，法律上，その占有の開始の時に善意であったことだけでなく，無過失であったことも推定される。

(エ)　Aがその所有する甲土地について，BのCに対する債権を被担保債権とし，Bを抵当権者とする抵当権を設定した後に，Cが甲土地の所有権を時効により取得したときであっても，Bの抵当権は消滅しない。

(オ)　A所有の甲土地をAから賃借したBがその対抗要件を具備する前に，CがAから甲土地につき抵当権の設定を受けてその旨の登記をした場合において，Bが，その後引き続き賃借権の時効取得に必要とされる期間，甲土地を継続的に使用収益したときは，Bは，抵当権の実行により甲土地を買い受けた者に対し，甲土地の賃借権を時効取得したと主張することができる。

(1)　(ア)(エ)　　(2)　(ア)(オ)　　(3)　(イ)(ウ)　　(4)　(イ)(エ)　　(5)　(ウ)(オ)

学習記録	／	／	／	／	／	／	／	／	／

重要度 A　知識型　要 *Check!*　　**正解　(4)**

(ア) 誤　　時効の効力はその起算日にさかのぼるため（144），時効による所有権取得の時期は，時効の起算日である。そして，時効の起算日とは，その占有を開始した日をいう。そのため，時効取得による所有権移転の登記の登記原因日付も時効の起算日，すなわち占有開始日となる。

(イ) 正　　所有権の取得時効の要件として，所有の意思のある占有（自主占有）が必要である（162）。そして，所有の意思の有無は，占有を取得した原因たる事実によって外形的客観的に定められる（最判昭 45.6.18）。この点，使用貸借の借主の占有は，他主占有である。よって，当該借主は，内心において甲土地を時効により取得する意思を有していた場合であっても，甲土地を時効により取得することはできない。

(ウ) 誤　　10 年間，所有の意思をもって，平穏に，かつ，公然と他人の物を占有した者は，その占有の開始の時に，善意であり，かつ，過失がなかったときは，その所有権を取得する（162 Ⅱ）。この点，善意については，186 条により推定されるが，無過失については推定されず，時効取得を主張する者がこれを立証しなければならない（最判昭 46.11.11）。

(エ) 正　　債務者又は抵当権設定者でない者が抵当不動産について取得時効に必要な要件を具備する占有をしたときは，抵当権は，これによって消滅する（397）。よって，抵当権の被担保債権の債務者Cが抵当不動産である甲土地を時効取得したときは，Bの抵当権は消滅しない。なぜなら，抵当権が消滅する効果を，本来，債務を負担しなければならない債務者に及ぼすことは不合理だからである。

(オ) 誤　　不動産の賃借権を有する者がその対抗要件を具備しない間に，当該不動産に抵当権が設定されその旨の登記がされた場合，上記の者は，当該登記後に賃借権の時効取得に必要な期間，当該不動産を継続的に用益しても，公売又は競売により当該不動産を買い受けた者に対し，賃借権の時効取得を対抗することはできない（最判平 23.1.21）。よって，Bは抵当権の実行により甲土地を買い受けた者に対し，甲土地の賃借権を時効取得したと主張することはできない。

以上から，正しいものは(イ)(エ)であり，正解は(4)となる。

10−22(28−6)　時　効

　ＡとＢとは，Ａ所有の中古自動車（以下「本件自動車」という。）をＢに対して代金150万円で売り，Ｂが代金のうち50万円を直ちに支払い，残代金をその２週間後に本件自動車の引渡しと引換えに支払う旨の合意をした。この事例に関する次の(ア)から(オ)までの記述のうち，判例の趣旨に照らし正しいものの組合せは，後記(1)から(5)までのうち，どれか。（改）

(ア)　Ｂは，引渡しを受けた本件自動車のエンジンが壊れていたため，Ａに対し，目的物の種類又は品質に関する担保責任に基づいて損害賠償の請求をすることを考えている。この損害賠償請求権の消滅時効は，Ｂが本件自動車の引渡しを受けた時から進行する。

(イ)　Ｂは，約定の履行期が経過してもＡが本件自動車の引渡しをしないため，売買契約に基づいて本件自動車の引渡しを請求することを考えている。この引渡請求権の消滅時効は，ＢがＡに対して残代金に係る弁済の提供をした時から進行する。

(ウ)　Ｂは，残代金を支払わないうちに被保佐人となったが，保佐人の同意を得ないで残代金の支払債務の承認をした。この場合には，ＡのＢに対する残代金の支払請求権について，時効更新の効力は生じない。

(エ)　Ａは，約定の履行期に本件自動車を引き渡したが，Ｂが残代金の支払をしないため，Ｂに対し，残代金のうち60万円について，一部請求である旨を明示して，代金支払請求の訴えを提起した。この訴えの提起によっては，残代金のうち残部の40万円の支払請求権について，裁判上の催告としての時効の完成猶予の効力は生じない。

(オ)　Ａは，約定の履行期に本件自動車を引き渡したが，代金は50万円であって支払済みである旨主張し始めたＢから，債務不存在確認の訴えを提起された。この訴訟において，ＡがＢに対する残代金の支払請求権の存在を主張して請求棄却の判決を求めた場合には，この支払請求権について，時効の完成猶予の効力が生ずる。

(1)　(ア)(ウ)　　(2)　(ア)(オ)　　(3)　(イ)(ウ)　　(4)　(イ)(エ)　　(5)　(エ)(オ)

学習記録	／	／	／	／	／	／	／	／	／

重要度 A	知識型	要 *Check!*		正解　(2)

(ア)　正　　瑕疵担保（現：目的物の種類又は品質に関する担保責任）による損害賠償請求権には消滅時効の規定（167Ⅰ（現：166Ⅰ））の適用があり，この消滅時効は，買主が売買の目的物の引渡しを受けた時から進行する（最判平13.11.27）。よって，Aに対する，目的物の種類又は品質に関する担保責任に基づく損害賠償請求権の消滅時効は，Bが本件自動車の引渡しを受けた時から進行する。なお，この場合の損害賠償請求権は，買主がその不適合の事実を知った時から1年以内にその旨を通知しなければならず（566），通知した場合には，買主が契約不適合を知った時から5年，又は，引渡しを受けた時から10年のいずれか早い時期に時効によって消滅する。

(イ)　誤　　消滅時効は，権利を行使することができることを知った時（主観的起算点），又は，権利を行使することができる時（客観的起算点）から進行する（166Ⅰ）。この点，「権利を行使することができる時」とは，権利行使について法律上の障害がないことをいう。すなわち，確定期限のある債権については，主観的起算点，客観的起算点のいずれも期限が到来した時から，消滅時効が進行する。一方，同時履行の抗弁権（533）の付着した債権は，債権者が自分の意思で履行を提供すれば，同時履行の抗弁権は除去できるので，権利行使における法律上の障害とはいえない。よって，BのAに対する，本件自動車の売買契約に基づく引渡請求権の消滅時効は，BがAに対して残代金に係る弁済を提供した時からではなく，約定の履行期が到来した時から進行する。

(ウ)　誤　　時効の中断（現：更新）の効力を生ずべき承認は，相手方の有する権利の存在を認める観念の通知であるから，被保佐人は，保佐人の同意なく単独でこれをすることができる（大判大7.10.9）。よって，Bは保佐人の同意なく債務の承認をすることができるため，時効の更新の効力が生じる。

(エ)　誤　　明示的一部請求の訴えが提起された場合，債権者が将来にわたって残部をおよそ請求しない旨の意思を明らかにしているなど，残部につき権利行使の意思が継続的に表示されているとはいえない特段の事情のない限り，当該訴えの提起は，残部について，裁判上の催告として消滅時効の中断（現:完成猶予）の効力を生ずる（最判平25.6.6）。

(オ)　正　　債務不存在確認の訴訟を提起された被告が，当該訴訟において債権の存在を主張して原告の請求を争い，被告勝訴の判決が確定した場合においては，被告が請求の棄却を求めた時に，当該債権の消滅時効は中断する（現：その完成が猶予される）（大連判昭14.3.22）。よって，債務不存在確認の訴えを提起されたAが，Bに対する残代金の支払請求権の存在を主張して請求棄却の判決を求めた場合には，この支払請求権について，時効の完成猶予の効力が生じる。

以上から，正しいものは(ア)(オ)であり，正解は(2)となる。

10−23(29−6)　時　効

Ａは，Ｂに対し，返還の時期を平成 18 年 11 月１日として，金銭を貸し付けた。この消費貸借契約に基づくＡの貸金債権（以下「本件貸金債権」という。）の消滅時効に関する次の(ア)から(オ)までの記述のうち，判例の趣旨に照らし正しいものの組合せは，後記(1)から(5)までのうち，どれか。

なお，当該消費貸借契約の締結は，商行為に当たらないものとし，また，民法 166 条１項１号については考慮しないものとする。（改）

(ア)　Ｂは，平成 28 年 12 月１日，本件貸金債権の時効完成の事実を知らないで，Ａに対し，本件貸金債権の存在を承認した。この場合，Ｂは，同月 20 日に本件貸金債権の消滅時効を援用することができる。

(イ)　Ａは，本件貸金債権を担保するため，Ｃ所有の土地に抵当権の設定を受けた。Ｂは，平成 27 年６月１日，Ａに対し，本件貸金債権の存在を承認した。この場合，Ｃは，平成 28 年 12 月 20 日に本件貸金債権の消滅時効を援用することができない。

(ウ)　Ｃは，Ａとの間で，本件貸金債権に係る債務を主たる債務として連帯保証契約を締結した。Ｂは，平成 28 年 12 月１日，Ａに対し，本件貸金債権の消滅時効の利益を放棄する旨の意思表示をした。この場合，Ｃは，同月 20 日に本件貸金債権の消滅時効を援用することができない。

(エ)　Ｃは，Ａとの間で，本件貸金債権に係る債務を主たる債務として連帯保証契約を締結した。平成 27 年６月１日，Ｂは死亡し，ＣがＢを単独相続した。Ｃは，平成 28 年６月１日，主たる債務を相続したことを知りつつ，保証債務の履行として，その一部の弁済をした。この場合，Ｃは，同年 12 月 20 日に本件貸金債権の消滅時効を援用することができる。

(オ)　Ｂは，平成 27 年６月１日，本件貸金債権に係る債務の一部の弁済をした。ＢとＣは，同年７月１日，Ａを害することを知りながら，Ｂの唯一の財産である土地について贈与契約を締結し，Ｃへの所有権の移転の登記がされた。それを知ったＡは，平成 28 年 12 月１日，当該贈与契約の取消しを求める詐害行為取消請求訴訟を提起した。この場合，Ｃは，同月 20 日に本件貸金債権の消滅時効を援用することができない。

（参考）
民法
（債権等の消滅時効）
第 166 条　債権は，次に掲げる場合には，時効によって消滅する。
一　債権者が権利を行使することができることを知った時から５年間行使しないとき。

(1)　(ア)(ウ)　　(2)　(ア)(オ)　　(3)　(イ)(エ)　　(4)　(イ)(オ)　　(5)　(ウ)(エ)

学習記録	／	／	／	／	／	／	／	／	／

重要度　A	知識型	要 *Check!*		正解　(4)

(ア)　誤　　債務者は，消滅時効が完成した後に債務の承認をする場合には，その時効完成の事実を知っているのはむしろ異例で，知らないのが通常であるといえるから，消滅時効完成後に当該債務の承認をした事実から，その承認は時効が完成したことを知ってされたものであると推定することは許されない（最大判昭 41.4.20）。しかし，債務者が，自己の負担する債務について時効が完成した後に，債権者に対し債務の承認をした以上，時効完成の事実を知らなかったときでも，その債務についてその完成した消滅時効の援用をすることは，信義則に照らし，許されない（同判例）。よって，Bが平成 28 年 12 月 1 日に消滅時効の完成の事実を知らないで，Aに対し，本件貸金債権の存在を承認した場合，Bは，同月 20 日に本件貸金債権の消滅時効を援用することはできない。

(イ)　正　　主たる債務者に対する履行の請求その他の事由による時効の更新は，物上保証人に対しても，その効力を生ずる（最判平 7.3.10）。よって，Bが平成 27 年 6 月 1 日にAに対し，本件貸金債権の存在を承認した場合，本件貸金債権の消滅時効は更新され，当該時効の更新の効力はCに対しても生じるため，さらに時効の完成に必要な期間が経過していない平成 28 年 12 月 20 日においては，Cは，本件貸金債権の消滅時効を援用することはできない。

(ウ)　誤　　連帯保証人は，主たる債務の消滅時効の援用権者に含まれる（大判昭 7.6.21）。そして，主たる債務者が時効の利益を放棄したとしても，その効果は連帯保証人には及ばないから，連帯保証人は主たる債務者の放棄にかかわらず，消滅時効を援用することができる（大判大 5.12.25）。よって，Bが平成 28 年 12 月 1 日，Aに対し，本件貸金債権の消滅時効の利益を放棄する旨の意思表示をしたときであっても，Cは，同月 20 日に本件貸金債権の消滅時効を援用することができる。

(エ)　誤　　保証人が主たる債務を相続したことを知りながら保証債務の弁済をした場合，当該弁済は，特段の事情のない限り，主たる債務者による承認として当該主たる債務の消滅時効を中断（現：更新）する効力を有する（最判平 25.9.13）。なぜなら，主たる債務者兼保証人の地位にある者が主たる債務を相続したことを知りながらした弁済は，これが保証債務の弁済であっても，債権者に対し，併せて負担している主たる債務の承認を表示することを包含するものといえるからである（同判例）。よって，平成 28 年 6 月 1 日にCがした保証債務の一部の弁済により，主たる債務である本件貸金債権の消滅時効は更新するため，Cは，同年 12 月 20 日に本件貸金債権の消滅時効を援用することはできない。

⑷　正　　詐害行為の受益者は，詐害行為取消権を行使する債権者の被保全債権が消滅時効にかかっているときは，当該消滅時効を援用することができる（最判平 10.6.22）。また，債務の一部弁済は，147 条３号（現：152 Ⅰ）の「承認」に該当し，債権の消滅時効は中断（現：更新）する（大判大 8.12.26）。本肢において，Ｂが平成 27 年６月１日に本件貸金債権に係る債務の一部を弁済しており，本件貸金債権の消滅時効は更新するため，その後，さらに時効の完成に必要な期間が経過していない平成 28 年 12 月 20 日においては，Ｃは，本件貸金債権の消滅時効を援用することはできない。

以上から，正しいものは⑴⑷であり，正解は⑷となる。

MEMO

10−24(30−6)　時　効

時効に関する次の(ア)から(オ)までの記述のうち，判例の趣旨に照らし誤っているものの組合せは，後記(1)から(5)までのうち，どれか。(改)

(ア)　貸金債務を負う者が死亡し，その者に複数の相続人がいる場合において，遺産の分割の際にその貸金債務を負担する相続人を決定したときは，その決定した時から６か月を経過するまでの間は，その貸金債務について消滅時効は完成しない。

(イ)　売買契約において，売主が，自己の目的物引渡債務を履行していないにもかかわらず，代金の支払期限が到来したことから買主に対し売買代金支払債務の履行を催告した場合において，催告の時から６か月を経過するまでの間は，その売買代金支払債務について消滅時効の完成は猶予される。

(ウ)　未成年者がその法定代理人の同意を得ずに債権者に対しその債務を承認した場合には，法定代理人がその承認を取り消したときであっても，その債権の消滅時効は更新される。

(エ)　ＡとＢが共同の不法行為によってＣに損害を加えた場合には，ＣがＡに対し，裁判上の請求をしたときであっても，Ｂに対する損害賠償請求権の消滅時効はその完成が猶予されない。

(オ)　不動産の占有者が第三者の侵奪行為によってその占有を失った場合であっても，その後，占有回収の訴えによってその占有を回復したときは，当該占有者による不動産の取得時効は中断しない。

(1)　(ア)(ウ)　　(2)　(ア)(エ)　　(3)　(イ)(エ)　　(4)　(イ)(オ)　　(5)　(ウ)(オ)

学習記録	／	／	／	／	／	／	／	／	／

重要度　A	知識型	要 *Check!*	正解　(1)

(ア)　誤　　相続財産に関しては，相続人が確定した時，管理人が選任された時又は破産手続開始の決定があった時から６か月を経過するまでの間は，時効は，完成しない（160）。この点，貸金債務を負担する相続人を決定したことは必ずしも160条の事由に当たらない。したがって，貸金債務を負担する相続人を決定したときは，その決定した時から６か月を経過するまでの間は，その貸金債務について消滅時効は完成しないとする点で，本肢は誤っている。

(イ)　正　　催告の相手方が同時履行の抗弁権を有するため履行遅滞の効果が生じないときであっても，時効の完成猶予の効力は生じる。本肢において，売買契約における売主が，自己の目的物引渡債務を履行せずに，買主に対し売買代金支払債務の履行を催告しているが，この場合でも時効の完成猶予の効力は生じ，当該催告の時から６か月を経過するまでの間は，売買代金支払債務について消滅時効は，その完成が猶予される（150Ⅰ）。

(ウ)　誤　　時効の更新の効力を生ずべき承認をするには，行為能力は要しないが（152Ⅱ），管理能力は必要である。この点，未成年者には管理能力がないため，未成年者が承認をするには法定代理人の同意を要する（５Ⅰ本文，大判昭13.2.4）。そして，同意を得ずにされた承認は取り消すことができ（大判昭13.2.4），取り消されると，更新の効力は生じない（121）。したがって，法定代理人がその承認を取り消したときであっても，その債権の消滅時効は更新されるとする点で，本肢は誤っている。

(エ)　正　　共同不法行為者は，連帯して損害賠償責任を負う（719Ⅰ前段）。すなわち，共同不法行為者の損害賠償債務は，連帯債務である。そして連帯債務者の１人について生じた事由は，更改・相殺等・混同を除き，他の連帯債務者に対してその効力を生じない（438～441参照）。したがって，裁判上の請求から生ずる時効の完成猶予（147Ⅰ①）の効力は，他の共同不法行為者との関係では生じない。

(オ)　正　　占有者が他人により占有を奪われたときは，取得時効は中断する（164）。しかし，占有回収の訴え（200Ⅰ）により占有を回復すれば占有は継続したものと扱われ（203但書，最判昭44.12.2），時効は中断しない。

以上から，誤っているものは(ア)(ウ)であり，正解は(1)となる。

10−25(31−6)　時　効

取得時効に関する次の(ア)から(オ)までの記述のうち，判例の趣旨に照らし誤っているものの組合せは，後記(1)から(5)までのうち，どれか。

(ア)　土地の所有権は，一筆の土地の一部のものであっても，時効により取得することができる。

(イ)　建物の賃借人は，当該建物の賃貸人による当該建物の敷地の取得時効を援用することができる。

(ウ)　賃借権は，時効により取得することができる。

(エ)　被相続人の占有によって取得時効が完成した場合に，その共同相続人のうちの一人は，自己の相続分の限度においてのみ取得時効を援用することができる。

(オ)　他人の土地を20年間通路を開設することのないまま通行した隣地の所有者は，その他人の土地について，通行地役権を時効により取得することができる。

(1)　(ア)(イ)　(2)　(ア)(エ)　(3)　(イ)(オ)　(4)　(ウ)(エ)　(5)　(ウ)(オ)

学習記録	／	／	／	／	／	／	／	／	／

重要度　A	知識型	要 *Check!*

正解　(3)

(ア)　正　　一筆の土地の一部のものであっても，時効により取得することは可能である（大連判大 13.10.7）。

(イ)　誤　　時効の援用権者は，時効により直接利益を受ける者及びその承継人である（大判明 43.1.25 参照）。この点，建物賃借人は，土地の取得時効の完成によって直接利益を受ける者ではないから，建物賃貸人の土地所有権の取得時効を援用することはできない（最判昭 44.7.15）。

(ウ)　正　　不動産賃借権については，目的物の継続的な用益という外形的事実が存在し，かつ，それが賃借の意思に基づくものであることが客観的に表現されているときは，163 条に従い時効取得が可能である（最判昭 43.10.8）。

(エ)　正　　時効の完成により利益を受ける者は，自己が直接に受けるべき利益の存する限度で時効を援用することができる（最判平 13.7.10）。この点，被相続人の占有により取得時効が完成した場合，その共同相続人の一人は，自己の相続分の限度においてのみ，取得時効を援用することができる（同判例）。

(オ)　誤　　地役権は，継続的に行使され，かつ，外形上認識することができるものに限り，時効によって取得することができる（283）。この点，通行地役権の時効取得に関し，ここにいう「継続」の要件を満たすためには，承役地となるべき他人所有の土地の上に，要役地所有者によって通路が開設されることを要する（最判昭 30.12.26）。本肢では，隣地の所有者による通路の開設がされておらず，「継続的に行使され」ているとはいえない。したがって，他人の土地を 20 年間通路を開設することのないまま通行した隣地の所有者は，その他人の土地について，通行地役権を時効により取得することができるとする点で，本肢は誤っている。

以上から，誤っているものは(イ)(オ)であり，正解は(3)となる。

10−26(R3−6)　時　効

消滅時効に関する次の(ア)から(オ)までの記述のうち，正しいものの組合せは，後記(1)から(5)までのうち，どれか。

(ア)　不法行為に基づく損害賠償請求権は，不法行為の時から 20 年間行使しないときは，時効によって消滅する。

(イ)　債権は，債権者が権利を行使することができることを知った時から 10 年間行使しないときは，時効によって消滅する。

(ウ)　確定判決によって確定した権利であって，確定の時に弁済期の到来している債権については，10 年より短い時効期間の定めがあるものであっても，その時効期間は，10 年となる。

(エ)　人の生命又は身体を害する不法行為に基づく損害賠償請求権は，被害者又はその法定代理人が損害及び加害者を知った時から 3 年間行使しないときは，時効によって消滅する。

(オ)　債務者は，消滅時効完成前に時効の利益を放棄することができる。

(1)　(ア)(ウ)　　(2)　(ア)(オ)　　(3)　(イ)(エ)　　(4)　(イ)(オ)　　(5)　(ウ)(エ)

学習記録	／	／	／	／	／	／	／	／	／

重要度　A	知識型	要 *Check!*		正解　(1)

(ア)　正　　不法行為による損害賠償の請求権は，不法行為の時から20年間行使しないときは，時効によって消滅する（724②)。なお，被害者又はその法定代理人が損害及び加害者を知った時から３年間行使しないときも，時効によって消滅する（724①)。

(イ)　誤　　債権は，債権者が権利を行使することができることを知った時から５年間行使しないときは，時効によって消滅する（166Ⅰ①)。なお，権利を行使することができる時から10年間行使しないときも,時効によって消滅する（166Ⅰ②)。

(ウ)　正　　確定判決によって確定した権利については，10年より短い時効期間の定めがあるものであっても，その時効期間は，10年となる（169Ⅰ)。なお，169条１項の規定は，確定の時に弁済期の到来していない債権については，適用されない（169Ⅱ)。

(エ)　誤　　人の生命又は身体を害する不法行為による損害賠償請求権は，被害者又はその法定代理人が損害及び加害者を知った時から５年間行使しないときは，時効によって消滅する（724の２・724①)。

(オ)　誤　　時効完成前に時効の利益の放棄はすることができない(146)。これは，永続した事実状態の尊重という時効の制度趣旨を当初から当事者個人の意思によって排斥することを禁じ，また，債務者の窮状につけ込む債権者の放棄の強要を防止することを目的とするものである。

以上から，正しいものは(ア)(ウ)であり，正解は(1)となる。

《主要参考文献一覧》

*「ジュリスト」(有斐閣)
*「判例時報」(判例時報社)
*「重要判例解説」(有斐閣)
*「法律時報別冊　司法判例リマークス」(日本評論社)
*「基本法コンメンタール民法総則〔第6版新条文対照〕」(日本評論社)
*「基本法コンメンタール物権法〔第5版新条文対照補訂版〕」(日本評論社)
*「基本法コンメンタール債権総論〔第4版新条文対照補訂版〕」(日本評論社)
*「基本法コンメンタール債権各論Ⅰ〔第4版新条文対照補訂版〕」(日本評論社)
*「基本法コンメンタール債権各論Ⅱ〔第4版新条文対照補訂版〕」(日本評論社)
*「基本法コンメンタール親族〔第5版〕」(日本評論社)
*「基本法コンメンタール相続〔第5版〕」(日本評論社)
*「基本法コンメンタール新借地借家法」(日本評論社)
*「新基本法コンメンタール物権法」(日本評論社)
*「新基本法コンメンタール債権2」(日本評論社)
*「新基本法コンメンタール親族〔第2版〕」(日本評論社)
*「新基本法コンメンタール相続」(日本評論社)
*「新版注釈民法 (1)～(28)」(有斐閣)
*「注釈民法 (1)～(28)」(有斐閣)
*「新注釈民法 (6), (7), (14), (19)」(有斐閣)
*潮見佳男＝道垣内弘人 編「民法判例百選Ⅰ〔第8版〕」(有斐閣)
*窪田充見＝森田宏樹 編「民法判例百選Ⅱ〔第8版〕」(有斐閣)
*水野紀子＝大村敦志 編「民法判例百選Ⅲ〔第2版〕」(有斐閣)
*水野紀子＝大村敦志＝窪田充見 編「家族法判例百選〔第7版〕」(有斐閣)
*我妻榮＝有泉亨＝清水誠＝田山輝明 著「我妻・有泉コンメンタール民法〔第7版〕」(日本評論社)
*遠藤浩＝川井健＝原島重義＝広中俊雄＝水本浩＝山本進一 編「民法 (1)〔第4版増補補訂3版〕, (2) (3)〔第4版増補版〕, (4) (6) (8) (9)〔第4版増補補訂版〕, (5) (7)〔第4版〕」(有斐閣双書)
*山田卓生＝河内宏＝安永正昭＝松久三四彦 著「民法Ⅰ〔第4版〕」(有斐閣Sシリーズ)
*淡路剛久＝鎌田薫＝原田純孝＝生熊長幸 著「民法Ⅱ〔第4版補訂版〕」(有斐閣Sシリーズ)
*野村豊弘＝栗田哲男＝池田真朗＝永田眞三郎＝野澤正充 著「民法Ⅲ〔第4版〕」(有斐閣Sシリーズ)
*藤岡康宏＝磯村保＝浦川道太郎＝松本恒雄 著「民法Ⅳ〔第4版〕」(有斐閣Sシリーズ)
*佐藤義彦＝伊藤昌司＝右近健男 著「民法Ⅴ〔第4版〕」(有斐閣Sシリーズ)
*内田貴 著「民法Ⅰ・総則・物権総論〔第4版〕」(東京大学出版会)

＊内田貴 著「民法Ⅱ・債権各論〔第3版〕」(東京大学出版会)
＊内田貴 著「民法Ⅲ・債権総論・担保物権〔第4版〕」(東京大学出版会)
＊内田貴 著「民法Ⅳ・親族・相続〔補訂版〕」(東京大学出版会)
＊近江幸治 著「民法講義Ⅰ・民法総則〔第7版〕」(成文堂)
＊近江幸治 著「民法講義Ⅱ・物権法〔第4版〕」(成文堂)
＊近江幸治 著「民法講義Ⅲ・担保物権〔第3版〕」(成文堂)
＊近江幸治 著「民法講義Ⅳ・債権総論〔第4版〕」(成文堂)
＊近江幸治 著「民法講義Ⅴ・契約法〔第3版〕」(成文堂)
＊近江幸治 著「民法講義Ⅵ・事務管理・不当利得・不法行為〔第3版〕」(成文堂)
＊近江幸治 著「民法講義Ⅶ・親族法・相続法」(成文堂)
＊船越隆司 著「民法総則〔第3版〕」(尚学社)
＊船越隆司 著「物権法〔第3版〕」(尚学社)
＊船越隆司 著「担保物権〔第3版〕」(尚学社)
＊船越隆司 著「債権総論」(尚学社)
＊我妻榮＝有泉亨＝川井健 著「民法1〔第3版〕・2〔第3版〕」(勁草書房)
＊我妻榮＝有泉亨＝遠藤浩＝川井健 著「民法3〔第2版〕」(勁草書房)
＊我妻榮 著「(民法講義Ⅰ) 新訂・民法総則」(岩波書店)
＊我妻榮 著「(民法講義Ⅱ) 新訂・物権法」(岩波書店)
＊我妻榮 著「(民法講義Ⅲ) 新訂・担保物権法」(岩波書店)
＊我妻榮 著「(民法講義Ⅳ) 新訂・債権総論」(岩波書店)
＊我妻榮 著「(民法講義Ⅴ1) 債権各論・上」(岩波書店)
＊我妻榮 著「(民法講義Ⅴ2) 債権各論・中1」(岩波書店)
＊我妻榮 著「(民法講義Ⅴ3) 債権各論・中2」(岩波書店)
＊我妻榮 著「(民法講義Ⅴ4) 債権各論・下1」(岩波書店)
＊川井健 著「民法概論1・民法総則〔第4版〕」(有斐閣)
＊川井健 著「民法概論2・物権〔第2版〕」(有斐閣)
＊川井健 著「民法概論3・債権総論〔第2版改訂版〕」(有斐閣)
＊川井健 著「民法概論4・債権各論〔補訂版〕」(有斐閣)
＊川井健 著「民法概論5・親族相続」(有斐閣)
＊佐久間毅＝石田剛＝山下純司＝原田昌和 著「Legal Quest 民法Ⅰ〔第2版補訂版〕」(有斐閣)
＊石田剛＝武川幸嗣＝占部洋之＝田髙寛貴＝秋山靖浩 著「Legal Quest 民法Ⅱ〔第3版〕」(有斐閣)
＊前田陽一＝本山敦＝浦野由紀子 著「Legal Quest 民法Ⅵ〔第5版〕」(有斐閣)
＊平野裕之 著「民法総則」(日本評論社)
＊平野裕之 著「債権総論」(日本評論社)
＊平野裕之 著「債権各論Ⅰ・契約法」(日本評論社)
＊平野裕之 著「債権各論Ⅱ・事務管理・不当利得・不法行為」(日本評論社)
＊佐久間毅 著「民法の基礎1・総則〔第5版〕」(有斐閣)
＊佐久間毅 著「民法の基礎2・物権〔第2版〕」(有斐閣)
＊加藤雅信 著「民法総則〔第2版〕」(有斐閣)

＊加藤雅信 著「事務管理・不当利得・不法行為〔第2版〕」(有斐閣)
＊川島武宣 著「民法総則」(有斐閣法律学全集)
＊四宮和夫＝能見善久 著「民法総則〔第9版〕」(弘文堂)
＊山川一陽＝小野健太郎 著「要説 民法総則・物権法〔3訂版〕」(法研出版)
＊山本敬三 著「民法講義Ⅰ　総則〔第3版〕」(有斐閣)
＊舟橋諄一 著「物権法」(有斐閣法律学全集)
＊高木多喜男 著「担保物権法〔第4版〕」(有斐閣)
＊道垣内弘人 著「担保物権法〔第3版〕」(有斐閣)
＊柚木馨＝高木多喜男 著「担保物権法〔第3版〕」(有斐閣法律学全集)
＊奥田昌道 著「債権総論〔増補版〕」(悠々社)
＊潮見佳男 著「法律学の森　新債権総論Ⅰ」(信山社)
＊潮見佳男 著「法律学の森　新債権総論Ⅱ」(信山社)
＊潮見佳男 著「プラクティス民法　債権総論〔第5版補訂〕」(信山社)
＊潮見佳男 著「民法（全）〔第2版〕」(有斐閣)
＊加藤一郎 著「不法行為〔増補版〕」(有斐閣法律学全集)
＊山野目章夫 著「民法概論1・民法総則」(有斐閣)
＊河上正二 著「民法総則講義」(日本評論社)
＊松岡久和 著「物権法」(成文堂)
＊松岡久和 著「担保物権法」(日本評論社)
＊松井宏興 著「担保物権法〔第2版〕」(成文堂)
＊中田裕康 著「債権総論〔第4版〕」(岩波書店)
＊中田裕康 著「契約法」(有斐閣)
＊中舎寛樹 著「債権法・債権総論・契約」(日本評論社)
＊稲本洋之助・澤野順彦 編「コンメンタール借地借家法〔第4版〕」(日本評論社)
＊裁判所職員総合研修所 監修「物権法講義案〔再訂版〕」(司法協会)
＊裁判所職員総合研修所 監修「担保物権法講義案〔3訂版〕」(司法協会)
＊裁判所職員総合研修所 監修「親族法相続法講義案〔6訂再訂版〕」(司法協会)
＊潮見佳男 著「詳解相続法」(弘文堂)
＊二宮周平 著「新法学ライブラリー9・家族法〔第5版〕」(新世社)
＊窪田充見 著「家族法〔第4版〕」(有斐閣)
＊清水節 著「判例先例親族法Ⅱ親子」(日本加除出版)
＊清水節 著「判例先例親族法Ⅲ親権」(日本加除出版)
＊松原正明 著「全訂判例先例相続法Ⅰ～Ⅳ」(日本加除出版)
＊新公益法人制度研究会 編著「一問一答　公益法人関連三法」(商事法務)
＊飛澤知行 編著「一問一答　平成23年　民法等改正」(商事法務)
＊筒井健夫＝村松秀樹　編著「一問一答　民法（債権関係）改正」(商事法務)
＊潮見佳男 著「民法（債権関係）改正法の概要」(金融財務事情研究会)
＊山川一陽＝松嶋隆弘　編著「相続法改正のポイントと実務への影響」(日本加除出版)
＊堂薗幹一郎＝野口宣大 編著「一問一答　新しい相続法・平成30年民法等（相続法）改正，遺言書保管法の解説」(商事法務)

2022年版 司法書士 合格ゾーン 択一式過去問題集
1 民法[上]

1989年4月25日　第1版　第1刷発行
2021年10月15日　第27版　第1刷発行
編著者●株式会社　東京リーガルマインド
LEC総合研究所　司法書士試験部

発行所●株式会社　東京リーガルマインド
〒164-0001　東京都中野区中野4-11-10
アーバンネット中野ビル
LECコールセンター　0570-064-464
受付時間　平日9:30～20:00／土・祝10:00～19:00／日10:00～18:00
※このナビダイヤルは通話料お客様ご負担となります。
書店様専用受注センター　TEL 048-999-7581／FAX 048-999-7591
受付時間　平日9:00～17:00／土・日・祝休み
www.lec-jp.com/

印刷・製本●株式会社サンヨー

ISBN978-4-8449-8162-6

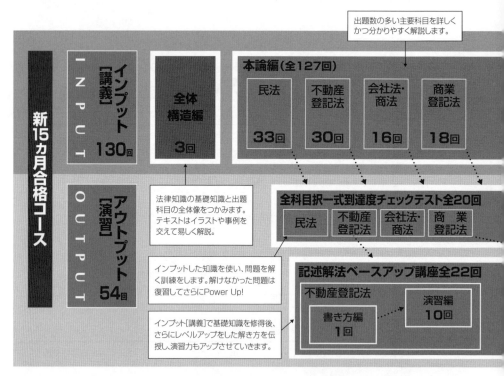

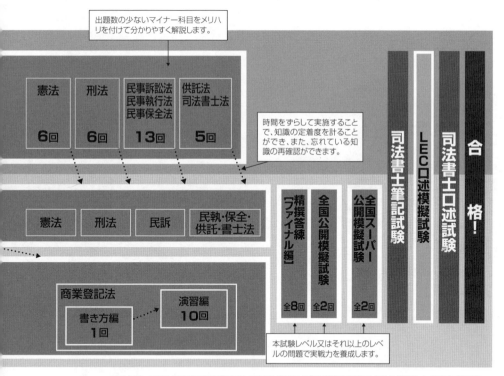

司法書士講座のご案内

学習経験者向け講座
我々におまかせください。

答練・公開模擬試験ラインアップ

30年以上の歴史を誇るLECの「答練・公開模擬試験」。
司法書士受験界において多くの受験生・合格者の支持を受け、メイン答練・公開模試としての役割を担ってきました。レベルや学習目的にあわせた充実のラインアップで、司法書士試験合格を目指します。

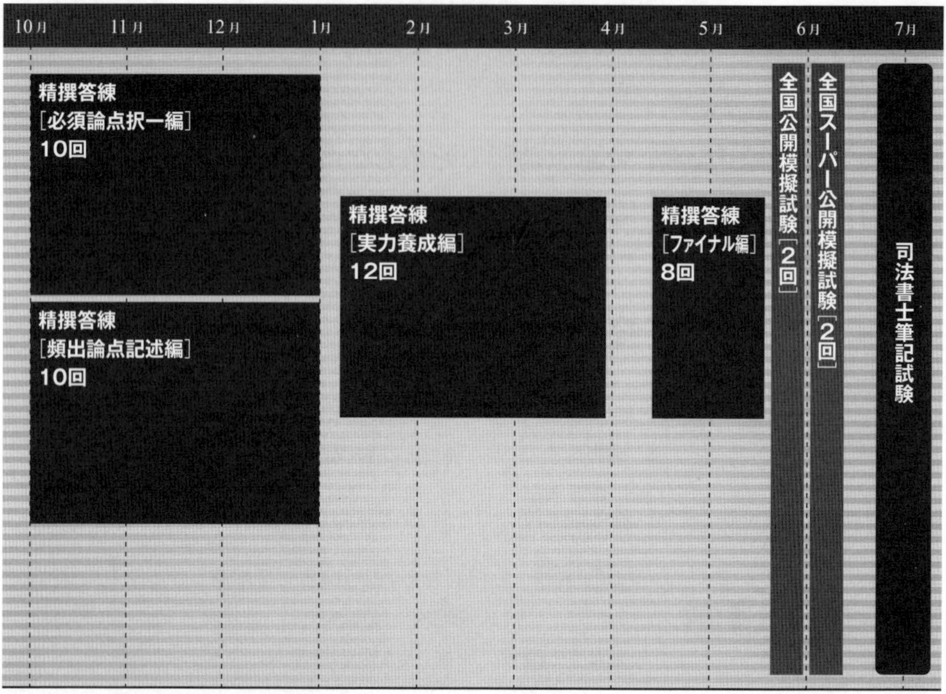

精撰答練［必須論点択一編］(全10回)　〈択一式300問〉

本試験における配点280点のうち210点を占める択一式について、年内に基礎力をつけ、かつ、合格レベルまで引き上げることを目的とした択一答練です。全11科目をひと通り学習していただくことができます。是非、年内に弱点の発見・補強を図ってください。

精撰答練［頻出論点記述編］(全10回)　〈記述式20問〉

本答練では、過去の本試験における記述式問題の傾向を踏まえ、出題頻度の高い論点を中心に構成された問題を提供します。記述対策を改めて見直したい方は、必須論点や問題への適切な「解法手順」(=アプローチ方法)の習得・構築のために、記述対策の仕上げを目指す方は、ご自身の「解法手順」の検証・確認のために、本答練を是非ご活用ください。

精撰答練［実力養成編］(全12回)　〈択一式420問+記述式24問〉

本答練では、全重要論点を網羅するために、合計420 問の択一式問題を出題します。全重要論点を網羅している答練ですので、自分の弱点・知識不足の分野が総合的に判断できます。LEC にしかないこの全科目全重要論点答練を利用して、他の受験生に差をつけます。

精撰答練［ファイナル編］(全8回)　〈択一式 280問+記述式16問〉

本試験3ヶ月前の4月より実施され、例年多くの受験生が受講するLECの看板総合答練です。出題分野・出題数・出題のレベル・答練時間の全てについて本試験と同一にしていますので、早い段階から本試験のシミュレーションができ、直前期の戦略を身につけることができます。

全国公開模擬試験(全2回)　〈択一式140問+記述式4問〉

本模擬試験は、本試験本番と同じ時間帯(一部本校は除く)・同じ形式で実施します。朝の起床時間から、午後の部に向けた昼休みの過ごし方など…。本試験当日のシミュレーションとして、本試験当日と同様に本模擬試験を受験してください。

全国スーパー公開模擬試験(全2回)　〈択一式140問+記述式4問〉

6月に実施される、ラストスパートともいえる模試です。
全国公開模擬試験同様、本模擬試験でも近年の本試験の問題を徹底的に分析したうえで制作された問題を出題します。厳選された良問を数多く解いておくことによって本試験での論点的中率も増加し、他の受験生に差をつけることが可能となり、さらなるレベルアップが図れます!

※本カリキュラムは、2021年8月1日現在のものであり、講座の内容・回数等が変更になる場合があります。予めご了承ください。

書籍訂正情報のご案内

平素は、LECの講座・書籍をご利用いただき、ありがとうございます。

LECでは、司法書士受験生の皆様に正確な情報をご提供するため、書籍の制作に際しては、慎重なチェックを重ね誤りのないものを制作するよう努めております。しかし、法改正や本試験の出題傾向などの最新情報を、一刻も早く受験生に提供することが求められる受験教材の性格上、残念ながら現時点では、一部の書籍について、若干の誤りや誤字などが生じております。

ご利用の皆様には、ご迷惑をお掛けしますことを深くお詫び申し上げます。

書籍発行後に判明いたしました訂正情報については、以下のウェブサイトの「書籍　訂正情報」に順次掲載させていただきます。

書籍に関する訂正情報につきましては、お手数ですが、こちらにてご確認いただければと存じます。

書籍訂正情報 ウェブサイト

https://www.lec-jp.com/shoshi/book/emend.shtml

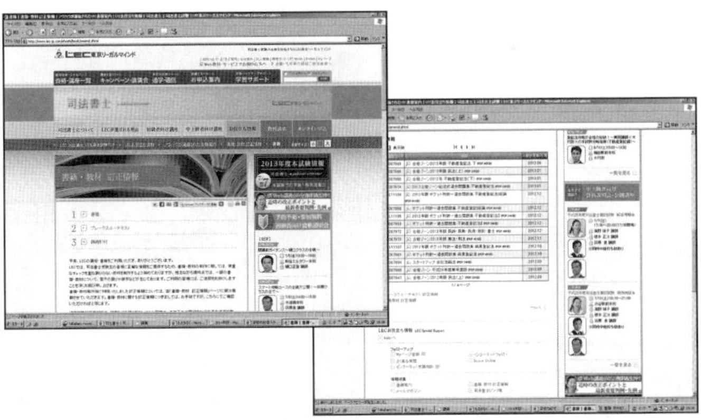

スマートフォン・タブレットからはQRコードでのアクセスが便利です。▷▷▷

自慢のメールマガジン配信中！（登録無料）

LEC講師陣が毎週配信！　最新情報やワンポイントアドバイス、改正ポイントなど合格に必要な知識をメールにて毎週配信。

www.lec-jp.com/mailmaga/

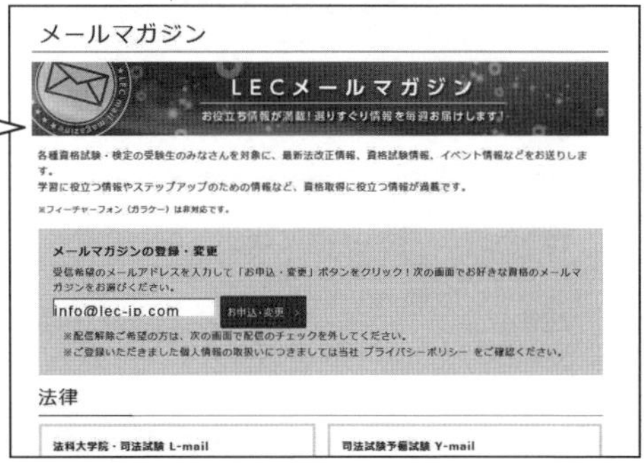

LEC E学習センター

新しい学習メディアの導入や、Ｗｅｂ学習の新機軸を発信し続けています。また、ＬＥＣで販売している講座・書籍などのご注文も、いつでも可能です。

online.lec-jp.com/

LEC電子書籍シリーズ

LECの書籍が電子書籍に！　お使いのスマートフォンやタブレットで、いつでもどこでも学習できます。

※動作環境・機能につきましては、各電子書籍ストアにてご確認ください。

www.lec-jp.com/ebook/

LEC書籍・問題集・レジュメの紹介サイト **LEC書籍部** **www.lec-jp.com/system/book/**

- LECが出版している書籍・問題集・レジュメをご紹介
- 当サイトから書籍などの直接購入が可能(*)
- 書籍の内容を確認できる「チラ読み」サービス
- 発行後に判明した誤字等の訂正情報を公開

*商品をご購入いただく際は、事前に会員登録(無料)が必要です。
*購入金額の合計・発送する地域によって、別途送料がかかる場合がございます。

※資格試験によっては実施していないサービスがありますので、ご了承ください。

LEC全国学校案内

＊講座のお問合せ、受講相談は最寄りのLEC各校へ

LEC本校

北海道・東北

札　幌本校　☎011(210)5002
〒060-0004 北海道札幌市中央区北4条西5-1　アスティ45ビル

仙　台本校　☎022(380)7001
〒980-0021 宮城県仙台市青葉区中央3-4-12
仙台ＳＳスチールビルⅡ

関東

渋谷駅前本校　☎03(3464)5001
〒150-0043 東京都渋谷区道玄坂2-6-17　渋東シネタワー

池　袋本校　☎03(3984)5001
〒171-0022 東京都豊島区南池袋1-25-11　第15野萩ビル

水道橋本校　☎03(3265)5001
〒101-0061 東京都千代田区神田三崎町2-2-15　Daiwa三崎町ビル

新宿エルタワー本校　☎03(5325)6001
〒163-1518 東京都新宿区西新宿1-6-1　新宿エルタワー

早稲田本校　☎03(5155)5501
〒162-0045 東京都新宿区馬場下町62　三朝庵ビル

中　野本校　☎03(5913)6005
〒164-0001 東京都中野区中野4-11-10　アーバンネット中野ビル

立　川本校　☎042(524)5001
〒190-0012 東京都立川市曙町1-14-13　立川MKビル

町　田本校　☎042(709)0581
〒194-0013 東京都町田市原町田4-5-8　町田イーストビル

横　浜本校　☎045(311)5001
〒220-0004 神奈川県横浜市西区北幸2-4-3　北幸GM21ビル

千　葉本校　☎043(222)5009
〒260-0015 千葉県千葉市中央区富士見2-3-1　塚本大千葉ビル

大　宮本校　☎048(740)5501
〒330-0802 埼玉県さいたま市大宮区宮町1-24　大宮GSビル

東海

名古屋駅前本校　☎052(586)5001
〒450-0002 愛知県名古屋市中村区名駅3-26-8
ＫＤＸ名古屋駅前ビル

静　岡本校　☎054(255)5001
〒420-0857 静岡県静岡市葵区御幸町3-21　ペガサート

北陸

富　山本校　☎076(443)5810
〒930-0002 富山県富山市新富町2-4-25　カーニープレイス富山

関西

梅田駅前本校　☎06(6374)5001
〒530-0013 大阪府大阪市北区茶屋町1-27　ABC-MART梅田ビル

難波駅前本校　☎06(6646)6911
〒542-0076 大阪府大阪市中央区難波4-7-14　難波フロントビル

京都駅前本校　☎075(353)9531
〒600-8216 京都府京都市下京区東洞院通七条下ル2丁目
東塩小路町680-2　木村食品ビル

京　都本校　☎075(353)2531
〒600-8413　京都府京都市下京区烏丸通仏光寺下ル
大政所町680-1 第八長谷ビル

神　戸本校　☎078(325)0511
〒650-0021 兵庫県神戸市中央区三宮町1-1-2　三宮セントラルビル

中国・四国

岡　山本校　☎086(227)5001
〒700-0901 岡山県岡山市北区本町10-22　本町ビル

広　島本校　☎082(511)7001
〒730-0011 広島県広島市中区基町11-13　合人社広島紙屋町アネクス

山　口本校　☎083(921)8911
〒753-0814 山口県山口市吉敷下東 3-4-7　リアライズⅢ

高　松本校　☎087(851)3411
〒760-0023 香川県高松市寿町2-4-20　高松センタービル

松　山本校　☎089(961)1333
〒790-0003 愛媛県松山市三番町7-13-13　ミツネビルディング

九州・沖縄

福　岡本校　☎092(715)5001
〒810-0001 福岡県福岡市中央区天神4-4-11　天神ショッパーズ
福岡

那　覇本校　☎098(867)5001
〒902-0067 沖縄県那覇市安里2-9-10　丸姫産業第2ビル

EYE関西

EYE 大阪本校　☎06(7222)3655
〒530-0013　大阪府大阪市北区茶屋町1-27　ABC-MART梅田ビル

EYE 京都本校　☎075(353)2531
〒600-8413　京都府京都市下京区烏丸通仏光寺下ル
大政所町680-1 第八長谷ビル

LEC提携校

＊提携校はLECとは別の経営母体が運営をしております。
＊提携校は実施講座およびサービスにおいてLECと異なる部分がございます。

北海道・東北

北見駅前校【提携校】 ☎0157(22)6666
〒090-0041　北海道北見市北1条西1-8-1　一燈ビル　志学会内

八戸中央校【提携校】 ☎0178(47)5011
〒031-0035　青森県八戸市寺横町13　第1朋友ビル　新教育センター内

弘前校【提携校】 ☎0172(55)8831
〒036-8093　青森県弘前市城東中央1-5-2
まなびの森　弘前城東予備校内

秋田校【提携校】 ☎018(863)9341
〒010-0964　秋田県秋田市八橋鯲沼町1-60
株式会社アキタシステムマネジメント内

関東

水戸見川校【提携校】 ☎029(297)6611
〒310-0912　茨城県水戸市見川2-3092-3

熊谷筑波校【提携校】 ☎048(525)7978
〒360-0037　埼玉県熊谷市筑波1-180　ケイシン内

所沢校【提携校】 ☎050(6865)6996
〒359-0037　埼玉県所沢市くすのき台3-18-4　所沢K・Sビル
合同会社LPエデュケーション内

東京駅八重洲口校【提携校】 ☎03(3527)9304
〒103-0027　東京都中央区日本橋3-7-7　日本橋アーバンビル
グランデスク内

日本橋校【提携校】 ☎03(6661)1188
〒103-0025　東京都中央区日本橋茅場町2-5-6　日本橋大江戸ビル
株式会社大江戸コンサルタント内

新宿三丁目駅前校【提携校】 ☎03(3527)9304
〒160-0022　東京都新宿区新宿2-6-4　KNビル　グランデスク内

東海

沼津校【提携校】 ☎055(928)4621
〒410-0048　静岡県沼津市新宿町3-15　萩原ビル
M-netパソコンスクール沼津校内

北陸

新潟校【提携校】 ☎025(240)7781
〒950-0901　新潟県新潟市中央区弁天3-2-20　弁天501ビル
株式会社大江戸コンサルタント内

金沢校【提携校】 ☎076(237)3925
〒920-8217　石川県金沢市近岡町845-1　株式会社アイ・アイ・ピー金沢内

福井南校【提携校】 ☎0776(35)8230
〒918-8114　福井県福井市羽水2-701　株式会社ヒューマン・デザイン内

関西

和歌山駅前校【提携校】 ☎073(402)2888
〒640-8342　和歌山県和歌山市友田町2-145
KEG教育センタービル　株式会社KEGキャリア・アカデミー内

中国・四国

松江殿町校【提携校】 ☎0852(31)1661
〒690-0887　島根県松江市殿町517　アルファステイツ殿町
山路イングリッシュスクール内

岩国駅前校【提携校】 ☎0827(23)7424
〒740-0018　山口県岩国市麻里布町1-3-3　岡村ビル　英光学院内

新居浜駅前校【提携校】 ☎0897(32)5356
〒792-0812　愛媛県新居浜市坂井町2-3-8　パルティフジ新居浜駅前店内

九州・沖縄

佐世保駅前校【提携校】 ☎0956(22)8623
〒857-0862　長崎県佐世保市白南風町5-15　智翔館内

日野校【提携校】 ☎0956(48)2239
〒858-0925　長崎県佐世保市椎木町336-1　智翔館日野校内

長崎駅前校【提携校】 ☎095(895)5917
〒850-0057 長崎県長崎市大黒町10-10　KoKoRoビル
minatoコワーキングスペース内

沖縄プラザハウス校【提携校】 ☎098(989)5909
〒904-0023　沖縄県沖縄市久保田3-1-11
プラザハウス　フェアモール　有限会社スキップヒューマンワーク内

※上記は2021年8月1日現在のものです。

書籍の訂正情報の確認方法と お問合せ方法のご案内

このたびは、弊社発行書籍をご購入いただき、誠にありがとうございます。
万が一誤りと思われる箇所がございましたら、以下の方法にてご確認ください。

1 訂正情報の確認方法

発行後に判明した訂正情報を順次掲載しております。
下記サイトよりご確認ください。

www.lec-jp.com/system/correct/

2 お問合せ方法

上記サイトに掲載がない場合は、下記サイトの入力フォームより
お問合せください。

http://lec.jp/system/soudan/web.html

フォームのご入力にあたりましては、「Web教材・サービスのご利用について」の
最下部の「ご質問内容」に下記事項をご記載ください。

・対象書籍名(○○年版、第○版の記載がある書籍は併せてご記載ください)
・ご指摘箇所(具体的にページ数の記載をお願いします)

お問合せ期限は、次の改訂版の発行日までとさせていただきます。
また、改訂版を発行しない書籍は、販売終了日までとさせていただきます。

※インターネットをご利用になれない場合は、下記①～⑤を記載の上、ご郵送にてお問合せください。
①書籍名、②発行年月日、③お名前、④お客様のご連絡先(郵便番号、ご住所、電話番号、FAX番号)、⑤ご指摘箇所
送付先：〒164-0001 東京都中野区中野4-11-10 アーバンネット中野ビル
東京リーガルマインド出版部 訂正情報係

・正誤のお問合せ以外の書籍の内容に関する質問は受け付けておりません。
また、書籍の内容に関する解説、受験指導等は一切行っておりませんので、あらかじめご了承ください。
・お電話でのお問合せは受け付けておりません。

講座・資料のお問合せ・お申込み

LECコールセンター 0570-064-464

受付時間:平日9:30～20:00/土・祝10:00～19:00/日10:00～18:00

※このナビダイヤルの通話料はお客様のご負担となります。
※このナビダイヤルは講座のお申込みや資料のご請求に関するお問合せ専用ですので、書籍の正誤に関するご質問をいただいた場合、上記「②正誤のお問合せ方法」のフォームをご案内させていただきます。